Luciana Aigner-Foresti
Die Etrusker und das frühe Rom

Geschichte kompakt – Antike

Herausgegeben von
Kai Brodersen

Beratung:
Ernst Baltrusch, Peter Funke, Charlotte Schubert,
Aloys Winterling

Luciana Aigner-Foresti

Die Etrusker und das frühe Rom

Wissenschaftliche Buchgesellschaft

Einbandgestaltung: schreiberVIS, Seeheim.

Die Deutsche Bibliothek verzeichnet diese Publikation
in der Deutschen Nationalbibliografie;
detaillierte bibliografische Daten sind im Internet über
http://dnb.ddb.de abrufbar.

Das Werk ist in allen seinen Teilen urheberrechtlich geschützt.
Jede Verwertung ist ohne Zustimmung des Verlages unzulässig.
Das gilt insbesondere für Vervielfältigungen,
Übersetzungen, Mikroverfilmungen und die Einspeicherung in
und Verarbeitung durch elektronische Systeme.

© 2003 by Wissenschaftliche Buchgesellschaft, Darmstadt
Gedruckt auf säurefreiem und alterungsbeständigem Papier
Printed in Germany

Besuchen Sie uns im Internet: www.wbg-darmstadt.de

ISBN 3-534-15495-9

Inhaltsverzeichnis

Geschichte Kompakt – Antike IX

Vorwort XI

I. Quellen und Forschung 1
  1. Die Quellen und ihre Probleme 1
  2. Hauptprobleme der Frühgeschichte Roms 8
    a) Zweifelhafte Glaubwürdigkeit der Überlieferung 8
    b) Fragwürdiger Quellenwert römischer Konsullisten 11

II. Etrurien und Latium am Beginn des 1. Jahrtausends v. Chr. . . . 13
  1. Der Name 13
  2. Geographische und verkehrstechnische Bedingungen 13
    a) Das Kernland der Etrusker und der Latiner 13
    b) Geographie und Geologie 14
    c) Geographische Lage und Topographie Roms 15
  3. Die Bewohner und ihre Sprache 17
    a) Die Etrusker 17
    b) Die Latiner 19
    c) Die Nachbarvölker der Etrusker und der Latiner 21

III. Die vorgeschichtliche Epoche Mittelitaliens
    (vom 13. Jahrhundert bis ins 7. Jahrhundert v. Chr.) 22
  1. Frühe Ansiedlungen und ihre Organisation
    (13.–10. Jahrhundert): Bildung lokaler Herrschaften 23
  2. Die kulturellen Entwicklungen in Etrurien und Latium
    (vom 10. bis ins 7. Jahrhundert) 25
    a) Die frühen Kulturen Etruriens und Latiums 25
    b) Herrschaftsstrukturen in Etrurien und Latium 33
    c) Maßnahmen zur Sicherung der Lebensumstände 36
    d) Magie und Religion 42
  3. Der Wandel der Villanova-Kultur Etruriens und der frühlatinischen Kultur 48
  4. Die Frühzeit Latiums in der Überlieferung und in der aktuellen Forschung 49
    a) Die Überlieferung 50
    b) Die Forschung (in Auswahl) 61
    c) Die Könige Roms im 8. und 7. Jahrhundert 62

IV. Die frühgeschichtliche Entwicklung Etruriens und Latiums
    (vom 7. Jahrhundert bis um 500 v. Chr.) 64
  1. Kulturelle Weiterentwicklung 64
    a) Die orientalisierende Kultur und ihre Träger 65
  2. Stadt und Staat: Entstehung und Entwicklung 68

      a) Machthaber in Etrurien und Latium: Ihre Aufgaben und ihr Leben 69
      b) Sicherung der Lebensumstände 77
      c) Religion und politische Gemeinschaft 89
   3. Die Stadtstaaten der Etrusker und der Latiner 97
      a) Die Siedlungen Etruriens und Latiums 99
      b) Soziale und politische Ordnung in den Stadtstaaten Etruriens und Latiums 101
      c) Zwischenstaatliche Beziehungen: Bündnissysteme und völkerrechtliche Regelungen der Latiner und der Etrusker . . 113

V. Die 'Ereignisgeschichte' vom 7. Jahrhundert bis um 500 v. Chr. . 119
   1. Kulturelle und politische Expansion der Etrusker (7.–6. Jahrhundert) 120
      a) Die Etrusker in Nord- und Süditalien 120
      b) Die Etrusker westlich und nördlich der Alpen 123
   2. Die etruskischen Könige von Rom zwischen Überlieferung und Fakten 125
      a) Die Überlieferung 125
      b) Meinungen der Forschung zur Frühgeschichte Roms (in Auswahl) 130
      c) Kritik und Fakten 131
   3. Der Latinerbund und Rom im 6. Jahrhundert 138
   4. Aktivitäten von Etruskern, Griechen und Karthagern bis zum Ende des 6. Jahrhunderts 139
      a) Auseinandersetzungen im westlichen Mittelmeerraum . . 140
      b) Thefarie Velianas, Herrscher in Caere (Ende des 6. bis Anfang des 5. Jahrhunderts) 141
   5. Politische Änderungen in Latium und Etrurien am Ende des 6. Jahrhunderts 141
      a) Der Sturz des Tarquinius Superbus 141
      b) Lars Porsenna, Tarquinius Superbus, die Latiner und Aristodemos von Kyme 142

VI. Rom und Etrurien nach dem Sturz der etruskischen Monarchie in Rom bis zur Schlacht von Kyme (Ende des 6. Jahrhunderts–474 v. Chr.) 146
   1. Die frührepublikanische Epoche Roms 146
      a) Der erste Vertrag zwischen Rom und Karthago (Ende des 6. Jahrhunderts) 147
      b) Die Einweihung des Iupiter-Tempels auf dem Kapitol . . 148
      c) Die Einführung der republikanischen Verfassung in Rom . 149
      d) Soziale Ordnung: Patriziat und Plebs 151
   2. Republikanische Verfassungen in Etrurien 152
   3. Rom und die Latiner am Beginn des 5. Jahrhunderts 153
      a) Der Vertrag des Spurius Cassius (*foedus Cassianum*) 153
      b) Rom und der Latinerbund 155
   4. Rom und die Etrusker bis 474 v. Chr. 155

      a) Veji und Rom 156
      b) Die Schlacht am Fluss Cremera und die Sage der Fabier . . 157
  5. Etrusker, Griechen und Karthager vom Anfang des 5. Jahrhunderts bis zur Schlacht von Kyme (474 v. Chr.) 158

VII. Ausblick: Der Niedergang der Latiner und der Etrusker durch den Aufstieg Roms 161

Auswahlbibliographie 163

Register 171

Geschichte kompakt – Antike

Die Geschichte der Antike ist ein selbstverständlicher Teil der historischen Ausbildung und Bildung. Wer Geschichte studiert, befasst sich mit dem griechisch-römischen Altertum, dem Mittelalter und der Neuzeit, und wer Geschichte lehrt oder sich allgemein für Geschichte interessiert, wird diese drei „großen" Epochen ins Zentrum seiner eigenen Fortbildung stellen.

Allerdings ist die Geschichte der Antike vielleicht eher als die anderer Epochen nicht immer „von selbst verständlich". Oft sehen die Lehrpläne der Schulen eine Beschäftigung mit dem Altertum nur für Altersgruppen vor, denen ein Zugang zu historischen Fragestellungen noch wenig vertraut ist. Mitunter schrecken Studierende vor einer intensiveren Auseinandersetzung mit der Geschichte der Antike schon angesichts der Quellensprachen Griechisch und Latein zurück. Immer wieder schließlich hört man, es fehlten aktuelle und konzise Einführungen in wichtige Themen der Alten Geschichte für das Selbststudium, als begleitende Lektüre zu einer Lehrveranstaltung oder zur Vertiefung des eigenen Wissens.

Die Reihe „Geschichte kompakt – Antike" möchte allen Interessierten solche Einführungen zur Verfügung stellen. Bei der Auswahl des Stoffs für die einzelnen Bände, die Themen von der frühen griechischen Geschichte bis in die Spätantike erfassen, orientieren wir uns bewusst an der Lehre an Schulen und Universitäten. Die Themen werden dabei so erschlossen, dass sie ohne große Vorkenntnisse etwa von Begriffen oder Quellensprachen schnell erfasst und anhand der sorgfältig ausgewählten weiterführenden Literatur vertieft werden können.

Als Autorinnen und Autoren konnten wir vor allem jüngere Fachwissenschaftler gewinnen, die stets auf der Grundlage der (in Übersetzung gebotenen) Quellen, stets auf dem neuesten Forschungsstand und stets aufgrund eigener Lehrerfahrung informativ und kompakt darstellen, was für das jeweilige Thema der antiken Geschichte wichtig ist. So hoffen Autorinnen und Autoren, das Beratergremium, Herausgeber und Verlag dazu beizutragen, dass die Geschichte der Antike ein selbstverständlicher Teil der historischen Ausbildung und Bildung bleibt.

Kai Brodersen

Vorwort

Die politische Expansion Roms in Italien ab der zweiten Hälfte des 5. Jahrhunderts v. Chr. stellte einen entscheidenden Wendepunkt in der geschichtlichen Entwicklung der Apenninenhalbinsel dar; denn hatte vorher der Einfluss der etruskischen Kultur auf Rom in manchen Bereichen zu einer partiellen Etruskisierung geführt, so kam es umgekehrt ab dem 4. Jahrhundert v. Chr. zu einem deutlichen kulturellen und sprachlichen Einfluss Roms auf die Kulturen der anderen Völker der Apenninenhalbinsel, der letzten Endes zu ihrer Romanisierung führte. Die Geschichte Altitaliens führt vom Auftreten seiner Völker und Stämme zu Beginn des 1. Jahrtausends v. Chr. zur Herausbildung eines römischen Nationalgefühls in augusteischer Zeit und zu dessen Umwandlung in ein italienisches Bewusstsein im hohen Mittelalter.

Seit den sechziger Jahren des vorigen Jahrhunderts hat eine rege Grabungstätigkeit in Latium und Etrurien eingesetzt; unter den umfangreichen Funden, die vor allem in Ausstellungen gezeigt und in deren einschlägigen Katalogen publiziert wurden, kamen auch Inschriften in lateinischer, etruskischer, griechischer und sogar phönikisch-punischer Sprache zutage. Die Bewertung des neuen archäologischen und epigraphischen Materials im Licht der literarischen Quellen zum frühen Rom hat neue methodische Fragen aufgeworfen: Die Kriterien der Auswertung sind umstritten, die Interpretationen zweifelhaft. Wir sehen uns vielfach mit unterschiedlichen, scharfsinnigen Theorien und durchaus anregenden, aber sehr divergierenden Ansichten moderner Autoren konfrontiert.

Eine neuere Behandlung der Frühzeit Etruriens und Latiums sowie der geographisch und ursprünglich auch kulturell dazwischen gelegenen Stadt Rom auf der Grundlage des aktuellen Forschungsstandes liegt deshalb nahe; sie soll den Leser in die neueste Problematik einführen. Dabei wird versucht, das stark auf Rom allein konzentrierte Geschichtsbild zu vermeiden, wie wir es aus unserer abendländischen Bildungstradition und unserem Schulunterricht (Livius) kennen. Rom ist ein einmaliges Phänomen der Weltgeschichte, verdeckte aber mit seiner prägenden Wirkung die kulturelle Vielfalt der Völker und Stämme Italiens. Dennoch wurde im Laufe der Geschichte der Halbinsel die regionale Eigenständigkeit immer wieder wirksam, welche die Bildung von Landschaftsindividualitäten ermöglichte. Man möchte fast sagen: Die Betrachtung der ethnischen Vielfalt, der gegenseitigen Beeinflussung der Völker und der kulturellen und sprachlichen Kontinuität von der Antike über das Mittelalter und die Renaissance ist heutzutage unerlässlich für das Verständnis des neuzeitlichen Italien und Europas.

In diesem Band bezieht sich die Bezeichnung „italisch" und „Italiker" auf das antike Italien, während „italienisch" und „Italiener" das mittelalterliche und moderne Italien betrifft. Daten ohne nähere Angaben beziehen sich (bis auf leicht erkennbare Ausnahmen) auf die Zeit vor Christi Geburt.

Quellen werden in der Regel mit Namen des Autors und des Werkes zitiert, wenn mehrere Schriften von ihm erhalten sind. Autoren, von denen nur ein Werk erhalten ist, z. B. Livius, Polybios usw., werden mit ihrem

Namen allein und der Stellenangabe zitiert. Ebenso wird das wichtige Werk von Dionys von Halikarnass *Antiquitates Romanae* nur mit dem Verfassernamen erwähnt, da die rhetorischen Schriften dieses Verfassers nicht für das Thema relevant sind.

Zu Dank verpflichtet bin ich Kai Brodersen, der dieses Werk anregte, und der Wissenschaftlichen Buchgesellschaft, Darmstadt für die ausgezeichnete Zusammenarbeit während der Drucklegung. Großen Dank schulde ich auch meinen Freunden und Kollegen am Institut für Alte Geschichte, Altertumskunde und Epigraphik der Universität Wien, Gerhard Dobesch und Peter Siewert, für förderliche Gespräche und wertvolle Anregungen, Letzterem auch für heilsame Kritik, die er einem ersten Entwurf zukommen ließ. Herzlicher Dank gebührt auch Marta Sordi von der Università Cattolica in Mailand. Meiner Mitarbeiterin am obigen Institut, Petra Amann, danke ich für Auskünfte und großzügige Hilfestellung, Mario Rausch für die aufmerksame Durchsicht des Manuskripts. Die wissenschaftliche Verantwortung für das Ergebnis trage ich allein.

Wien, im Jänner 2003   Luciana Aigner-Foresti

I. Quellen und Forschung

1. Die Quellen und ihre Probleme

Eine Rekonstruktion der politischen und sozioökonomischen Frühgeschichte Etruriens und Latiums erweist sich als sehr schwierig: Eine zeitgenössische literarische Überlieferung steht uns, ja stand selbst der antiken Historiographie nicht zur Verfügung. Anders als die antike Geschichtsschreibung verwendet jedoch die moderne Forschung archäologische Funde, die sich von Jahr zu Jahr vermehren: Es sind architektonische Überreste von Großbauten, Kleinfunde, Reliefs und Malereien sowie Inschriften. Wie die Nachrichten antiker Autoren werden sie unterschiedlich interpretiert und lassen daher nicht von vornherein eindeutige und unbestreitbare Aussagen zu. Die Chronologie der Fakten basiert auf der Datierung archäologischer Schichten aufgrund der griechischen Importkeramik; dennoch können für die Zeit bis ca. 700 v. Chr. chronologische Abweichungen von etwa fünfzig Jahren entstehen. Inschriftenträger (d. h. beschriftete Steine, Metalle, Keramik) gehören zu den archäologischen Funden, ihr Inhalt zu den Schriftquellen.

Gräber und Heiligtümer Etruriens und Latiums stellen noch immer den Großteil der architektonischen Überreste der Frühzeit dar. Die Gräber in Caere (dem heutigen Cerveteri) und Tarquinia sowie in Castel di Decima und Gabii (heute Osteria dell'Osa östlich von Rom, auf halbem Weg nach Tivoli), einzeln oder als ausgedehnte Nekropolen zusammengefasst, sind der historischen Entwicklung unterworfen und sozialgeschichtlich aufschlussreich: Im 10. und 9. Jahrhundert finden sich einfache Brunnengräber (Tarquinia, Albaner Berge), im 7. Jahrhundert räumlich gegliederte Kammer- und Hügelgräber (Caere, Tarquinia, Vulci und Lavinium, heute Pratica di Mare), die den Gedanken des gehobenen Hauses und des Palastes aufgreifen.

Gräber und Heiligtümer

Tempelgrundrisse sind ab dem 6. Jahrhundert bekannt: Sie zeigen, dass etruskische Tempel mit ihrem rechteckigen Innenraum (*cella*) von den frühen griechischen Kultbauten abstammten, aber sich dennoch durch den Dachschmuck aus Ton, wie die Figuren auf dem Firstbalken in Veji, unterschieden. Das Giebelfeld blieb in archaischer Zeit leer, erst ab dem 5. Jahrhundert finden sich figürliche Hochreliefs (Pyrgi). Die Hauptmerkmale des etruskischen Tempels wurden erst in dieser Zeit der Stufenaufgang, die Säulenhalle an der Vorderseite und die Dreiteilung des für die Götterstatue reservierten Raumes. Zu den Bauresten von Heiligtümern gesellen sich nicht selten Altäre (Caere).

Siedlungsreste sind in Etrurien – anders als in Latium – auffallend selten, einerseits, weil die Siedlungskontinuität seit der Antike zu (meist) mittelalterlichen Überbauungen geführt hat, wie in Volterra und Perugia, Blera in Nordlatium und Pitigliano in der Toskana, andererseits, weil jene Reste im Boden nicht so sichtbar sind wie die der Gräber und Heiligtümer. Erst in den letzten Jahrzehnten hat man in beiden Gebieten dem Siedlungswesen größere Aufmerksamkeit geschenkt und entsprechende Grabungen durch-

Siedlungen

geführt: Reste von spätbronze- und früheisenzeitlichen Siedlungen (ab ca. 900 v.Chr.), die sich auf natürlich geschützten, stark abfallenden Bergkuppen befanden, kamen in Tarquinia, Veji, auf den Albaner Bergen, in Gabii, Rom, Lavinium, Satricum (etwa 8 km landeinwärts von Anzio in Südlatium) usw. ans Licht. Ihre Anzahl nahm ab ca. 830 v.Chr. in Latium (Castel di Decima, Ficana, La Rustica) zu. Reste von Erdwällen als Befestigungsanlagen stammen aus dem 8. (Castel di Decima, Acqua Acetosa) und 7. Jahrhundert (Ardea, Satricum).

Die äußere Gestaltung der eisenzeitlichen Häuser geben Hüttenurnen (s. S. 33) in Form von Wohnhütten wider, die ab dem 10. Jahrhundert in Rom, auf den Albaner Bergen, im 9. Jahrhundert in Tarquinia, Vulci usw. bezeugt sind. Hinweise auf die innere Gestaltung der Häuser liefern ihre Grundrisse: Der Grundriss der *regia*, der Wohnung des Königs auf dem Forum in Rom (ab dem letzten Viertel des 7. Jahrhunderts), steht demjenigen eines größeren Hauses einer Siedlung beim Bach Acquarossa zwischen Tarquinia und Volsinii/Orvieto in Etrurien nahe: Beide bestehen aus drei Räumen und einem Vorraum. In Rom wie in Acquarossa und beim so genannten „Palast" von Murlo unweit der heutigen Stadt Siena in Nordetrurien waren im 6. Jahrhundert die Häuser mit reliefierten und bemalten Tonplatten verziert; diejenigen der *regia* aus dem letzten Viertel des 6. Jahrhunderts stammen aus dem etruskischen Caere.

Gegenstände Zu den Gegenständen von historischer Bedeutung zählt in erster Linie die für die Datierung von archäologischen Schichten wichtige Keramik: Bronzezeitliche Scherben aus dem südöstlichen Kapitolhang und aus der Forumsenke legen eine Besiedlung des Geländes von Rom im 14. Jahrhundert nahe; euböische und kykladische Keramik aus Veji (800–760) weist auf Verbindungen Südetruriens zum griechischen Kulturkreis in der Zeit der frühen griechischen Kolonisation hin. Waffen und Wagen als Zeichen eines gehobenen sozialen Status wurden u.a. in Gräbern von Tarquinia und Castel di Decima gefunden. Das Beil nicht als Waffe (Vetulonia) und Klappstühle, teilweise aus kostbarem Elfenbein (Quinto Fiorentino bei Florenz, Bologna), als Sitz hervorragender Persönlichkeiten zählten im 7. Jahrhundert zu den später auch literarisch erwähnten Machtsymbolen (Livius 1,8). Religions- wie kunstgeschichtlich relevant ist die hohe Anzahl von Weihgeschenken aus Bronze und Ton, darunter die qualitativ hoch stehende Kleinplastik: Besonders erwähnenswert sind die Statuen eines Hercules und einer Minerva, die im Portonaccio-Heiligtum von Veji und in der Nähe der Kirche Sant'Omobono in Rom gefunden wurden.

Bildquellen Bildquellen von hoher historischer Bedeutung sind die Malereien im Grab der Familie Saties von Vulci (sog. François-Grab): Sie stellen die Sage der etruskischen Brüder Avle und Caile Vipina (lat. Aulus und Caelius Vibenna) sowie des Macstrna (lat. Mastarna – Servius Tullius) von einer etruskischen, antirömischen Warte aus bildlich dar; diese Personen werden auch in einer römischen Parallelüberlieferung von Kaiser Claudius erwähnt (CIL XIII 1668). Auf etruskischen Grabstelen aus Felsina (lat. Bononia, heute Bologna) ist der Kampf von Etruskern gegen Gallier abgebildet. Zu dieser Quellengattung gehören auch die bildlich dargestellten Machtinsignien, etwa der auf einer Tonplatte in Caere abgebildete Klappstuhl, sowie

Die Quellen und ihre Probleme

das verkleinerte in Eisen gegossene Abbild eines Rutenbündels mit Beil (lat. *fasces*) von Vetulonia.

Ergiebige Ausgrabungen antiker Bauten wurden in der letzten Nachkriegszeit in San Giovenale und Acquarossa westlich bzw. nördlich von Viterbo durchgeführt. Hier legten schwedische Archäologen in den fünfziger bis siebziger Jahren des vorigen Jahrhunderts die archaisch-etruskischen Siedlungen frei, deren Blütezeit von der Mitte des 7. bis Ende des 6. Jahrhunderts reichte. Die Schichten der *regia* am Forum Romanum wurden in den sechziger Jahren von amerikanischen Archäologen untersucht und zeitlich differenziert.

Ausgrabungen antiker Bauten

Die jüngere Grabungstätigkeit in Etrurien konzentriert sich seit dem Ende der achtziger Jahre des vorigen Jahrhunderts in erster Linie auf dem Raum von Tarquinia, Caere und Vetulonia. In Tarquinia lieferte eine kleine Siedlung aus verstreuten Hütten aus dem 10. Jahrhundert, die im 8. Jahrhundert erweitert wurde, den Nachweis für eine Kontinuität der Besiedlung von der vorgeschichtlichen in die historische Zeit. Ebenso hat eine deutsch-französische Grabung in Castellina del Marangone im erzreichen Tolfa-Gebirge (zwischen Caere und Tarquinia) eine solche Siedlungskontinuität von der Spätbronzezeit bis zum 1. Jahrhundert erwiesen. Eine elliptisch ummauerte Anlage in der Wohnsiedlung von Caere (Vigna Parrocchiale) wird als öffentlicher Versammlungsplatz gedeutet. Früheste, ins 8. Jahrhundert zurückreichende Spuren von Metallverhüttung fanden sich in den Monti Metalliferi rund um den Accesa-See unweit von Vetulonia und Populonia. In Latium wurden in den sechziger und siebziger Jahren des 19. Jahrhunderts im Zuge von Straßenarbeiten zahlreiche kleine Ansiedlungen zwischen Rom und dem Meer ans Licht gebracht. In den achtziger Jahren wurde die Nekropole von Gabii ausgegraben und publiziert. In Rom sind derzeit die Nachgrabungen auf dem Forum, am Nordhang des Palatins und auf dem Kapitol noch nicht abgeschlossen.

Zu den Schriftquellen historischen Charakters gehören in erster Linie die inschriftlich überlieferten Urkunden. Dazu zählen die drei auf je einem Goldblech eingravierten Inschriften aus Pyrgi, dem Hafen von Caere, zwei davon von unterschiedlicher Länge in etruskischer, eine in punischer Sprache. Sie nennen die Weihung eines Herrschers von Caere, Thefarie Velianas, an die fremde, punische Göttin Astarte (ET Cr 4.4; 4.5: Anfang des 5. Jahrhunderts). Der etruskische und der punische Text decken sich inhaltlich, aber nicht syntaktisch.

Schriftquellen

Unabhängig von ihrem religiösen Inhalt bezeugt die Tontafel von Capua in etruskischer Schrift und Sprache (ET TC; Anfang des 5. Jahrhunderts) die Ausbreitung der Etrusker nach Kampanien. Griechische Inschriften auf drei Helmen (HGIÜ Nr. 49) erwähnen den Sieg Hierons I. von Syrakus gegen die Etrusker bei Kyme (474 v. Chr.).

In Rom enthält die fragmentarische Inschrift des *lapis niger* (6. Jahrhundert) ein Kultgesetz, das einen *rex* (= König) erwähnt. Es ist in einem archaischen Latein verfasst und heute schwer verständlich. Das lateinische Wort *rex* steht auch auf einem etruskischen Bucchero-Fragment (s. S. 110) vom Gelände der *regia* aus dem letzten Viertel des 6. Jahrhunderts (CIL I^2, 4, 2830).

Der Text des so genannten *lapis Satricanus*, eines Steinblockes aus dem

Fundament des Mater Matuta-Tempels von Satricum (um 510 v. Chr.), nennt einen Valesios Poplios, dessen Anhänger (*sodales*) ein Weihgeschenk dem Mars weihten (CIL I², 4, 2832 a).

Zu den Inschriften öffentlichen Charakters gehören auch die Fasten, die im Jahre 304 v. Chr. von Gnaeus Flavius veröffentlicht wurden (Livius 9,46; Cicero, Ad Atticum 6,1,8; Plinius, Naturalis historia 33,6; 17). Es sind Listen der für die Amtshandlungen von den Göttern abhängigen „günstigen" (*dies fasti* = „Werktage") oder „ungünstigen" Tage (*dies nefasti* = „Feiertage"), von denen insbesondere die Gerichtstage abhingen. Da wahrscheinlich Magistrate die Verantwortung für die rechtliche und politische Qualität der Tage trugen, wurden dem Kalender Listen von Magistraten angehängt. In republikanischer Zeit wurden sie auf der Grundlage der Jahr für Jahr angelegten Aufzeichnungen der Priester bis ins 2. Jahrhundert rekonstruiert. Seit damals dienten sie der Rekonstruktion der Vergangenheit patrizischer Familien vor allem für die frühe Republik.

Eine Originalfassung der Konsullisten (*Fasti Consulares Capitolini*: CIL I²) stammt aus augusteischer Zeit, sie ist inschriftlich in Fragmenten erhalten. Die Forschung hat sie, von der antiken Überlieferung ausgehend, rekonstruiert und aus anderen Inschriften ergänzt. Die Endredaktion hat zur Zeit des Augustus Verrius Flaccus (Sueton, De grammaticis 17) vorbereitet, der aus Praeneste (heute Palestrina) stammte und in augusteischer Zeit lebte. Sein breit angelegtes Lexikon über die Bedeutung der Wörter (*De verborum significatu*) ist in der Zusammenfassung von Pompeius Festus (2. Jahrhundert n. Chr.?) erhalten.

Texte von Urkunden sind auch literarisch überliefert, in griechischer Übersetzung des vollen Textes wie der erste Vertrag zwischen Rom und Karthago bei Polybios (3,22,1 ff.) und der Cassius-Vertrag zwischen dem Latinerbund und Rom bei Dionys von Halikarnass (6,95,2); oder sie sind inhaltlich paraphrasiert, wie die schriftlichen Abmachungen zwischen den Etruskern und den Karthagern zum Zweck der gegenseitigen Hilfe (Aristoteles, Politik 3,9,35 = 1280a, 36). Dazu gehören auch die Verträge Roms mit Gabii (Dionys von Halikarnass 4,58) bzw. mit dem Latinerbund (4,26).

Literarisch überlieferte Texte von Urkunden können ebenso verfälscht oder gefälscht sein wie alle anderen antiken Schriftquellen; Urkundentexte sind also keine Garantie für die Historizität ihres Inhaltes und Quellenkritik ist ebenso angebracht wie für die Schriften antiker Historiographen. Von vornherein höheren Quellenwert haben daher Urkunden, die als Originale gefunden wurden.

Zu den Urkunden privaten Charakters, die auch die Beziehungen zwischen verschiedenen Völkern erhellen, gehört eine Art „Personalausweis" in etruskischer Sprache aus dem 6. Jahrhundert: Er stammt aus Karthago und nennt einen Karthager namens Puni (ET Af 3.1; 6. Jahrhundert). Auch sonst beweisen etruskische Inschriften privaten Charakters aus Rom, dass hier im 6. Jahrhundert Etrusker ansässig waren.

Historische Berichte

Die Etrusker haben im 2. Jahrhundert v. Chr. eigene historische Berichte (*Tuscae Historiae*) verfasst (Varro bei Censorinus, De die natali 17,6), deren Originaltext nicht erhalten ist. Nach dem römischen Schriftsteller Varro (116–27 v. Chr.) soll diese etruskische Historiographie die Vorstellung vertreten haben, dass die Geschichte des etruskischen Volkes aus zehn Zeitabschnitten bestand.

Über die Etrusker, Frührom und die Latiner berichtet ansonsten nur die griechisch-römische Überlieferung. Wo diese fehlt, sind Quellengruppen wie politische Institutionen, Rechtsbegriffe und -gewohnheiten, Ideologien, Religionsgut usw. so gut wie verloren.

Beliebtes Thema der antiken Historiographie und der modernen Forschung zur Vorgeschichte Etruriens ist die Herkunft bzw. der Ursprung der Etrusker. Dazu gibt es zwei Traditionen: Eine ältere geht auf Herodot von Halikarnass (um 480–420 v. Chr.) zurück: Lyder wanderten aus Kleinasien aus und kamen „in das Land der Umbrer", wo sie sich „Tyrrhener" (lat. Etrusker) nannten (1,94). Eine zweite Überlieferung zum Ursprung der Etrusker findet sich bei Dionys von Halikarnass (geb. ca. 60 v. Chr.), der zufolge die Etrusker ein autochthones Volk seien (1,25–30).

Antike Historiographie

Der erste ausführliche Bericht über Frührom, auch über seine politischen und militärischen Einrichtungen, stammt aus der Feder des Timaios von Tauromenion, der ungefähr zwischen Mitte des 4. und Mitte des 3. Jahrhunderts v. Chr. lebte.

Eine als Prosawerk verfasste Geschichte Roms, die auch Einzelheiten über die Etrusker enthält, geht auf Quintus Fabius Pictor zurück, der im 3. Jahrhundert v. Chr. lebte; wahrscheinlich konnte er auf griechische Quellen zurückgreifen. Er war der erste römische Geschichtsschreiber (Livius 1,44,2) und soll den Stoff vom sagenhaften Ursprung Roms behandelt haben (SEG 26, 1976–1977, 1123). Seine in griechischer Sprache und in der Tradition der griechischen Koloniegründungen nach dem Ende des 1. Punischen Krieges (241 v. Chr.) verfasste Geschichte Roms wurde später eine wertvolle Quelle für Polybios, Livius und Dionys von Halikarnass. Die Darstellung der Fakten bei Fabius Pictor beeinflusste nachhaltig die römische Sichtweise der eigenen Vergangenheit.

Über die „Anfänge" (*Origines*) der Städte Italiens – darunter Roms – schrieb in lateinischer Sprache Marcus Porcius Cato (der Ältere; 234–149 v. Chr.), der als der erste lateinische Historiograph gilt. Neben seiner langjährigen, erfolgreichen Tätigkeit als Politiker war er Autor zahlreicher Lehrschriften über Ackerbau, Medizin, Rhetorik, Geschichte usw. Sein fragmentarisch erhaltenes Geschichtswerk, die *Origines* in sieben Büchern, spannte sich von den Ursprüngen der Völkerschaften Italiens bis zur eigenen Zeit in chronologischer Reihenfolge, wobei er der Frühgeschichte Roms in der Nachfolge des Fabius einen großen Raum gewährte.

Jahresberichte (*annales*) schrieben in der Nachfolge Catos eine ganze Reihe von Historiographen in der zweiten Hälfte des 2. Jahrhunderts (C. Alimentus, A. Postumius Albinus) und Anfang des 1. Jahrhunderts (C. Emina, C. Piso u.a.), deren Werke bis auf wenige Zitate verloren gegangen sind. Die in der modernen Forschung übliche Bezeichnung „Annalisten" für diese Autoren wird neuerdings abgelehnt.

Die Verträge zwischen Rom und Karthago – darunter einen ersten, nur von ihm überlieferten Vertrag – hat Polybios (ca. 200–120 v. Chr.) in sein Werk aufgenommen. Polybios ist Autor einer nicht vollständig erhaltenen politischen Universalgeschichte in vierzig Büchern (*Historien*), deren Inhalt der rasche Aufstieg Roms (220–168 v. Chr.) zur Weltherrschaft und deren

Ziel die Erforschung der Ursachen jenes Aufstieges waren: Polybios sieht sie in der „gemischten" römischen Verfassung bestehend aus monarchischen, aristokratischen und demokratischen Institutionen.

Eine relativ kurze Abhandlung über die Frühgeschichte Roms ist im Werk *Über den Staat* (*De republica*) von M. Tullius Cicero (106–43 v. Chr.) enthalten. Das Buch *Über die Wahrsagung* (*De divinatione*) liefert äußerst wertvolles Material zur Religion der Etrusker.

Eine Geschichte Roms von den Anfängen bis zur eigenen Zeit schrieben Livius (59 v. Chr.–17 n. Chr.) und Dionys von Halikarnass. Livius lebte in Rom und verfasste eine Geschichte Roms von der Stadtgründung bis 9 v. Chr. (*Ab urbe condita libri*). Von den ursprünglichen 142 Büchern sind nur 35 vollständig erhalten (1–10: Von den Anfängen Roms bis 293 v. Chr.; 21–45: 218–167 v. Chr.), die anderen liegen als knappe Inhaltsangaben bzw. als Zitate vor. In Zusammenhang mit Rom zog Dionys von Halikarnass, anders als Livius, die Schriften früherer Historiker sowie altertumskundliche Werke heran; er ist daher eine wertvolle Quelle für frühe Urkunden, Kulte und Sitten, besonders im Bereich der Religion. Sein Interesse galt auch den vorrömischen Einwohnern Italiens.

Diese beiden Autoren schöpfen ihre Nachrichten aus den Schriften griechischer Autoren (Polybios), Dionys in erster Linie westgriechischer Autoren, wie Antiochos von Syrakus (5. Jahrhundert v. Chr.) und Timaios von Tauromenion (4.–3. Jahrhundert v. Chr.). Der Qualitätsgrad ihrer Wissenschaft hängt von denjenigen ihrer Gewährsleute ab. Wenngleich sich beide Werke inhaltlich größtenteils gegenseitig abdecken, interpretieren Livius und Dionys die Geschichte Roms aus völlig verschiedenen Perspektiven: Dionys hält die Römer für Griechen – Rom sei eine griechische Stadt (1,5,1) –, betont daher die Ähnlichkeiten in den politischen und religiösen Institutionen zwischen den beiden Völkern und wertet die Etrusker als Nichtgriechen ab. Livius verbindet Rom dagegen mit dem bodenständigen italisch-latinischen Erbe. Die Etrusker spielen bei beiden Autoren lediglich als Widersacher Roms eine Rolle.

Die später von der antiken Historiographie rekonstruierte Geschichte des frühen Rom ist teilweise fragmentarisch bzw. aus zweiter Hand erhalten. Einzelnachrichten über juristische Institutionen, den Kalender und religiöse Feier mit politischer Wertigkeit finden sich bei Geographen wie Strabo (63 v. Chr.–21 n. Chr.), Antiquaren wie Varro und Verrius Flaccus sowie Biographen wie Plutarch (um 45 n. Chr.–117 n. Chr.). Vor allem Plinius dem Älteren (23/24 n. Chr.–79 n. Chr.) verdanken wir zahlreiche Nachrichten geographischen und historischen wie auch naturwissenschaftlichen Charakters.

Es sei noch der Grammatiker Servius (etwa 400 n. Chr.) erwähnt, der Autor eines Kommentars zur Aeneis von Vergil mit wertvollen Erklärungen und Ansichten älterer Autoren.

Linguistik

Die Linguistik konnte in der letzten Zeit einen wichtigen Beitrag zur Frühgeschichte Roms beisteuern, nämlich die Authentizität einzelner Notizen bestätigen bzw. wahrscheinlich machen: So wurde die von den antiken Autoren überlieferte Existenz der Sabiner in der Frühgeschichte Roms durch Inschriften bestätigt, welche die Sabiner nennen und unweit von Rom ans Licht kamen, eine davon in der Nähe von Cures, der angeblichen

Hauptstadt der Sabiner. Götternamen wie Menrva und Uni und andere Lehnwörter aus dem Etruskischen in der lateinischen und in umbrischer Sprache, griechische und umbrische Entlehnungen im Etruskischen bezeugen enge Kulturkontakte zwischen Etruskern und den Nachbarvölkern, wohl schon ab dem Beginn des 1. Jahrtausends.

Die seinerzeit von *Niebuhr* in seiner bahnbrechenden *Römischen Geschichte* (1811–1832) propagierte, später aber kritisch betrachtete Methode der historischen Analogie ist von der neueren Forschung zur Frühgeschichte Roms im Sinne der Interdiszplinarität neu aufgegriffen worden: Denn Krisensituationen, aus denen der Mensch neue Lebensverhältnisse entwickelt, treten im Laufe der Zeit immer wieder auf; die Zahl der Lösungen, mit denen er darauf antworten kann, ist beschränkt, und wenn die vorhandenen Informationen auf einen bestimmten Lösungsansatz eher hinweisen als auf alle anderen, dann ergibt eine besser bekannte analoge Krisenbewältigung zumindest eine Wahrscheinlichkeit, wo Sicherheit nicht mehr zu gewinnen ist. Anthropologische Modelle, die aus einer ähnlichen Situation in anderen Epochen oder in anderem Zusammenhang entwickelt wurden, können eine historische Situation illustrieren bzw. aufklären und mitunter Beweise liefern. Ebenso werden religiöse Praktiken aufgrund von später noch verwendeten Ritualen oder Traditionen, die der Manipulation der antiken Geschichtsschreibung entzogen waren, im Licht der Forschungsergebnisse der Indogermanistik, der modernen Religionswissenschaft und Ethnosoziologie ausgewertet: Hier dienen sie z. B. der Rekonstruktion der frührömischen Sozialordnung.

Neue Wege der Forschung

Zur römischen Geschichte und Sozialgeschichte hat sich in den letzten Jahren auch die Mythenforschung zu Wort gemeldet: Die in der modernen Forschung bisher vielfach vertretene Mythenlosigkeit Roms gehe von einer falschen, von der Romantik geprägten Voraussetzung aus, nämlich dass ein Mythos aus Heroenmythologie, ritueller Aitiologie – Sagen, die auffällige Erscheinungen, Bräuche und Namen erklären sollten – und aus Gründungssagen bestehe. Wenn man aber versteht, dass der Mythos zur Gegenwartserklärung und Handlungssteuerung dienen kann, so kann man erkennen, dass auch Rom seine Mythen hatte. Dazu gehören u.a. die Sage von Romulus und Aeneas und die Gräber der Heroen, die den römischen Staat groß gemacht hatten, wie Romulus, Tarpeia, die Horatier und Kuriatier usw.

Auch die Frage nach der Rolle des Mythos in Etrurien wird in der Forschung diskutiert: Denn Etruriens bildende Kunst weist eine ganze Reihe griechischer Mythen auf, die im Vergleich zum griechischen Original inhaltlich mehr oder weniger verändert wurden. Dies wurde früher als Unkenntnis des griechischen Mythos oder als bewusste Erweiterung bzw. als „Banalisierung" der griechischen Vorlage seitens der etruskischen Handwerker angesehen. Den historischen Hintergrund für eine solche Vereinfachung sah man in der Entstehung städtischer Handwerkstätten, die eine Massenproduktion ermöglicht habe, was in weiterer Folge auch zu Veränderungen des Mythos führte. Der griechische Mythos in Etrurien sei vielmehr ein geeignetes Mittel für die städtische Aristokratie gewesen, sich selbst und ihre Stellung in einer neuen städtischen Gesellschaft zu präsentieren und sich durch den Vergleich mit den Helden des griechischen Mythos selbst zu verherrlichen. Der Mythos wird in dieser Deutung als politisches Instrument, das zur Bildung neuer Ideologien verhalf, angesehen.

2. Hauptprobleme der Frühgeschichte Roms

Noch in der ersten Hälfte des 19. Jahrhunderts waren die Schriften vor allem der oben genannten griechischen und römischen Autoren die einzigen Quellen zur Geschichte Frühroms, Latiums und Etruriens, die der Forschung zur Verfügung standen. Die kritische Stellungnahme des Dionys von Halikarnass (1,6,2; 4,30,2) zur Darstellung der frührömischen Geschichte nach Fabius Pictor und zu seiner Chronologie zeigt allerdings, dass bereits die Antike methodische und sachliche Probleme erkannte. Livius äußert sich an mehreren Stellen kritisch zur Zuverlässigkeit der Schriften seiner Gewährsleute: „Diese Dinge sind schon durch ihr allzu hohes Alter in Dunkel gehüllt wie Gegenstände, die man aus großer räumlicher Entfernung kaum erkennen kann, vor allem aber, weil man in diesen Zeiten nur ganz kurz und selten etwas aufgeschrieben hat, was doch die einzige zuverlässige Art ist, die Erinnerung an das historische Geschehen zu bewahren; und weil dies, selbst wenn es etwas Derartiges in den Aufzeichnungen der Pontifices und in anderen öffentlichen und privaten Dokumenten gegeben hat, beim Brand der Stadt zum großen Teil untergegangen ist" (Livius 6,1,2).

Zwei Hauptprobleme erschweren die Rekonstruktion der Frühgeschichte Roms: die Glaubwürdigkeit der Überlieferung und die zweifelhafte Echtheit der römischen Konsullisten in früher Zeit. Das Überlieferungsproblem berührt auch die Geschichte Etruriens: Denn nach antiker Tradition sollen die letzten drei Könige von Rom und die Herrschaftsabzeichen der römischen Macht aus Etrurien stammen.

a) Zweifelhafte Glaubwürdigkeit der Überlieferung

Das Problem der Glaubwürdigkeit der Überlieferung zum frühen Rom ergibt sich zunächst aus der großen zeitlichen Distanz zwischen den berichteten Ereignissen und ihrer Beschreibung durch die antiken Autoren, was zur Bildung von Allgemeinplätzen und Anekdoten führte und letzten Endes zur Verfälschung oder freien Erfindung von Fakten, nicht zuletzt, weil der Stoff so gewählt wurde, wie es sich der Leser hätte wünschen können. Mündliche Überlieferung war der Gefahr einer laufenden Aktualisierung der tradierten Ereignisse unterworfen. Ahnenkult, Familienchroniken und -archive, deren Existenz vielfach belegt ist, und zu denen auch Trinklieder (Cicero, Tusculanae disputationes 1,2) und Grabreden sowie Stammbäume und Wachsmasken der Vorfahren gehören, trugen zu Verfälschungen bei: Adelige Familien hatten Interesse, die „Heldentaten" ihrer verstorbenen Mitglieder von Generation zu Generation weiterzugeben (Polybios 6,53), nicht zuletzt um sich selbst daran zu messen und gemessen zu werden. Cicero untersucht die Ursache solcher Verfälschungen: „Nur: durch diese Lobreden ist unsere Geschichtsschreibung verfälscht worden. Vieles findet sich da niedergeschrieben, was nie geschehen ist: falsche Triumphfeiern, zahlreiche Konsulate, ja sogar falsche Genealogien und Übertritte in den Plebeierstand, indem eben Männer von niedrigerer Abstammung sich in ein fremdes Geschlecht desselben Namens eindrängten. So als ob ich mich für den Nachkommen des Manlius Tullius erklären wollte, der als Patrizier zusammen mit Servius Sulpicius zehn Jahre nach Vertreibung der Könige Konsul war" (Cicero, Brutus 16; 62). Livius folgt Cicero nach: „Es ist nicht leicht, dem einen Sachverhalt gegenüber den anderen oder der einen Quelle gegenüber der anderen den Vorzug zu geben. Ich glaube, die Überlieferung ist verfälscht durch die Lobreden auf die Verstorbenen und durch die unrichtigen Inschriften unter den Ahnenbildern, womit eine jede Familie den Ruhm von Taten und Ämtern mit täuschender Lüge für sich beansprucht. Gewiss ist dies die Ursache der Verwirrung sowohl bei den Taten der Einzelnen als auch bei den offiziellen Denkmälern der Ereignisse. Und es gibt für diese Epoche, also in der Frühgeschichte Roms, keinen einzigen offiziellen Schriftsteller, dem man als einer hinreichend sicheren Quelle folgen könnte" (Livius 8,40,4–5). Hinzu kommen sachliche Fehler infolge geographischer Unkenntnisse und mangelnder militärischer Erfahrung.

In der modernen Forschung spielte die Quellenkritik zur Frühgeschichte Roms bereits im 19. Jahrhundert eine große Rolle. Sie führte zu einer gut begründeten weitgehenden Ablehnung der antiken Überlieferung, eine Richtung, die mit *Niebuhr* begann und über *Mommsen* von *De Sanctis*, *Beloch* und seinem Schüler *Pais* weitergeführt wurde. Diese kritischen Forscher erkannten alsbald die Fragwürdigkeit der Familientraditionen und der Mythen, die zum Füllen von Traditionslücken von den frühen westgriechischen Autoren wie Timaios von Tauromenion und den frühen römischen Historikern benützt wurden. Man ortete Widersprüche in der antiken Überlieferung sowie Einarbeitungen aus der eigenen Zeitgeschichte und die Übernahme griechischer Modelle vor allem aus der hellenistischen Geschichtsschreibung, die der Interpretation historischer Fakten gedient hatten. Gegenstände, deren frühere Rolle in der späten Republik nicht mehr bekannt war, erklärte man mit neu erfundenen Inhalten. Beispielsweise wurden die im Tempel des Semo Sancus auf dem Quirinal (Varro bei Plinius, Naturalis historia 8,74; 194) aufbewahrten Symbole der weiblichen Tugend – die Spindel, der Spinnrocken und die Wolle – mit Tanaquil, der Gemahlin des Tarquinius Priscus in Verbindung gebracht, nachdem diese mit Gaia Caecilia gleichgesetzt worden war. Anders als die Tanaquil bei Livius und Dionys von Halikarnass wurde diese Tanaquil Symbol altrömischer Werte – Spinnen und Weben als Ideale des römischen Frauenlebens – und diente zur Erklärung von Gebräuchen bei der römischen Eheschließung.

Der Quellenkritik, die anhand der Fehler der Überlieferung bei Livius überhaupt erst erfunden wurde, unterliegen heutzutage auch die Fragen nach dem Verfasser des Berichtes und seinem sozialen Milieu, nach dem Inhalt der Tradition und dem Ziel des Werkes.

Die Erkenntnis, dass die Tradition auch durchaus wahre Nachrichten enthält, führte in den siebziger Jahren zu ihrer Aufwertung: Die etruski-

Quellenkritik

schen Inschriften des 6. Jahrhunderts aus dem Boden Roms sind ein Hinweis für die von den antiken Autoren erwähnte Präsenz von Etruskern in Rom; ebenso bestätigte die bei Lavinium um die Mitte des 6. Jahrhunderts aufgestellte Weihung an die Dioskuren (CIL I², 4, 2833) deren Kult in Latium, welcher nach der Schlacht am See Regillus (496 v. Chr.; Livius 2,20,12; Dionys von Halikarnass 6,13,4) aus dem griechischen Süditalien nach Rom eingeführt wurde.

Die in Einzelfällen durchaus berechtigte Revision früherer übertriebener Quellenkritik und die Aufwertung der Überlieferung haben in den letzten Zeiten besonders in Teilen der stärker archäologisch orientierten Forschung zu einer verallgemeinernden Rehabilitierung der antiken Tradition geführt und in weiterer Folge zur Interpretation von Grabungsbefunden im Lichte der Überlieferung verleitet. Diese Deutung missachtet allerdings zwei methodische Grundprinzipien: einerseits, dass sich Fakten und Überlieferung, jede für sich nach den anerkannten Kriterien des eigenen Forschungsgebietes chronologisch verankert, sehr genau entsprechen müssen, um verbunden zu werden, andererseits, dass Bauten, Tempel und Gräber ohne mitgefundene oder eindeutig darauf zu beziehende schriftliche Nachricht keine Garantie für die Historizität der Überlieferung sind, so wie das Grab der Amazonen, das man auf Delos zeigte, nicht die Geschichtlichkeit dieser Sagenfiguren beweist.

Auch geht es nicht an, die Überlieferung umzudeuten, wenn das archäologische Material derselben widerspricht: So setzt ein Teil der Forschung die antiken Reste bei der modernen Siedlung Castel di Decima mit dem antiken Politorium gleich, obwohl die Funde von Decima, die die Blüte der Stadt im 6. Jahrhundert gut bezeugen, die antike Überlieferung widerlegen, wonach diese Siedlung in der zweiten Hälfte des 7. Jahrhunderts von Ancus Marcius zerstört worden sei. Es ergibt sich daher zwingend, dass entweder das moderne Castel di Decima nicht das antike Politorium oder aber die antike Überlieferung falsch ist.

Heutzutage drängt in erster Linie die althistorische Forschung auf eine sauber getrennte Interpretation der verschiedenen Quellengattungen, jede im Lichte der eigenen, unterschiedlichen Forschungsmethoden, um der Gefahr eines Zirkelschlusses entgegenzutreten. Gestritten wird einerseits, ob die überlieferten Nachrichten sachlich überhaupt zutreffen können oder nicht, andererseits, ob archäologische Funde überhaupt historisch überlieferte Nachrichten beweisen können. Es werden neue methodische Wege eingeschlagen, um sichere Interpretationsmodelle aus modernen, vorbildlich geführten Ausgrabungen zu gewinnen, wie die von Gabii, deren Ergebnisse man dann zur Deutung der Funde im nahe gelegenen Rom heranziehen kann. Zu diesen neuen Wegen gehört auch die Interpretation des archäologischen Materials, z. B. von Mauerresten in den Siedlungen Latiums, aufgrund der lokalen Gegebenheiten, etwa der Möglichkeiten der Bearbeitung des benützten Materials, sowie unter historischen Gesichtspunkten, also ob es kriegerische oder friedliche Umstände waren, die zum Bau der Mauer geführt hatten.

b) Fragwürdiger Quellenwert römischer Konsullisten

Das zweite Hauptproblem der Frühgeschichte Roms betrifft die Echtheit der bei Livius und in Inschriften überlieferten römischen Listen von Jahresbeamten, der Konsularfasten, welche das chronologische Gerüst der frühen Geschichte Roms nach der Vertreibung der Könige (Ende des 6. Jahrhunderts) bilden. Denn die in Rom aufbewahrten Urkunden sollen im Jahre 387 v. Chr. – nach Varro 390 v. Chr. – beim gallischen Angriff auf Rom zerstört worden sein (Livius 6,1,2; Plutarch, Numa 1). Wie bereits erwähnt, sind keine chronologisch gereihten Fasten bekannt, die älter als das 3. oder 2. Jahrhundert wären, und dies bedeutet, dass Fasten über frühere Zeiten im Nachhinein rekonstruiert wurden und daher unsicher sind.

Wenngleich die Möglichkeit von Erfindungen zum Ruhm der Vorfahren, von Rückprojizierungen von Ereignissen der Gegenwart in die Frühzeit und von willkürlichen Ergänzungen der ursprünglichen Beamtenliste nach dem Gallierbrand von 387 v. Chr. die Echtheit ihrer Überlieferung in Frage stellen, hält heute ein Teil der modernen Forschung die Konsullisten für weitgehend authentisch: Viele Daten seien doch insofern glaubwürdig, als sie von Tempelweihungen abhingen – so das Datum der Weihung des Iupiter-Tempels auf dem Kapitol im Jahre 509/8 v. Chr., welche 204 Jahre vor der Weihung des Concordia-Tempels (304 v. Chr.) durch den Ädil Gnaeus Flavius (Plinius, Naturalis historia 33,6; 19) erfolgte. Ebenso gehe die mündliche Tradition nicht so sehr auf Einzelpersonen, sondern vielmehr auf ganze Personengruppen zurück, etwa auf Mitglieder adeliger Familien und Priesterkollegien, welche die Familienarchive aufbewahrten und sich wechselseitig kontrollierten. Eine gewisse Kontrolle dürften auch die plebeischen über die patrizischen Magistrate ausgeübt haben: Denn parallel zu den Staatsarchiven im Saturn-Tempel und auf dem Kapitol hatte die Plebs, wahrscheinlich nach 456 v. Chr., ein eigenes Archiv im Ceres-Tempel auf dem Aventin (Livius 3,55,7). Auch ist die Skepsis des Livius (6,1,2) über die Existenz von Aufzeichnungen mit Hinweis auf den Gallierbrand nicht unbedingt angebracht, kennt man doch zeitgenössische Urkunden, etwa Verträge wie denjenigen zwischen der westgriechischen Stadt Sybaris und den (unbekannten) Serdaiern, und Tempelweihungen wie die des Thefarie Velianas aus Caere, die auf Bronze- oder Goldbleche eingraviert wurden und somit auch im Fall eines Brandes erhalten geblieben wären.

Vor 485 v. Chr. sind in den Konsullisten etruskische und plebeische Namen genannt. Es sind Männer wie Opiter Verginius und Titus Larcius, Spurius Cassius und Postumius Cominius, deren Familien in der späteren römischen Geschichte keine Rolle spielten. Dies spricht nicht gegen, sondern vielmehr für die Echtheit dieses Teiles der Fasten und legt den Gedanken nahe, dass die Fasten Namen von Politikern (Prätoren?) enthalten, die in der Frühgeschichte Roms eine wichtige Rolle gespielt hatten. Darüber gab es entweder öffentliche Aufzeichnungen (sakraler Art?) – in Griechenland sind Beamtenlisten ab dem 7. Jahrhundert vorhanden – oder ihre Namen waren in den Familienchroniken vermerkt.

Von 485 bis 478 v. Chr. treten Namen von patrizischen Familien wie die

Cornelii, Aemilii, Valerii und besonders die Fabii auf, die siebenmal einen Konsul gestellt haben sollen. Diese Familien spielten im 3. und 2. Jahrhundert, als die Konsulnamen zusammengestellt und chronologisch gereiht wurden, eine bedeutende politische Rolle in Rom. Deshalb besteht der berechtigte Verdacht, dass die Namen ihrer Vorfahren von diesen Familien zur Steigerung des eigenen Ruhmes für die Liste erfunden wurden.

II. Etrurien und Latium am Beginn des 1. Jahrtausends v. Chr.

1. Der Name

Der Name des Landes der Tyrrhener/Etrusker ist im Etruskischen selbst nicht bezeugt; die überlieferten Landschaftsbezeichnungen sind gr. *Tyrrhenía* (Dionys von Halikarnass 1,25,5) und lat. *Etruria/Tuscia* (heute Toskana). Beide Formen gehen auf die Eigenbezeichnung der Etrusker, nämlich auf *Turs(a)-* zurück.

Der Name des Landes *Latium* ist erstmals beim Dichter Ennius (Annales 466 Skutsch) belegt, der in der zweiten Hälfte des 3. Jahrhunderts lebte. Wir kennen die ursprüngliche Bedeutung des Begriffs *Latium* nicht; die Nachricht, er leite sich von *lateo*, „sich verstecken" ab, weil sich die Bewohner in den zahlreichen Höhlen des Gebietes vor den wilden Tieren bzw. vor dem Sturm verstecken konnten (Servius, Ad Aeneidem 1,6), ist der Versuch einer Erklärung durch antike Gelehrte. Die eher flache und ausgedehnte Geomorphologie des Landes widerspricht nicht der modernen Hypothese, der Name leite sich von *latus*, „weit, ausgedehnt" ab.

2. Geographische und verkehrstechnische Bedingungen

a) Das Kernland der Etrusker und der Latiner

Das Kernland der Etrusker und der Latiner, Etrurien und das „alte Latium" (*Latium vetus*: Tacitus, Annales 4,5,3), liegt in Mittelitalien. Etrurien breitete sich in historischer Zeit hauptsächlich zwischen den Flüssen Tiber (heute Tevere) im Osten und Süden sowie Arno im Norden und dem später nach den Tyrrhener/Etruskern genannten Tyrrhenischen Meer im Westen aus. Nach heutigen Verhältnissen entspricht Etrurien der modernen Region Toskana und dem nördlich des Tiber gelegenen Teil Latiums.

Das an Etrurien im Süden anschließende „alte Latium" erstreckte sich rund um die Albaner Berge (heute Colli Albani), nämlich von den Flüssen Tiber und Anio (heute Aniene) auf der Höhe von Capena im Norden, dem Apennin im Osten und den südlichen Ausläufern der Albaner Berge bis zum Berg Cerceus (heute Circeo), nach Tarracina (später Anxur, heute Terracina) im Süden und im Westen bis zum Tyrrhenischen Meer. Das Gebiet des „alten Latium" deckt sich weitgehend mit der heutigen Region Lazio südlich des Tiber. In der vorliegenden Darstellung ist mit „Latium" grundsätzlich das „alte Latium" gemeint.

Etrusker und Latiner breiteten sich im Laufe der Geschichte über ihr Kernland hinaus aus: die Etrusker nach Kampanien und Norditalien, die Latiner bis zum Apennin im Norden und Osten und zu den südlichen Ebenen der Flüsse Garigliano und Liri. Erst nachdem die im Süden und Südosten angrenzenden Volsker, die Herniker und die Aurunker von Rom besiegt worden waren, dürfte das Land die Bezeichnung „neues Latium"

(*Latium novum* oder *adiectum*: Plinius, Naturalis historia 3,9; 59) erhalten haben.

b) Geographie und Geologie

Etrurien und Latium sind geographisch wie auch geologisch unterschiedliche Gebiete.

Geographische Lage Etruriens

Nord- und Inneretrurien erstrecken sich in etwa nördlich der Linie Vulci–Volsinii; dieses Gebiet unterscheidet sich landschaftlich und teilweise auch kulturell von Südetrurien, etwa im Alphabet. Charakteristisch für Nordetrurien ist die hügelige Landschaft mit ihren relativ breiten Fluss- und Küstenebenen, Südetrurien und den nördlichen Teil von Latium prägen die Tuffplateaus: Tiefe, im Laufe der Zeit von Wasserläufen eingeschnittene Schluchten verleihen diesem Gebiet sein eigenes, typisches Aussehen. In Mitteletrurien erheben sich die Berge Amiata und Cetona über das Tal des Umbro (heute Ombrone) bzw. des Clanis (heute Chiana). Zwischen Populonia und Vetulonia erstrecken sich parallel zur Küste die erzreichen Monti Metalliferi. Auf der Höhe von Tarquinia ziehen sich die Ciminischen Berge (heute Monti Cimini) von den Ebenen des Bolsena- und des Bracciano-Sees leicht abfallend nach Westen und bilden unweit von Sutrium (heute Sutri) eine Passenge, die antiken „Tore Etruriens" (*claustra Etruriae*: Livius 9,32,1). Das erzreiche Tolfa-Gebirge fällt in lang gezogener Formation zum Meer hin ab und trennt die Gebiete von Caere (heute Cerveteri) und Tarquinia.

Etruskische Städte wie Veji, Caere, Tarquinia, Vulci und Volsinii (heute Orvieto oder Bolsena) entstanden jeweils auf einem durch zwei kleine Flüsse herausgeschnittenen Plateau unterschiedlicher Ausdehnung und mit steil abfallenden Flanken, die sie scharf vom Umland abgrenzen. Ein solcher Landsporn musste auf nur einer Seite befestigt werden und bot daher bei minimalem fortifikatorischem Aufwand maximale Sicherheit vor dem Feind. Die Lage unweit vom Meer und an Wasserläufen sowie die Beschaffenheit des Tuffgesteins, das Feuchtigkeit absorbiert, sicherten die Versorgung mit Wasser und Nahrung und erleichterten raschen Verkehr und Handel. Die Produktion von Wein ist in Etrurien ab dem 9. Jahrhundert gut bezeugt.

In Nord- und Inneretrurien fehlt das Tuffgestein. Die Siedlungen entstanden auf sanften Anhöhen, unweit des Meeres (Vetulonia) oder direkt an der Küste (Populonia) bzw. sie kontrollierten breitere, fruchtbare und für Landwirtschaft und Viehzucht geeignete Flusstäler: Volterra das Cecina-, Era- und Elsa-Tal, Vetulonia den Lauf des Flusses Bruna, den Verbindungsweg zwischen dem erzreichen Gebiet beim Accesa-See nahe Massa Marittima und dem Meer; Rusellae (heute Roselle) überwachte das Umbro- (heute Ombrone-)Tal, das nach Chiusi in Inneretrurien führte, Cortona beherrschte das Chiana-Tal, Fiesole und Arezzo das Arno-Tal und somit die Wege nach Norditalien. In unmittelbarer Nähe des mittleren Tiber-Tales kontrollierte Perugia den Flusslauf und die Wege zum Adriatischen und zum Tyrrhenischen Meer: Die relativ flache Landschaft im Westen Perugias machte

Geographische und verkehrstechnische Bedingungen

das Gebiet von Chiusi und über das Umbro-Tal das Erzgebiet (Monti Metalliferi) sowie schließlich das Tyrrhenische Meer leicht erreichbar. Verkehrswege in Längsrichtung führten von Inneretrurien über Veji in das sich östlich der Albaner Berge eröffnende Sacco-Tal, das wie der Küstenweg nach Kampanien führte.

Südlich des Tiber breitete sich eine von Bächen durchzogene, teilweise sumpfige, quellen- und tümpelreiche Küstenebene mit Dünen aus, die den Abfluss stauten (Vitruv, De architectura 14,12); der Wasserreichtum, an den auch die Sage vom Ertrinken des Aeneas erinnert (Dionys von Halikarnass 1,64,4), begünstigte das Aufkommen einer üppigen Bewaldung mit Lorbeerbäumen und Buchen, worauf die Toponomastik (Ortsnamen wie *silva Laurentina*, „Lorbeerwald" usw.) Bezug nahm. Die Ebene zieht sich bis Kampanien hin. Die westlichen Züge des Apennin im Hinterland von Tivoli (lat. Tibur) und Palestrina (lat. Praeneste) finden eine Fortsetzung in den ursprünglich waldreichen, sagenumwobenen Albaner Bergen, die in dominanter Lage bis 1000 m Höhe steigen und Sitz des uralten gemeinlatinischen Iupiter-Kultes, später des Bundesheiligtums der Latiner wurden. Ein Netz von alten Wegen durchquert das Land zwischen dem Apennin und dem Tyrrhenischen Meer, die Folge eines jahrhundertelangen Wechsels von Sommer- und Winterweiden für Schafe und Rinder. Anders als die relativ zersplitterte Landschaft Etruriens förderte die hügelige Landschaft Latiums sowohl die Ausbildung einzelner unabhängiger Siedlungsgemeinschaften als auch kooperative Zusammenschlüsse.

Geographische Lage Latiums

Zahlreiche Kraterseen (Trasimener-, Bolsena-, Bracciano- und Vicosee in Etrurien, Albaner- und Nemisee sowie zahlreiche, heute ausgetrocknete Teiche in Latium) sind die Spuren einer längst vergangenen Vulkantätigkeit. Die großen Flüsse (Cecina, Ombrone, Fiora und Chiana in Nordetrurien, Tiber und Anio in Nordlatium) hatten in der Antike einen hohen Wasserstand und waren schiffbar; ihre Täler wurden immer wieder von Überschwemmungen heimgesucht, die im Laufe der Jahrhunderte zur Versandung der Flussmündung und zur Verschiebung der Küstenlinie führten. Das Küstengebiet ist überall arm an natürlichen Häfen mit Ausnahme der Buchten von Populonia in Etrurien und von Anxur in Latium. Ansonsten fanden die Schiffe an den Flussmündungen bzw. an den besonders in Latium zahlreichen Strandlagunen Landeplätze.

Gewässer

c) Geographische Lage und Topographie Roms

Im Zusammenhang mit der Frage nach der Ursache der Größe Roms legt Livius dem Camillus, Eroberer der etruskischen Stadt Veji (396 v. Chr.), ein Bild der geographischen Lage der Stadt in den Mund: Sie sei äußerst günstig gelegen und von den Göttern und den Menschen im Hinblick auf die große Zukunft Roms ausgewählt worden (s. Quelle).

Heutzutage ist Rom ungefähr 30 km von der Tibermündung entfernt, in der Antike lag diese um etwa 5 km näher an der Stadt. Der älteste Kern der Siedlung befand sich östlich einer sich heute inmitten der Stadt befindlichen Tiber-Insel, an einer in der Antike für den Handel wichtigen Furt.

II. Etrurien und Latium am Beginn des 1. Jahrtausends v. Chr.

 Die geographische Lage Roms
(Livius 5,54,4)

Nicht ohne Grund haben Götter und Menschen diesen Platz für die Gründung der Stadt auserkoren – gesunde Hügel, einen gut schiffbaren Fluss, um aus dem Landesinneren Getreide stromabwärts einzuführen und die Güter der See in Empfang zu nehmen, ein Meer, nahe genug für unsere Bedürfnisse, ohne aber durch allzu große Nähe waghalsigen Unternehmungen ausländischer Flotten ausgesetzt zu sein, ein Gebiet im Herzen Italiens – einen Platz also, der für das Wachstum einer Stadt in einzigartiger Weise geschaffen ist.

Die Hügel Roms

Unterschiedlich hohe Hügel (ungefähr 45 bis 65 m) vulkanischen Ursprungs, die Ausläufer der Albaner Berge im Süden, der Cyminischen Berge im Norden und eines der vom Tiber eingeschnittenen 50 m hohen Tuffplateaus bilden die Landschaft Roms. Sie fallen in teils lang gezogener Formation zum Schwemmland des Tiber und zum Meer hin ab. Die „kanonisch" gewordenen, symbolträchtigen „sieben Hügel" der antiken Überlieferung (Varro, De lingua latina 5,41) treffen insofern nicht zu, als diese Erhebungen keine geographisch geschlossene Einheit bilden. Eine Ausnahme stellen der Palatin, der Kapitol und der Aventin dar, die sich mit ihren schroffen Abhängen auch geologisch von den anderen vier Hügeln unterscheiden: Quirinalis, Viminalis, Esquilinus, Velia und Caelius sind dagegen die Reste von verschiedenen durch Erosion abgeflachten Hügelzügen. Alle diese Hügel bestanden wiederum aus mehreren Erhebungen, so der Palatin aus dem eigentlichen Palatium und aus dem Cermalus, der Kapitol aus dem Capitolium und der Arx, der Esquilin aus dem Cispius und dem Oppius mit dem Fagutal. Vom Capitolium, dem Cermalus und der westlichen Seite des Aventins, die sich hoch über den Tiber erheben, konnte man die Furt und die Schifffahrt auf diesem Fluss überwachen. Diese Erhebungen öffnen sich zum Meer, die Seeluft garantiert ein angenehmes, gesundes Klima.

Die Gewässer Roms

Die antike Überlieferung ist sich einig: Das Gelände des späteren Rom war ursprünglich sumpfig (Livius 1,12,10; Dionys von Halikarnass 2,42,5; 50,2). Zwischen den wichtigsten Erhebungen hatten sich verschiedene Entwässerungsbäche gebildet; der bedeutendste Bach führte über die (spätere) Forum-Senke zum Lebensmittelmarkt, dem Velabrum, zwischen Kapitol, Palatin und dem Tiber, sowie zum Rindermarkt, dem Forum Boarium, das Wasser, das vom Quirinal, Viminal und dem Nordhang der Velia herunterfloss – ein derartiger Bach fließt heutzutage unter der Kirche San Clemente hindurch. In der Forum-Senke befanden sich Seen (*Lacus Curtius, Lacus Iuturnae*), und man konnte „einst" das Velabrum mit einem Boot befahren (Varro, De lingua latina 5,43). Die sagenhafte Frühgeschichte Roms ist einerseits mit dem Tiber verbunden, andererseits mit dem Palatin, an dessen Abhang sich ursprünglich die am Wasser gelegene Grotte des *Lupercal* befand: Hier soll der Korb mit den Zwillingen Romulus und Remus gestrandet sein (s. S. 53). Wahrscheinlich um 600 wurde das sumpfige Gebiet des Forums mit einer später oft umgebauten Drainageanlage (*cloaca maxima*) trockengelegt. Diese führte durch das *Velabrum* und mündete knapp südlich der Tiber-Insel in den Tiber. Ein Wasserlauf, den Quellen auf dem

Palatin, Aventin und Caelius speisten, entwässerte die Senke beim heutigen Circus Maximus und mündete auf der Höhe des flussabwärts gelegenen Endes der Tiber-Insel unweit vom Forum Boarium in den Tiber. Aus einer Quelle beim Nordabhang des Quirinals floss das Wasser zur Ebene des ursprünglich außerhalb der Siedlung gelegenen Marsfeldes (*campus Martius*) und weiter in den Tiber. Noch in der späten Kaiserzeit wurden die tief gelegenen Felder sowie das auf der rechten Seite des Tibers befindliche Gebiet des Vatikanischen Feldes (*ager vaticanus*) bei Hochwasser vom Tiber überflutet.

Zusammen mit der natürlichen Erosion des Geländes und mit den kaiserzeitlichen künstlichen Erd- und Planierungsarbeiten zur Errichtung neuer Paläste trugen solche Überschwemmungen und Schuttreste nach großen Bränden (Frontin, De aquaeductu urbis Romae 18,2) im Laufe der Zeit zur Veränderung des ursprünglichen Geländes und zur Erhöhung des Straßenniveaus bei, so dass das moderne Rom höher liegt als die antike Stadt, durchschnittlich etwa 11–13 m. Wie das restliche Latium und Südetrurien ist auch Rom wasser- und vegetationsreich, worauf die Namen verschiedener Örtlichkeiten wie „Eichenwald" (*Querquetulanus*), „Buchenwald" (*Fagutal*) und „Myrtenwald" (*Vallis Myrtea*) hindeuten.

Entlang des Aventins, über die Tiberfurt und am Rindermarkt vorbei verlief die Salzstraße, die schon vor dem 7. Jahrhundert vom Meer ins Landesinnere, in das Sabinerland, führte (Plinius, Naturalis historia 31,41; 89). Die Bedeutung dieser sehr alten *via Salaria* ergibt sich aus der Bedeutung des Salzes, die als Zusatznahrung für das Vieh und in der ganzen Antike auch als Konservierungsmittel und in der Gerberei diente. Auf der Höhe der Tiberfurt, links vom Tiber, befanden sich das Forum Boarium, der Rindermarkt, und der „Weg des Ochsenknechtes" (*vicus iugarius*), ein Hinweis, dass hier ein wichtiger Handelsplatz für den Viehverkauf war. Wahrscheinlich schon früh, nach der Überlieferung zur Zeit des Ancus Marcius, also im 7. Jahrhundert, entstand knapp südlich der Furt eine Brücke, der *pons sublicius*, ein Hinweis auf die Bedeutung dieses Tiberüberganges.

<!-- sidenote: Die Salzstraße und das Forum Boarium -->

3. Die Bewohner und ihre Sprache

Die italienische Halbinsel ist seit der Altsteinzeit bewohnt. Etrusker und Latiner, die Bewohner Etruriens und Latiums, sind ab dem Beginn des 1. Jahrtausends historisch nachweisbar.

a) Die Etrusker

Der Name der Etrusker leitet sich von der etruskischen, in der Antike allerdings nicht belegten Form **turs-* ab, die in Etrurien ab dem 7. Jahrhundert bekannt war; sie lebt im griechischen Volksnamen *tyrs-enoi* und im lateinischen oder italischen Namen **turs-iko* (der ebenfalls nicht antik belegt ist) als Vorstufe zum lateinischen und umbrischen *tursk-* > *trusk-* weiter. Tyr-

<!-- sidenote: Der Name der Etrusker -->

rhener wohnten auch in der nördlichen Ägäis (Thukydides 4,109,4), „unterhalb Kreston" (ein Ort in Thrakien: Herodot 1,57) und hatten einst Lemnos und angeblich auch Athen bewohnt (Dionys von Halikarnass 1,25,3).

Der Volksname *Turs(a)-* soll sich aus dem etruskischen und griechischen Wort *Tyrseis*, „Festungsturm" ableiten (Dionys von Halikarnass 1,26,2) und so viel wie „Land der Türme" bedeuten. Die Forschung hält diese Erklärung für eine (in der Sache unzutreffende) Volksetymologie.

Der Ursprung der Etrusker

Schon in der Antike fragte man sich, woher dieses in der damaligen griechisch-römischen Welt fremd anmutende Volk wohl kommen möge, und arbeitete zwei Thesen aus: Die ältere geht auf Herodot zurück; die jüngere ist von Dionys von Halikarnass überliefert (s. S. 5). Die moderne Literatur hat sich lange Zeit die eine und die andere These der antiken Autoren zu Eigen gemacht und versucht sie immer wieder durch neue Argumente wissenschaftlich zu untermauern. Keine der beiden Theorien hat allerdings die vielen offenen Fragen ausreichend und erschöpfend beantworten können.

In den vierziger Jahren des vorigen Jahrhunderts erarbeiteten *Pallottino* und *Altheim* einen neuen methodischen Standpunkt, den eines *ethnischen Formationsprozesses*: Als „Etrusker" wurde demnach jene historische Nation abgegrenzt, die sich in Etrurien gebildet habe und hier von einem bestimmten Zeitraum an greifbar wurde. So seien die Etrusker aus dem Zusammenwirken mehrerer kultureller und demographischer Bestandteile unterschiedlichen Ursprungs entstanden, die sich im Laufe der Zeit allmählich verdichteten und sich zu einer neuen historischen Einheit zusammenschlossen.

Der grundlegende Unterschied zwischen der These eines Formationsprozesses und jener, die eine Einwanderung postulierte, besteht in der unterschiedlichen Einstellung zu der Frage, ob und inwieweit Fremde den bereits vorhandenen „spezifisch" etruskischen Merkmalen zum Durchbruch verhalfen. *Pallottino* selbst verzichtete auf eine sachliche Rekonstruktion der „Volkwerdung". Eine solche ist auch heute nicht ohne weiteres möglich.

Die etruskische Sprache

Etrusker sind diejenigen, die etruskisch sprechen. Ihre Sprache ist ab dem Ende des 8. bis Anfang des 7. Jahrhunderts inschriftlich belegt – etwa 10 000 etruskische Inschriften sind bis in die erste Hälfte des 1. Jahrhunderts n. Chr. bekannt, ihre Anzahl vermehrt sich jährlich. Ihre Lesung bietet keinerlei Schwierigkeit, denn die Texte sind in einer an das Etruskische adaptierte Variante des griechisch-euböischen Alphabets geschrieben, welches keiner Entzifferung bedarf. Anders steht es jedoch mit dem Verstehen der Textinhalte; die hauptsächlich belegten Grabinschriften bzw. religiösen Texte bieten einen verhältnismäßig beschränkten Wortschatz und viele Wörter sind nur einmal belegt, so dass wir oft keine Möglichkeit haben, hypothetische Wortdeutungen zu überprüfen. Bestehen bleibt die Tatsache, dass das Etruskische einer anderen Sprachfamilie als Griechisch und Latein angehört und sich daher in seiner Struktur von jenen Sprachen ganz wesentlich unterscheidet.

Das historische Etruskische besteht aus einem Kern, der mit dem Tyrsenischen, der Sprache der nichtgriechischen Bevölkerung der Insel Lemnos in der Nordägäis (Thukydides 4,109,4), sowie mit dem Rätischen, der Sprache der Räter in den Zentralalpen (Livius 5,33,11), verwandt sei. Die Zugehörigkeit des Tyrsenischen zu den Sprachen Kleinasiens ist erst vor kurzem wieder vertreten worden. Wie und wann das Tyrsenische nach Etrurien gelangte und wie die Verbindungen zum Rätischen zu verstehen sind, wird derzeit diskutiert.

Gewisse sprachliche Eigentümlichkeiten wurden auch aus dem benachbarten Italisch-Umbrischen übernommen. Das historische Etruskische hat sich also in Italien gebildet. Die geringen Dialektunterschiede im Etruskischen sprechen dafür, dass sich sein Kristallisationsprozess aus dem Tyrsenischen und dem Italisch-Umbrischen in einem relativ engen Raum und innerhalb kurzer Zeit abspielte: wie lange, wissen wir nicht, aber ein Sprachwechsel kann sich bereits innerhalb zweier Generationen vollziehen.

Nach dem derzeitigen Forschungsstand dürften die Etrusker einer Verbindung einheimischer Stämme italisch-umbrischer Sprache mit einer auch im nordägäischen Raum belegten Menschengruppe entstammen. Die Ansiedlung der Tyrrhener in Italien könnte im 10. Jahrhundert oder vorher stattgefunden haben; sie lässt sich archäologisch bisher nicht nachweisen. Die Ethnogenese („Volkwerdung") der Etrusker fand jedenfalls vor dem Beginn des 7. Jahrhunderts statt, denn zu dieser Zeit treten die ersten Inschriften in etruskischer Sprache auf. Die archäologischen Funde können eine Inbesitznahme des etruskischen Territoriums durch geschlossene fremde Gruppen (tyrsenischer Sprache) nicht nachweisen; es muss allerdings gesagt werden, dass die Archäologie nicht einmal die Urheber der Indoeuropäisierung Italiens nachweisen kann.

Falls das tyrsenische Element nicht durch Ansiedlung aus der Nordägäis nach Italien gelangte, müsste man eine prähistorische urtyrsenisch sprechende Bevölkerungsschicht zwischen Alpen, Italien und Nordägäis annehmen, von welcher Räter, Etrusker und Tyrsener der Ägäis bis in die historische Zeit des 1. Jahrtausends überlebten.

b) Die Latiner

Die ursprüngliche politische Organisationseinheit der Latiner bildete der Stamm; er muss während der Wanderung der Gruppe, die das indogermanische Uritalische nach Italien einführte, aus Sicherheitsgründen militärisch strukturiert gewesen sein und, je nach ihrer Größe, einen oder mehrere Anführer gehabt haben, die militärisch fähige Organisatoren waren und das Vertrauen der Stammesmitglieder genossen.

Nach der Sesshaftwerdung dürfte sich der Stamm langsam aufgelöst haben, aber unabhängige Stammesverbände mit eigenem Gebiet, mit gemeinsamer Sprache und übereinstimmenden Traditionen schlossen sich schon sehr früh, ab dem Ende des 2. Jahrtausends, zusammen und bildeten eine als *nomen latinum* bezeichnete Gemeinschaft der Latiner.

Nach der sagenhaften Überlieferung sollen auch die Latiner wie die Etrusker aus mehreren Völkerschaften hervorgegangen sein, nämlich aus

II. Etrurien und Latium am Beginn des 1. Jahrtausends v. Chr.

den bodenständigen Aboriginern (Dionys von Halikarnass 1,9,1 ff.) und den auf dem Seeweg eingewanderten Arkadern und Troianern (Dionys von Halikarnass 1,31,1 ff.). Diese Darstellung reiht sich in das von der antiken Überlieferung entworfene Bild der Entstehung der Völker Altitaliens – das Schema einer Volkwerdung aus Autochthonen und Einwanderern wiederholt sich bei anderen Völkerschaften Italiens.

Der Name der Latiner

Der Name *Latini* ist relativ früh bezeugt: *Latine* als etruskischer Familienname ist Ende des 7./Anfang des 6. Jahrhunderts in Veji belegt (ET Ve 2.4); es waren die Etrusker, welche ihre Nachbarn im Süden nach deren Eigenbezeichnung so nannten. Ungefähr auf diese Zeit geht auch die Nennung eines Königs Latinos bei dem griechischen Dichter Hesiod (Theogonie 1013 ff.) in einem sagenhaften, im westlichen Mittelmeer zu lokalisierenden, Kontext zurück: Latinos habe bei den Inseln der Seligen über die „vornehmen" Tyrrhener geherrscht.

Der *ager Latiniensis*, wohl der Sitz der von Plinius (Naturalis historia 3,9; 69) und Cicero (De haruspicum responsis 28, 62) erwähnten *Latinienses*, kann zwischen Rom und Fidenae bzw. südöstlich von Rom, also unweit der Sprachgrenze zu Etrurien, lokalisiert werden; ein Unterschied zu den bei Livius (1,3,7; 32,11; 13) erwähnten „alten Latinern" (*prisci Latini*) ist nicht feststellbar. Die Forschung lokalisiert diese zwischen Rom, Tivoli, Palestrina und den Albaner Bergen, wenngleich die beiden zitierten Livius-Stellen keinen räumlichen Anhaltspunkt enthalten.

Die Latiner genossen auch nach ihrer Eingliederung in den römischen Staat (338 v. Chr.) eine juristische Sonderstellung gegenüber den anderen Völkern der Apenninenhalbinsel – das „latinische Recht" (*ius Latinum*) sah ein Handels-, Ehe- und Übersiedlungsrecht vor, das die Bundesgenossen Roms nicht hatten; diese Rechte resultierten daraus, dass sich das Stammesbewusstsein erhielt. Dieses kam noch in der Kaiserzeit in dem ursprünglich rein kultischen Brauch der „latinischen Feiertage" (s. S. 51) als Relikt früherer Zeiten zum Ausdruck.

Die lateinische Sprache

Bezüglich der Latiner ist sich die moderne Forschung – anders als bei den Etruskern – einig: Sie sprachen mit Sicherheit eine indoeuropäische Sprache, die eine frühe Entwicklungsstufe aufweist. Aus dem wahrscheinlich im 2. Jahrtausend nach Italien eingeführten Protoitalischen traten im Laufe der Zeit, nach dem Zusammentreffen mit den auf der Halbinsel bereits gesprochenen nichtindoeuropäischen Sprachen – ihre Spuren sind in den späteren „Sabinismen" und in der Toponomastik Roms belegt –, das Latein und das Umbro-Sabellische hervor, die sich unabhängig voneinander weiterentwickelten; das Sabellische zerfiel in zahlreiche Dialekte. Die letzte Entwicklung der lateinischen Sprache fand in historischer Zeit statt: Das Spätlatein unterscheidet sich stark vom Frühlatein, wie es auch Polybios (3,22) bezeugt. Das Latein, das sich im Zuge der Erweiterung des römischen Staates weit über die Grenzen Italiens hinaus ausgebreitet hat, ist ab dem 7. Jahrhundert inschriftlich belegt.

c) Die Nachbarvölker der Etrusker und der Latiner

Zum lateinischen Stamm gehörten auch die Falisker, die – von Rom aus gesehen – im Landesinneren, entlang des Tiber zwischen Capena und Bomarzo wohnten. Ihre Sprache steht der lateinischen sehr nahe; sie wird als Sonderform von Latein angesehen, welche sich nach dem Vorrücken der Etrusker von der Küste her (Ende des 2. Jahrtausends) und nach der Abspaltung der ursprünglichen Latiner-Gruppe selbständig weiterentwickelte.   *Falisker*

Zum Stamm der Sabeller gehörten zahlreiche Völkerschaften – Sabiner, Marrukiner, Paeligner, Aequer, Marser, Samniten, Pikener usw. –, deren ursprüngliche Sitze in Mittelitalien am Apennin lagen und die ab dem Beginn des 1. Jahrtausends mit den Gebieten an der Adria im Osten und am Tyrrhenischen Meer im Westen verstärkt in Kontakt traten. Sie waren Träger einer eigens ausgeprägten Hirtenkultur; in den Nekropolen von Numana, Fabriano, Campovalano usw. zeigen die Beigaben Einflüsse der Balkanregion und über Istrien aus dem Ostalpenraum (Osthallstattkreis) sowie aus dem griechischen und etruskischen Kulturbereich.   *Sabeller*

Auf Wanderbewegungen weist die Ausbreitung der Sabeller von Mittelitalien bis nach Kalabrien hin, auf ihre Kampflust der weit verbreitete Kult ihres Kriegsgottes Mars; ihr Kampfgeist wird auch literarisch erwähnt.

Sabellische Gruppen drangen sehr früh nach Latium ein. Die Forschung hat immer wieder versucht, die Sabiner archäologisch nachzuweisen, indem sie nach Unterschieden und Ähnlichkeiten in der materiellen Hinterlassenschaft Roms, die man den Sabinern und den Latinern zuschreiben könnte, gesucht hat. Sabiner spielen in der Tat in der Überlieferung zur Frühgeschichte Roms als Nachbar der Latiner eine große Rolle. Eindeutige archäologische Beweise gibt es allerdings nicht. Wohl zeigt um 500 v. Chr. eine Inschrift aus dem Flussbett des Farfa bei Cures, der Hauptstadt der Sabiner, dass Sabiner unweit von Rom wohnten; ihre Sprache erweist sich als ein eigenständiger sabellischer Dialekt.

III. Die vorgeschichtliche Epoche Mittelitaliens (vom 13. Jahrhundert bis ins 7. Jahrhundert v. Chr.)

Jh.	Italien	Etrurien	Latium und Rom
14.	Mittlere Bronzezeit	Apennin-Kultur	
13.	Jüngere Bronzezeit	Subapenninische Kultur	
12.	Jüngere Bronzezeit Spät-Bronzezeit		
11.	Spät-Bronzezeit	Protovillanova-Kultur	
10.	End-Bronzezeit	Protovillanova-Kultur – Stufe Tolfa-Allumiere	Rom-Albaner Berge I = Kulturstufe Latiums I
9.	Eisenzeit	Villanova-Kultur I = Tarquinia I	Rom-Albaner Berge II = Kulturstufe Latiums II A (900–830) Kulturstufe Latiums II B (830–)
8.	Griechische Kolonisation (etwa ab der Mitte des 8. Jahrhunderts)	Villanova-Kultur II = Tarquinia II	Rom-Albaner Berge III = Kulturstufe Latiums II B (–770) Kulturstufe Latiums III (770–720)
7. bis zweite Hälfte des 6.		Orientalisierende Zeit = Tarquinia III	Kulturstufe Latiums IV A (720–630) Kulturstufe Latiums IV B (630–580) = Orientalisierende Zeit I (720–670) Orientalisierende Zeit II (670–630)

Mit der Wahl der Bezeichnungen „vorgeschichtliche" und „frühgeschichtliche" Epoche folgen wir dem Sprachgebrauch der deutschen Forschung, wonach der Unterschied zwischen Vor- und Frühgeschichte durch das Auftreten der schriftlichen Aufzeichnungen gegeben ist, wenngleich die Anlegung von Siedlungen, die Einrichtung von Kulten, die Bildung größerer Heere, die Ausbreitung von Macht und Herrschaft usw. politische Akte sind, welche man nicht nur aufgrund der schriftlichen Überlieferung, sondern auch archäologisch durch Funde und bildliche Darstellungen erfassen kann. Da sich jedoch in Mittelitalien der Schriftgebrauch nicht überall gleichzeitig nachweisen lässt, konnte die Grenze zwischen Vor- und Frühgeschichte öfter nicht scharf gezogen werden.

Die Zeittafel soll dem Leser annäherungsweise ein schematisches Gerüst der Zeitverhältnisse und der historischen Entwicklungsstufen Altitaliens bieten. Die Chronologie geht auf *Müller-Karpe* und *Guidi/Piperno* zurück. Die angegebenen Daten sind keineswegs allgemein akzeptiert, sondern repräsentieren Mittelwerte der gegenwärtigen sich im Fluss befindlichen Forschung und vielfach nur relative Bezüge ohne Rücksicht auf gelegentliche Überschneidungen und unterschiedlich schnelle Entwicklungsabläufe.

1. Frühe Ansiedlungen und ihre Organisation (13.–10. Jahrhundert): Bildung lokaler Herrschaften

Um der Fragestellung nach den frühen Ansiedlungen gerecht zu werden, sollen zunächst Fakten oder zumindest wahrscheinliche Informationen in groben Zügen vorgelegt werden, nicht aber umstrittene Details oder Hypothesen, die für das historische Bild unwichtig sind. Dabei zeigt sich, dass es gar nicht so wenige Fakten gibt, wie man aufgrund der geäußerten Bedenken, der bescheidenen Anzahl der Funde und der Glaubwürdigkeit der Überlieferung annehmen möchte.

Im 13.–12. Jahrhundert entstanden im Raum von Tarquinia und Vulci einige außergewöhnlich große und an strategisch günstigen Stellen errichtete Bauten (ein „Palast" mit einer Fläche von 9 m × 17 m und ein Kammergrab in Luni sowie ein etwa 15 m × 7 m großes Gebäude bei Monte Rovello), in denen man jeweils mykenische Keramik des 13. Jahrhunderts fand. Eine Nekropole mit Hügelgräbern von mykenischem Typus wurde in Crostoletto di Lamone im Fiora-Tal angelegt. In San Giovenale fand man Reste eines Mauerrings und eines Grabens ähnlich wie in Luni, in Elceto wurde der Burgberg befestigt. Hütten von unüblicher Größe wurden in Luni, San Giovenale und Sorgenti della Nova im Fiora-Tal errichtet.

Siedlungen und Nekropolen

Die Neuerungen wurzeln weitgehend im einheimischen Kulturmilieu, denn sie schließen unmittelbar an die vorangehende Epoche an. Manche Anregungen im Bereich der Errichtung von Großbauten mögen dennoch auf mittel- und spätbronzezeitliche politische und kulturelle Kontakte zurückgehen, die man nach der Mitte des 2. Jahrtausends mit den hoch entwickelten Kulturen des Mittelmeerraumes pflegte: Hier sind der mykenische Kulturbereich und Sardinien zu nennen.

Wir kennen die Urheber dieser Entwicklung nicht, doch setzen die tief greifenden Änderungen das Wirken einheimischer Gruppen voraus, gleichzeitig aber lassen sie eine längerfristige Anwesenheit von kleinen Gruppen von Auswärtigen aus dem Raum der mykenischen Kultur vermuten, die sich freiwillig oder unfreiwillig nach Etrurien begeben haben.

In Latium ist bis ins 11. Jahrhundert archäologisch eine ähnliche Siedlungsgeschichte wie im benachbarten Etrurien nachweisbar: In der Spätbronzezeit entstehen kleine, gruppenweise zusammengeschlossene Hütten auf Anhöhen – z. B. in Ficana, Ardea, Palestrina, Tivoli und Satricum ähnlich wie in Etrurien Luni, San Giovenale, Monte Rovello, Elceto u. a. Der

Unterschied besteht darin, dass in den genannten Siedlungen Etruriens auch monumentale Bauten entstehen, die sich jedoch nach dem Beginn des 1. Jahrtausends nicht fortsetzen und in Latium völlig fehlen.

Verbesserung der Ernährung

Im 13.–12. Jahrhundert hatte man in Etrurien auch wichtige Grundlagen für eine bessere Ernährung geschaffen: Es dürfte kein Zufall sein, dass sich gerade im Tolfa-Gebiet, in Luni, Reste von höheren Getreidesorten (u.a. *triticum dicoccum*) und Hülsenfrüchten fanden, die für eine bessere Nahrungsmittelversorgung und damit für bessere Lebensbedingungen sprechen. In der Grotta Misa im Fiora-Tal unweit von Vulci dürfte man Getreide, Hirse und Saubohnen wahrscheinlich bereits geröstet haben; dies spricht für den Versuch, wertvolle Nahrungsmittel haltbar zu machen. Auf dem Berg Cetona (Höhle Belverde) in Inneretrurien sind Reste höherer Getreidesorten (*triticum spelta*), darunter Hartweizen (*triticum durum*), zusammen mit Hirse und Gerste, Hülsenfrüchten und wilden Reben belegt; hier wurde das Getreide gemahlen – wie die ebenfalls gefundenen Mahlsteine zeigen.

Führungspersönlichkeiten

Die genannten großen Wohnanlagen und die monumentalen Gräber setzen in Etrurien eine lokale politische Organisation und Herrschaftsstrukturen in einer hierarchisch differenzierten Gesellschaft voraus, denn es gab den planenden Willen Einzelner, die viele Menschen zur Mithilfe verpflichten konnten. Es dürfte also lokale Herrscher bzw. mächtige Großfamilien gegeben haben. Solche lokale Führungspersönlichkeiten handelten allerdings wohl weniger sozialpolitisch, sondern kümmerten sich immer um den Ausbau ihrer eigenen Herrschaft: Sie hatten ihre Machtstellung wahrscheinlich in kriegerischen Auseinandersetzungen mit Nachbargemeinden oder wandernden Volksgruppen gewonnen; sie waren also mächtige Anführer. Der „Palast" von Luni und die Hügelgräber im Fiora-Tal weisen auf ihr Streben nach Anerkennung hin. Die Gräben von Luni und zahlreiche Funde von Bronzegegenständen wie der Hortfund von Coste del Marano auf dem Tolfa-Berg bei Caere aus dem 10. Jahrhundert offenbaren kriegerische Zeiten, in denen die Bewohner ihren wertvollen Besitz vor dem Feind im Boden versteckten, aber durch Tod oder Vertreibung keine Gelegenheit mehr fanden, sie wieder zu heben.

In Latium sind Herrschaftsstrukturen nicht so deutlich wie in Etrurien, denn es fehlen in Latium monumentale Bauten wie in Luni und monumentale Gräber wie in Crostoletto di Lamone.

Wirtschaft und Gesellschaft

Die Häufung wertvoller Metallobjekte signalisiert einen Wirtschaftsaufschwung, welcher sich im Raum von Tarquinia und Vulci im 11.–10. Jahrhundert auch an der vermehrten Anzahl der Geräte wie Handbeilen und Messern zeigt. Daneben aber wurden auch Gegenstände hergestellt, wofür keine Notwendigkeit bestand und deren Auftreten man in Zusammenhang mit prestigeträchtiger Vermögensbildung erklären kann: Spezialisierte Metallhandwerker erzeugten nun besonders kunstvolle Gegenstände wie Fibeln mit handwerklich überaus anspruchsvollen Formen (Coste del Marano). Da sie in Etrurien hergestellt, aber auch in Ostsizilien und in Griechenland (Athen) gefunden wurden, dürften sie im Zuge des Tauschhandels verbreitet worden und vielleicht eine frühe Form von Zahlungsmitteln gewesen sein.

Lokale Herrscher setzten die Kulturkontakte Etruriens zum griechischen Raum über die Jahrtausendwende fort und nahmen Verbindungen zum

Kulturraum der Urnenfelder-Kultur auf. Sie achteten auf das eigene Prestige, wie Waffen und kostbare Bronzegefäße – Eimer und Tassen – zeigen: Die gleichartigen, mit Rinderköpfen verzierten Bronzetassen aus Haidu Samson (Ungarn), Mouliana (Kreta) und von Coste del Marano (alle 10. Jahrhundert) sind ein Zeichen höheren Lebensstandards. Sie weisen auf enge Beziehungen innerhalb der sozialen Oberschicht hin. Gemeinsame religiöse Vorstellungen sind aufgrund der dargestellten Rinder- oder Vogelköpfe, manchmal kombiniert mit der Sonnenscheibe, erkennbar. Von den steigenden Ansprüchen der Machthaber hängt teilweise die Entwicklung neuer Waffen, Geräte und kostbarer Objekte ab: Es lassen sich einheimische Gruppen vermuten, die einen primitiven Bergbau am nordöstlichen Rand des Tolfa-Gebietes betreiben und das Metall für Waffen und andere Geräte verwendeten oder weiterverkauften: Griechen, die schon lange Süd- und Mittelitalien kannten, dürften von dort Rohstoffe wie Kupfer, Zinn und Alaun geholt haben. Ob Phöniker bis nach Etrurien kamen, ist umstritten.

Die Herrschaft dieser Machthaber blieb jedoch von beschränkter Dauer: Der „Palast" von Luni wurde nicht lange benutzt, sondern gewaltsam zerstört. Die Herren von Luni hatten Verteidigungsgräben erbaut, aber offenbar keine erfolgreichen Verteidigungsmaßnahmen gegen einen übermächtigen Feind organisieren können. In etruskischer Zeit entstand auf dem Gelände des Palastes ein neuer Bau, wahrscheinlich ein Tempel.

Das Ende der Herren von Luni

2. Die kulturellen Entwicklungen in Etrurien und Latium (vom 10. bis ins 7. Jahrhundert)

Waren die Kulturen der älteren und mittleren Bronzezeit in den verschiedenen Regionen Italiens relativ einheitlich, so unterschieden sie sich im Laufe der Zeit immer stärker voneinander; ab dem Ende des 10. Jahrhunderts sind die einzelnen Kulturen der Apenninenhalbinsel durch eigene Wesenszüge charakterisiert. Spezifische und differenzierende Kulturmerkmale sind jedoch wesentliche Voraussetzungen für die Bildung, die Erhaltung und Verbreitung einer ethnischen Identität, d. h., im Zuge derartiger Differenzierungsprozesse entstanden die verschiedenen Völker und Stämme Altitaliens. Die antike Überlieferung erklärte das Auftreten der Völker Italiens nach dem Modell der griechischen Kolonisation: Die Stammväter der Etrusker, Ausoner, Peuketier, Sikuler u. a. seien nach dem Troianischen Krieg, also nach dem 13. Jahrhundert, aus dem Osten in die Apenninenhalbinsel eingewandert.

a) Die frühen Kulturen Etruriens und Latiums

In den letzten Jahren hat die etruskologische Forschung der Besiedlungsgeschichte Etruriens als Vorstufe der mit der Schrift einsetzenden Frühgeschichte verstärkte Aufmerksamkeit geschenkt: Dorfanlagen können meist

Bevölkerungskonzentration

nur aufgrund von Gräbern erschlossen werden, da die Hütten in dieser Zeit aus vergänglichem Material waren und deshalb kaum Spuren im Boden hinterließen. Die seltenen Funde ergeben, dass es im 10. Jahrhundert im Tolfa-Gebiet zwischen Caere und Tarquinia auf Anhöhen gelegene Streusiedlungen gab: Ihre Zahl nahm im Laufe der Zeit ab, gleichzeitig erweiterten sich einige Siedlungsareale auf bis zu 4 ha (20 m × 20 m); in einem Dorf dürften nun durchschnittlich 60 bis 80 Menschen gewohnt haben.

Außerhalb des Plateaus von Tarquinia fanden sich Gräbergruppen, die zu verschiedenen Ansiedlungen gehörten und die wachsende Siedlungszahl zeigen. Auf dem Plateau von Caere (S. Antonio) fanden sich Reste von Hütten, Keramikfragmente und Gräber aus dem 10. Jahrhundert, die auf die Existenz mehrerer Ansiedlungen hinweisen. Besonders interessant ist ein Grab (spätestens 10. Jahrhundert), das Anfang des 5. Jahrhunderts bei der Errichtung eines monumentalen Tempels (Tempel A von Pyrgi bei Caere) in die neue Anlage mit einbezogen wurde, als solle den Verstorbenen einer längst vergangenen Zeit ein Zeichen besonderer Achtung gesetzt werden.

Die Forschung nennt die Ende des 10. Jahrhunderts einsetzende eisenzeitliche Kultur Etruriens **Villanova-Kultur**. Sie breitete sich auch nach Süd- und Norditalien aus: Gruppen aus Etrurien führten die für die Villanova-Kultur typischen politischen und religiösen Ideen, Wirtschafts- und Gesellschaftsformen ein. Dies führte mit der Zeit wohl zu der ab dem 6. Jahrhundert gut belegten etruskischen Expansion nach Kampanien und in die Po-ebene – d. h. zu der so genannten „Herrschaft über Italien", von der die antiken Autoren später und in vielleicht anachronistischer Terminologie berichten (s. S. 120).

E **Villanova-Kultur**
Die Bezeichnung Villanova-Kultur leitet sich von einer Siedlung namens Villanova am östlichen Rand von Bologna ab, wo man im 19. Jahrhundert die ersten Funde machte: eisenzeitliche Brandgräber mit Urnen bikonischer (= kegelstumpfförmiger) Form und aus unreinem Ton. Diesen Begriff übertrug die Forschung auf die eisenzeitliche Kultur Etruriens, die, etwa in Veji, Tarquinia, Vulci u. a., typologisch ähnliche Gegenstände wie in Bologna aufweist. Die Villanova-Kultur wird in zwei zeitlich aufeinander folgenden Stufen, Villanova I und Villanova II, unterteilt (s. Zeittafel).

Merkmale der Villanova-Kultur

Mit der Zunahme der Bevölkerung und den damit verbundenen Problemen der Verteidigung, der Nahrungs- und Wasserbeschaffung hingen in Etrurien ab dem 9. Jahrhundert auch neue Wirtschaftsformen zusammen: Es entstanden neue ökonomische Existenzgrundlagen wie Ackerbau und Metallbearbeitung neben der traditionellen Viehzucht, was insbesondere aufgrund von Geräten für Metall- und Holzbearbeitung (Meißel, Hammer und Säge), den Ackerbau (Sichel) und die Fischerei (Harpune) sowie aus Weintraubenkernen in der etruskischen Siedlung Gran Carro erschließbar ist. Auch lassen sich neue entwickeltere Fertigkeiten und Techniken, neuartige Sitten und Gebräuche sowie neue religiöse Vorstellungen erkennen, die aufgrund von entsprechenden Gegenständen, wie die kegelstumpfförmigen Urnen, erschließbar sind. Krieger kennzeichnete man, indem ihrer Urne ein Helm aufgesetzt wurde. Typisch für diese Gefäße ist der streng li-

Die kulturellen Entwicklungen in Etrurien und Latium

near-geometrische Dekor, der auf engere Beziehungen zu der bilderlosen mitteleuropäischen Urnenfelder-Kultur, weniger zur zeitgleichen geometrischen Epoche Griechenlands hinweist. Die Urnen waren häufig mit Schalen zugedeckt – selten mit einem Helm – und enthielten eine unterschiedlich reiche Ausstattung, meist bestehend aus Waffen, Gefäßen, Schmuck (Fibeln, Armbänder, Halsketten) und Rasiermessern.

Es dürfte kein Zufall sein, dass in Etrurien diese Entwicklung von dem am Meer gelegenen Tolfa-Gebiet ausging, wo man vom Anfang des 1. Jahrtausends an Bergbau betrieb; denn dieser Teil Etruriens liegt Sardinien unmittelbar gegenüber, wo schon im 2. Jahrtausend Bronze auf hohem Niveau verarbeitet wurde und dessen Bewohner Beziehungen zu dem metallurgisch hoch entwickelten Zypern unterhielten.

Die in der Vergangenheit umstrittene Frage der Siedlungskontinuität von der Bronze- zur Eisenzeit im 10. Jahrhundert wird heute positiv beantwortet: Die eisenzeitlichen Gegenstände wurzeln typologisch in der Bronzezeit. Die bronzezeitlichen Siedlungen von Veji, Caere, Tarquinia, Vulci, Clusium, Vetulonia und Populonia entwickelten sich seit dem 9. Jahrhundert allmählich zu den bekannten Städten Etruriens – eine Unterbrechung der kulturellen Entwicklung ist archäologisch nicht nachweisbar. So darf man annehmen, dass es zu keinem tief greifenden Bevölkerungswechsel kam. Aus dieser Kontinuität der Träger der Villanova-Kultur des 9. Jahrhunderts zu jenen der etruskischen Kultur des 7. Jahrhunderts zog man den Schluss, dass die Träger der Villanova-Kultur Etrusker waren. Eine entsprechende Situation in Griechenland (Attika, Lakonien und Messenien), wo Siedlungsgemeinschaften, die in der Bronzezeit nur archäologisch fassbar sind, im 7. Jahrhundert auch zu politischen Einheiten (Stadtstaaten) wurden, unterstützt diese Argumentation.

Die Träger der Villanova-Kultur

Erst ab dem Beginn des 7. Jahrhunderts ist mit der Schriftlichkeit das sicherste Merkmal der etruskischen Identität, nämlich die Sprache, bezeugt. Die etruskische Sprache war im 9. und 8. Jahrhundert entweder schon fertig ausgebildet oder der Sprachwechsel, der mit der Integration der Umbrer in der Toskana begann, war damals in vollem Gange (s. S. 18). Die Verbreitung des Etruskischen besagt jedoch vorerst nicht, inwieweit sich die einzelnen Mitglieder dieser Sprachgemeinschaft zusammengehörig fühlten, noch wie ausgeprägt die gemeinsamen Wertvorstellungen waren und zur Identität des Volkes gehörten. Von der Antwort auf solche Fragen hängt der zeitliche Ansatz für das Entstehen einer etruskischen Identität ab.

Die Sprache Etruriens in der Villanova-Zeit

Das bewusste Zusammengehörigkeitsgefühl innerhalb eines Stammes kann sehr unterschiedlich ausgeprägt sein. In manchen Fällen behält nur der Name einen Hinweis auf die Stammeszugehörigkeit. Diese zeigt sich verstärkt bei gemeinsamen politischen Interessen – etwa der gemeinsamen Verteidigung des Stammesgebietes; sie kann auch aufgrund einer gemeinsamen Religion und Sprache sowie in einer gemeinsamen Tracht fassbar sein. Die Bildung eines solchen bewusst erlebten Zusammengehörigkeitsgefühls hängt nicht zuletzt von der Ausdehnung des Stammesterritoriums und der Anzahl der Stammesangehörigen ab.

Das Bewusstsein einer eigenständigen etruskischen Identität zeigt sich in der Selbstbezeichnung *Tursa-*; sie bildete sich im Zuge der Konfrontation

Die Frage der etruskischen Identität

27

mit Fremden, wahrscheinlich mit den sabellisch sprechenden Nachbarn, den fremden Griechen, Sarden, Phöniken und Trägern der Urnenfelder-Kultur, mit denen die Bewohner Etruriens in der Villanova-Zeit und teilweise schon früher in engen Kontakt getreten waren, wie Waffen (Schwerter, Helme), Gefäße (Bronzeurnen mit Verzierung in Treibarbeit), einzelne Sprachelemente, gemeinitalische Götternamen (Uni, Menrva, Nethuns) usw. zeigen. Neue Sitten und Gebräuche, Kunstformen, Religion und Sprache wurden in Etrurien als spezifische Merkmale einer eigenständigen Gruppe festgelegt und mit der Zeit für die Gemeinschaft richtungsweisend von Generation zu Generation weitergegeben. Spätestens im 8. Jahrhundert lernten die Griechen die *Tursa*- Italiens kennen und setzten sie, aus welchem Grund auch immer, mit den Tyrrhenern der nördlichen Ägäis gleich (s. S. 17f.).

Etruskisierung

Die Einheitlichkeit der Villanova-Kultur und der Sprache der Etrusker im Gebiet zwischen Tiber und Arno ist als umfassende, vom Küstengebiet ausgehende Übernahme von Kulturformen durch die Bewohner anderer Gebiete zu sehen, die sich freiwillig oder unfreiwillig anschlossen, nicht zuletzt weil der Anschluss an das erzreiche Etrurien eine Steigerung der eigenen Wirtschaft und des Lebensniveaus versprach. Langfristige Folge war eine zunehmende Anzahl von Etruskern im Sinne etruskischer Kulturträger sowie die Aufnahme neuer Mitglieder fremder Abstammung in die Gemeinschaft der Etruskisch Sprechenden. Diese sprachliche und kulturelle „Etruskisierung" lässt sich in Inneretrurien kulturell bei den Faliskern und sprachlich bei den Umbrern bis in historische Zeit weiter verfolgen; sie ist mit der späteren Ausbreitung der lateinischen Sprache (Romanisierung) in Etrurien, Italien und den Provinzen des Römischen Reiches zu vergleichen.

Tarquinia

Auf dem Plateau von Tarquinia lagen bereits im 10. Jahrhundert eine oder mehrere Ansiedlungen. Die Gräber der Selciatello-Nekropole (9. Jahrhundert) zeichnen sich dabei durch besonders reiche Beigaben wie Hüttenurnen (Camporeale 2000, Abb. 17) und Prunkfibeln aus, die auf eine erste soziale Differenzierung der Bevölkerung innerhalb der zugehörigen Siedlung hinweisen.

Über die Siedlungssituation in Tarquinia sind wir heute dank neuer Ausgrabungen gut unterrichtet: Im 9. Jahrhundert entstand hier auf einem ausgedehnten und gut geschützten Plateau eine kleine Ansiedlung von verstreuten Hütten. Man hatte gut verteidigbare Plätze gewählt, nach dem derzeitigen Forschungsstand war die Einwohnerschaft klein und bestand aus etwa zehn Familien. Diese Familien bzw. Großfamilien dürften das ganze umliegende Land und Vieh besessen haben; die kleine Anzahl von Bewohnern hat vermutlich größere Streitigkeiten verhindert, Konflikte regelten wohl die Sippenältesten auf der Basis des Gewohnheitsrechtes, wie es die vergleichende Rechtswissenschaft nahe legt.

Verwandtschaftsverhältnisse, Verteidigung gegen Angriffe von außen, Frieden im Inneren und gemeinsame Verehrung der höheren Mächte sind Grundlage und Ausdrucksformen des Zusammenlebens: Ob die kleine Gemeinschaft auf dem Plateau von Tarquinia auch eigene Organe besaß – etwa einen Ältestenrat und Oberhäupter oder im Kriegsfall einen militärischen Anführer –, um bei Bedarf ihren Willen, der für alle Mitglieder der Gemeinschaft bindend war, durchzusetzen, sei dahingestellt.

Es gab jedenfalls keine Gemeinschaftsbauten, etwa architektonisch gestaltete Heiligtümer oder einen als solchen gekennzeichneten, abgegrenzten Versammlungsplatz; auch gibt es keine Indizien für einen einheitlichen Herrschaftswillen oder eine dauerhafte Herrschaftsorganisation. Wir dürfen also für die kleine Siedlung nur vorübergehende Herrschaftsstrukturen zur Bewältigung unmittelbarer Kriegsfälle vermuten, ohne deren geschichtliche Entwicklung darstellen zu können.

Ein etruskischer Bericht der eigenen Frühzeit ist nicht auf uns gekommen. In den *Etruskischen Geschichten* (*Tuscae historiae*), die zwischen 207 und 88 v. Chr. verfasst worden waren, stand jedoch, dass das etruskische Volk seine geschichtliche Existenz in zehn Zeitabschnitte (*saecula*) unterteilte, deren Beginn und Ende jeweils von den Göttern durch Zeichen verkündet würde, „wenn diese vergangen seien, sei das Ende des etruskischen Volkes gekommen" (Varro bei Censorinus, De die natali 17,6).

Eine Überlieferung der Etrusker über die eigene Vorgeschichte

Die ersten vier Abschnitte hätten jeweils hundert Jahre umfasst, die letzten sechs Abschnitte seien von unterschiedlicher Länge gewesen. Da Varro das Ende und die Länge der Abschnitte angibt, können wir eine Säkularchronologie aufstellen, die vom Jahr 44 oder 83 v. Chr. bis ins 10. Jahrhundert zurückreicht. Das ist der Zeitpunkt, an dem die Etrusker den Beginn ihrer historischen Existenz ansetzten. Die Zeitabschnitte von jeweils genau hundert Jahren sind allerdings konstruiert; der Urheber dieser Epochengliederung dürfte keine genauen Quellen darüber besessen, sondern dieses mehrfach dezimale System auf das Walten der Götter zurückgeführt haben.

Die Etrusker sahen ihre Geschichte als Offenbarung und Prophezeiung und daher mit der Religion eng verbunden. Die etruskische Geschichtsschreibung ist wohl das Werk einer Priesterschaft, die im 2.–1. Jahrhundert schrieb, deren Aufzeichnungen jedoch wahrscheinlich auf Angaben aus dem 7. oder einem früheren Jahrhundert zurückgingen.

Der Versuch, solche Angaben mit realen Begebenheiten der etruskischen Geschichte zu verbinden, führt zu keinem brauchbaren Ergebnis. Fest steht jedoch, dass nach etruskischen Vorstellungen ihre Geschichte einen punktuellen Anfang gehabt hatte.

Ab dem 10. Jahrhundert und im Laufe des 9. Jahrhunderts zeigen sich auch in Latium, auf den Albaner Bergen, in Rom, Lavinium, Gabii usw. kulturelle Änderungen. Dennoch entwickelte sich die frühlatinische Kultur anders als die Villanova-Kultur: Es gibt formale Unterschiede in der materiellen Kultur (Gefäßformen und Stilelemente) und Unterschiede im Bereich der Gesellschaft – kein so ausgeprägter Reichtum in den einzelnen Latinerstädten – sowie im Bereich der Religion – eine frühe Organisation von Ritualen in Latium. Die Neuerungen wurzeln einerseits im einheimischen Kulturmilieu, andererseits wurden sie aus Süditalien, Etrurien und dem Sabinerland angeregt. Wahrscheinlich aus Süditalien wurden ab dem 9. Jahrhundert neue Jenseitsvorstellungen übernommen – die Toten wurden bestattet und nicht mehr verbrannt. In Latium ist die Bestattung am frühesten in Lavinium (noch im 10. Jahrhundert) bezeugt, ab dem Beginn des 8. Jahrhunderts auf dem Quirinal und auf dem Esquilin in Rom. Andererseits fand sich im 9. Jahrhundert in Gabii noch die traditionelle Verbrennung, während auf den Albaner Bergen die Körperbestattung kaum rezipiert wurde; hier ersetzten menschliche Tonstatuetten den vom Feuer zer-

Beginn und Entwicklung der Eisenzeit in Latium

störten Körper. Die neue Sitte breitete sich im 9. Jahrhundert auf das etruskische Caere (Sorbo-Nekropole) und nach Bisenzio in Inneretrurien aus.

Schließt man eine rationale Erklärung für den Wechsel von der Verbrennung zur Körperbestattung aus – etwa Schwierigkeiten beim Auftreiben von einer großen Menge Holz oder beim Erreichen der erforderlichen hohen Temperatur –, bleiben lediglich religiöse Vorstellungen als Ursache dafür, etwa die der Unversehrtheit des Körpers als notwendige Voraussetzung für das Weiterleben. Bei der Verbrennung wird der Körper durch Tonstatuetten wiederhergestellt; magische Vorstellungen liegen hier wie bei den Hüttenurnen zugrunde (s. S. 33).

Die Besiedlung Latiums

Im 10. Jahrhundert gab es auf den Albaner Bergen (Grottaferrata, Marino, Castel Gandolfo, Velletri und Rocca di Papa) und der sich nordwestlich davon ausbreitenden Ebene bis Rom ein ausgedehntes Netz von Gräber- und Fundgruppen, die verstreut im Abstand von maximal 1 km in der Landschaft lagen. Die Forschung nimmt eine hohe Anzahl kleiner Ansiedlungen an. In der zweiten Hälfte des 8. Jahrhunderts schloss der Erdwall von Castel di Decima eine Fläche von etwa 14 ha ein, die einigen hundert Personen Platz bot – wir wissen allerdings nicht, wie viele Menschen außerhalb der Siedlung wohnten.

Ab dem Ende des 9. Jahrhunderts verminderte sich die Anzahl der Siedlungen und der sonstigen Funde auf den Albaner Bergen, wohl, weil die alten, kleinen Siedlungen bis gegen Mitte des 8. Jahrhunderts aufgegeben wurden (Villa Cavalletti); eine Siedlung bei Castel Gandolfo endete in der ersten Hälfte des 7. Jahrhunderts. Im 8. Jahrhundert entstanden dafür zahlreiche andere Zentren: südlich des Tiber u. a. La Rustica, Acqua Acetosa-Laurentina und Castel di Decima, am Abhang des Apennins Tivoli, im südlichen Latium ist die älteste Wohnanlage von Satricum bezeugt, wo um 730 einige Hütten bereits ein kleines Dorf um einen Kultort bildeten. Die Nachbarorte von Gabii schlossen sich wahrscheinlich um 700 zusammen; andere kleine Ansiedlungen gingen in die größeren Einheiten auf – der *pagus Aventinus* befand sich später im Stadtgebiet Roms.

Insgesamt bildeten sich in Latium mit der Zeit mehrere Siedlungsschwerpunkte, die eine ähnliche Entwicklung durchliefen: Im Tiber-Tal bei Furten oder an Mündungen von zwei Wasserläufen (Rom, Antemnae, Ficana, Fidenae, Crustumerium, Eretum und Castel di Decima), am Fuße von Bergen (Tivoli, Aefula und Palestrina), an den Abhängen der Albaner Berge, welche die Ebene kontrollierten (Bovillae, Aricia, Lanuvium und Velletri), und in Tälern unweit der Küste (Lavinium, Ardea und Satricum).

Siedlungskontinuität

Ähnlich wie in Etrurien lässt sich in Latium eine stete Zunahme der Bewohnerzahl von der Bronze- zur Eisenzeit erkennen. Die Siedlungskontinuität zeigt, dass die Bewohner Latiums ethnisch gesehen Latiner waren: Der bei Hesiod um das Jahr 700 genannte König Latinos (Theogonie 1015 ff.) und die im Etruskischen um das Jahr 650 in Caere und 600 in Veji belegten Personennamen *Latine* und *Latínnas* (ET Cr 2.23; Ve 2.4) zeigen, dass die Latiner im 8. Jahrhundert für die Griechen und im 7. Jahrhundert für die etruskischen Nachbarn ein fester Begriff waren.

Die Besiedlung Roms

Aufgrund seiner späteren Geschichte und der ausführlichen Überlieferung nimmt Rom eine besondere Rolle in der Forschung ein, wenngleich die Entwicklung seiner materiellen Kultur bis ins 5. Jahrhundert jener der anderen

Siedlungen Latiums entspricht. Einzelne Gräber aus dem 10. Jahrhundert lassen eine Besiedlung des späteren Forums und des Palatins vermuten. Es handelt sich um Gräber beim späteren Augustus-Bogen und um ein Grab unterhalb des Hauses der Livia auf dem Palatin (10. Jahrhundert). Gräber und Keramik liefern zwar keine deutlichen Hinweise auf die Lage der Siedlungen, diese müssen sich aber in der Nähe der Gräber befunden haben.

Die Forum-Senke dürfte erst ab dem Ende des 10. Jahrhunderts und verstärkt ab dem 9. Jahrhundert besiedelt worden sein, wie Gräber und Hüttenreste nahe legen. Überreste von Hütten und Gräbern finden sich auch an verschiedenen Stellen des Palatins, des Kapitols, des Rindermarktes, des Forums, beim späteren Antoninus Pius- und Faustina-Tempel (ab dem Ende des 10. Jahrhunderts) und beim Augustus-Forum (9. Jahrhundert). Die Grabbeigaben, darunter die Aschenurnen in Form einer Hütte, weisen auf enge Beziehungen zu den Albaner Bergen hin. Es ist umstritten, ob die Funde vom Quirinal auf den Beginn oder auf das Ende des 9. Jahrhunderts zu datieren sind.

Gegen Ende des 9. Jahrhunderts und im Laufe des 8. Jahrhunderts entstanden auf den Hügeln um das Forum und im Forum-Areal (Velia, Palatin) weitere kleine Ansiedlungen. Einige Hütten befanden sich im südwestlichen Bereich des Palatins, bei den *scalae Caci* und drei Hütten unweit davon, beim späteren Magna Mater-Tempel. Die Nekropole beim Antoninus Pius- und Faustina-Tempel wurde vor der Mitte des 8. Jahrhunderts als Bestattungsgelände aufgegeben, von nun an wurden auf dem Forum nur mehr Kinder bestattet – vielleicht aus Pietät, oder weil deren Gräber einfach weniger Platz brauchten.

Die Hinweise auf Ansiedlungen auf dem Palatin und auf dem Gelände der späteren *regia*, beim späteren Antoninus Pius- und Faustina-Tempel sowie beim Augustus-Bogen, und damit die Existenz einer Siedlung auf dem Forum, sind allerdings höchst unsicher. Es ist nämlich unwahrscheinlich, dass die sumpfige Forum-Senke besiedelt war, bevor man sie im 6. Jahrhundert trockenlegte.

Ab der Mitte des 9. Jahrhunderts entstanden auf dem der Velia benachbarten Esquilin und ab Beginn des 8. Jahrhunderts auf dem Quirinal weitere Nekropolen. Die Ausdehnung der Esquilin-Nekropole und eine deutliche Zunahme der Beigaben seit der Mitte des 8. Jahrhunderts weisen auf Bevölkerungswachstum und auf eine höhere Lebensqualität im Vergleich zur vorangegangenen Periode hin. Die Funde der Esquilin-Nekropole (Waffen und Keramik unterschiedlicher Typen und unterschiedlichen Dekors) und die Körperbestattung zeigen Verbindungen zur Siedlung auf dem Palatin und nach Tivoli, Satricum, Ardea usw. sowie dem etruskischen Veji. Das Grab 94 (zweite Hälfte des 8. Jahrhunderts) war ein Waffengrab; es enthielt kostbare Beigaben, darunter einen zweirädrigen Wagen von der Art, wie sie auch in anderen zeitgenössischen Gräbern Latiums (Castel di Decima, Ficana, Palestrina, Acqua Acetosa Laurentina usw.) und Etruriens (Veji, Caere, Tarquinia, Vetulonia, Populonia, Vulci, Volterra usw.) gefunden wurden. Dies spricht eindeutig für eine kulturelle Gemeinschaft.

Diese Funde sind grundsätzlich – ähnlich wie die auf dem Palatin und dem Quirinal, in Latium und im etruskischen Veji – ein Zeichen dafür, dass die Bewohner der drei Hügel, gleichgültig ob politisch kooperierend oder

Die Esquilin-Nekropole

unabhängig, gemeinsame kulturelle Wurzeln hatten. Über die Art jener Beziehungen wissen wir natürlich nichts. Der Befund ermöglicht jedoch nicht zu sagen, ob die Nekropole in Zusammenhang mit der progressiven Ausdehnung einer im Bereich des Palatin und der Velia gelegenen Ursiedlung entstand oder ob sie zu einer eigenen Hügelsiedlung gehörte.

Grenzen und religiöse Feiern: Der Luperker-Lauf

Rückschlüsse auf die Grenzen der ältesten Siedlung Roms bieten auf frühere Zeiten zurückgehende religiöse Feiern, da sakrale Einrichtungen im Allgemeinen besonders konservativ sind. Ein sehr altes Fest war der Luperker-Lauf (s. S. 44 f.), wie die Verwendung von Milch statt Wein für das dabei stattfindende Opfer nahe legt – Wein wurde erst im 7. Jahrhundert nach Rom eingeführt. Auch erreichte der Lauf nicht den Esquilin, der erst im Laufe des 9. Jahrhunderts erschlossen wurde, wie die Funde zeigen. Stationen des Luperkalienzuges waren das *Lupercal* (Varro, De lingua latina 5,85; Dionys von Halikarnass 1,32,3–5), eine Höhle am Fuße des Palatins, die Romulus, den Gründer Roms, und seinen Bruder Remus beherbergt haben soll, das Forum Boarium, die Senke zwischen der Südflanke des Palatins und der Nordflanke des Aventins mit dem Hercules-Altar (*Ara Maxima*), der Altar des Consus, die alten Kurien, das Larenheiligtum und die Velia (Kolb 2000, Abb. 9), von wo aus über den Nordrand des Forums der Ausgangspunkt erreicht wurde. Das Areal umfasste etwa 16 ha, das ist eine Fläche von 400 m × 400 m.

Das Septimontium-Fest

Auf eine Zeit, in der sich auf dem Gebiet des späteren Rom mehrere Ansiedlungen befanden, die wahrscheinlich politisch autonom, aber religiös zusammengeschlossen waren, könnte in republikanischer Zeit das *Septimontium*-Fest erinnern, das am 11. Dezember die Bewohner der Siedlungen „auf den Bergen" (*montani*) feierten (Varro, De lingua latina 6,24). Den Namen *Septimontium* leitet Varro (De lingua latina 5,41; 6,24) von der Bedeutung „sieben Berge" (*septem montes*) ab, nämlich Kapitol, Aventin, Caelius, Esquilin, Palatin, Viminal und Quirinal, die „sich dort befanden, wo jetzt Rom ist". Die Hügel Varros sind die sieben kanonischen Hügel Roms. Festus, der acht „Berge" nennt, nämlich Palatin, Velia, Fagutal, Subura, Cermalus, Caelius, Oppius und Cispius, erwähnt, dass die Feier auf jedem Hügel stattfand (Festus 459 L.).

Überlebensstrategien

Die zunehmende Bevölkerungskonzentration auf den leicht zu verteidigenden Hochplateaus Etruriens, auf denen später Städte entstanden, offenbaren einen langfristigen historischen Prozess: das Streben nach gegenseitigem Schutz und mehr Sicherheit in einer Siedlungsgemeinschaft, auch wenn die Bewohner dafür längere Wege zu den Weideflächen und Ackergrundstücken in Kauf nehmen mussten. Erste Anzeichen von Siedlungsplanung finden wir in Veji: Hier gab es im 9. Jahrhundert mehrere Hüttengruppen, deren Gräberfelder unterhalb des Plateaus lagen.

Für Nahrungsmittel und Sicherheit konnten die Menschen selbst sorgen, solange sie in kleinen dörflichen Gemeinschaften lebten. Sobald aber die Bevölkerung wuchs und die Grundbedürfnisse stiegen, wurde man zwangsweise auf die Mitmenschen angewiesen und es mussten neue Überlebensstrategien entwickelt werden. Es traten Herrscher auf, die für Schutz vor Gefahren der Natur sorgten und die Nahrungsversorgung sicherten. Auch zunehmende Bedrohung durch Nachbarn oder Fremde konnte neue Entwicklungen einleiten.

Die kulturellen Entwicklungen in Etrurien und Latium

Für die Entstehung und den weiteren Verlauf der frühlatinischen Kultur kann man so gut wie alle für Etrurien genannten Motive wiederholen: Deckung der Grundbedürfnisse einer ständig wachsenden Bevölkerung wie Verteidigungsmaßnahmen und Beschaffung von Nahrungsmitteln. Dafür wurden auch die überirdischen Kräfte bemüht. Gemeinitalische Götternamen wie in Etrurien Nethuns, Uni und Pupluna sowie in Latium Neptunus, Iuno und Populona (Bellona), respektive der „Herr der Feuchtigkeit", „die Junge" und die Göttin des Krieges, zeigen, was die Führungsschicht von ihren Göttern erwartete: Fruchtbarkeit der Felder, Schutz der Herden und Erfolge im Krieg.

b) Herrschaftsstrukturen in Etrurien und Latium

Eine erfolgreiche Organisation der Deckung der menschlichen Grundbedürfnisse ist für die dafür Verantwortlichen mit dem Gewinn von Macht – und in weiterer Folge mit Sozialprestige – verbunden, gibt doch die Notwendigkeit, Nahrung und Sicherheit für sich selbst und für andere, schwächere Glieder der Gemeinschaft zu garantieren, reicheren und nach Macht strebenden Mitgliedern der Gesellschaft eine gute Gelegenheit, sich immer wieder zu profilieren, andere von sich abhängig zu machen, Gewinne zu erzielen und sich weitere prestigeträchtige Güter zu verschaffen. Der Besitz von Luxusgütern, die sie innerhalb ihrer Familie vererben oder den Mitgliedern ihrer Gemeinschaft zur Verfügung stellen, bringt ihnen steigende Macht und soziale Anerkennung. Mit der Zeit konnte sich das Streben nach Sozialprestige und nach Verbesserung der eigenen Lebensverhältnisse sowie jener der Gemeinschaft steigern. Um erfolgreiche Einzelpersonen scharen sich sehr rasch andere Menschen, die, aus welchem Grund auch immer, weniger erfolgreich sind: Aus ihren Reihen kommen Arbeitskräfte und Gefolgsleute.

Sozial hoch gestellte Gruppen

Herrschaftsstrukturen sind ab dem Beginn des 1. Jahrtausends in Etrurien und Latium, in Veji und Vetulonia sowie auf den Albaner Bergen nachweisbar, denn es treten vornehme Gruppen hervor. Bereits im 10. und 9. Jahrhundert traten nämlich unter der Bevölkerung der Albaner Berge Gruppen auf, die sich durch besondere Grabausstattungen von ihren anderen Mitbewohnern abhoben: Es handelt sich in erster Linie um eine kleine Anzahl von **Hüttenurnen**, die auch in Rom (Grab Q beim Augustus-Bogen), in Gabii (Osteria dell'Osa) und – allerdings größtenteils erst im 9. Jahrhundert – in Etrurien (u.a. in Tarquinia, Veji und Bisenzio) verwendet wurden.

> **Hüttenurnen**
> Hüttenurnen sind Tongefäße in Form einer Hütte, deren Dach den Deckel bildete. Sie gehen auf die magisch-religiöse Idee zurück, dass die Urne den vom Feuer zerstörten Körper ersetzt. Wahrscheinlich erstreckten sich diese religiösen Vorstellungen nicht nur auf Mittelitalien, sondern auch auf entferntere Gebiete: Ein Bestattungsritual mit Hüttenurnen, menschlichen Figuren im Anbetergestus und Kuppelgräbern ist auf Kreta im 11. Jahrhundert und auch in Mitteleuropa (Sachsen-Anhalt und Brandenburg), hier allerdings erst im 6. Jahrhundert, nachgewiesen.

Hüttenurnen dienten zur Aufbewahrung der Asche vornehmer Verstorbenen und sind gleichsam ein Zeugnis gemeinsamer sozialer und religiöser Vorstellungen der Oberschichten verschiedener Länder, nämlich dass der adelige Tote in seiner Wohnung weiterlebte. Sie waren in Latium und in Etrurien für unterschiedliche Gruppen, für Männer (Albaner Berge, Rom, Gabii, Vetulonia), für Frauen (Albaner Berge, Rom, Vetulonia) und für Kinder (Rom) gedacht. Nur im Gebiet des späteren Rom sind Hüttenurnen für alle Personengruppen verwendet worden.

Anders als in den etruskischen Gräbern fand man in einigen Gräbern Latiums (u.a. in Gabii und Rom) auch Tonfigürchen von Menschen mit einer Schale in der Hand oder in anbetender Haltung sowie Miniaturwaffen und Feueruntersätze (sog. „calefattori"), die vermutlich im Kult eine Verwendung fanden. Die Tonstatuetten stellen sozial hoch stehende Personen dar, die sich direkt an die Götter wenden und deren Körper die traditionelle Verbrennung nicht zerstören kann. Die Person wohnt – wie die Hüttenurnen zeigen – in einem eigenen geradezu luxuriösen Haus, mit verschließbarer Tür, einem Sparrendach, einer Dachluke für den Rauchabzug und mit einer Reihe von eingeritzten oder plastischen abstrakten Zeichen, die eine Art Schutzgitter vor bösen Einflüssen dargestellt haben dürften; allerdings kennen wir deren Symbolgehalt nicht.

Die Hüttenurnen wie die Tonfigürchen, die Miniaturwaffen und die Feueruntersätze zeigen, dass reiche Schichten Latiums (Castelgandolfo, Marino und Grottaferrata) neben traditionellem Kulturgut – in erster Linie bei Vasenformen – auch neuartige Gesellschafts- und Wirtschaftsformen entwickelt hatten. Dies gilt auch für die Übernahme neuer religiöser Vorstellungen aus Süditalien: In den Siedlungen der Ebene (Lavinium und Rom [Esquilin]) setzte sich die Körperbestattung anstelle der traditionellen Verbrennung der Toten langsam durch.

Luxusgüter   Dem Geltungsbedürfnis einer nach Prestige strebenden Oberschicht dienten primär entbehrliche Luxusgüter wie kostbare Metall- oder Tongefäße mit aufwendigem Dekor. Solche Gruppen, die wahrscheinlich über eine eigene Herrschaft verfügten, bildeten mit der Zeit eine Aristokratie.

Vornehme Gräber   In Vetulonia unterscheiden sich im 8. Jahrhundert einige Gräber in ihrer Lage, Größe und Begrenzung durch Steinkreise voneinander; auch in Tivoli wurden um die Mitte des 8. Jahrhunderts monumentale Gräber durch Steinkreise abgegrenzt: Einzelne Körpergräber waren durch einen Erdhügel bedeckt, den senkrecht in den Boden gesteckte Steine ringförmig umschlossen. Diese Grabsitten entsprachen am ehesten den sabellischen und nicht, wie man erwarten könnte, jenen im latinischen Raum. Dies setzt einen länger andauernden Kulturkontakt zwischen sabinischen und latinischen Gruppen voraus, der zur Änderung der Traditionen einer gehobenen Schicht führte. Gräber monumentalen Aussehens verschafften diesen Herren schon zu Lebzeiten Ansehen und Macht: Sie wurden noch vor dem Tod des Grabherrn und Auftraggebers angelegt, denn ihre Errichtung brauchte Zeit.

Kriegergräber   Im 8. Jahrhundert wurden auch Kriegergräber mit kostbarer Ausstattung äußere Zeichen der neuen Zeit; sie veranschaulichen das Streben von Kriegsherren nach Sicherheit und nach Reichtum und Prestige: Pferd und von Pferden gezogene Wagen dienten im Krieg wie im Frieden und auch auf der Jagd wohl als prestigebringendes Fahrzeug der Vornehmen. Erwähnt seien das „Kriegergrab" von Tarquinia (um 720) und jenes von Rom (Esquilin, Grab 94) und Veji (Quattro Fontanili, Grab Z 15A) mit Waffen, Bronzegefäßen und griechischer Keramik. Machthaber ließen auch repräsentative Waffen herstellen – etwa ein Schwert mit eingeritztem Dekor in Tarquinia oder ein Helm mit hohem Kamm in Veji. Im 8. Jahrhundert sind Kriegergräber auch in Latium (hier weniger zahlreich als in Etrurien), in Nord- und Süditalien, im Ostalpenraum bis nach Deutschland belegt; sie sind mit ähnlichen und reichen Beigaben ausgestattet, gleichsam ein Hinweis auf die Pflege ähnlicher gesellschaftlicher Sitten.

Die Krieger aus Latium brachten ihren hohen sozialen Status durch Objekte zum Ausdruck, die sie teils aus Etrurien (Waffen und Bronzegeschirr in Gabii, Kriegswagen und italogeometrische Keramik in Rom), teils aus dem griechischen (spätgeometrische euböische Keramik in Rom), teils aus dem orientalischen Kulturbereich (Ketten aus Glasperlen in Satricum in Rom, Caracupa usw. und ägyptische Skarabäen) übernahmen. Etruskisches Kulturgut diente also den Oberschichten Latiums als Vorbild; vielleicht war es auch Ausdruck des Interesses etruskischer Gruppen, in Latium Fuß zu fassen, wie es im 6. Jahrhundert in Rom geschah. Wahrscheinlich verhalf diese hervorragende soziale Stellung in weiterer Folge den reichen Kriegern zur politischen Herrschaft über weitere Siedlungen und Gebiete, die sie mit starker Hand zu einer Einheit verschmolzen und mit Hilfe einer treuen und abhängigen Gefolgschaft verwalteten.

Auch vornehme Frauen genossen in Etrurien eine hohe soziale Stellung. In Latium (Castel di Decima) sind Frauengräber statistisch gesehen zahlreicher und waren reich ausgestattet. Dies ergibt sich aus der Bedeutung der Frau als Garantin der Sippe, war doch die Notwendigkeit einer großen Nachkommenschaft nicht zuletzt aufgrund der hohen Sterblichkeitsrate der Männer im Krieg wohl besonders groß. Eine äußerst reiche Ausstattung fand sich in einem Körpergrab von Castel di Decima (Nr. 101, aus den letzten Jahren des 8. Jahrhunderts): Die Tote war mit einem kostbaren mit Silberfaden sowie Glas- und Bernsteinperlen bestickten und von Fibeln mit Gold- und Bernsteineinsatz zusammengehaltenen Tuch bekleidet. Zu den Beigaben gehörten auch Bronze- und Keramikgefäße sowie ein Wagen.

Frauengräber

Ob die Schrift im zweiten Viertel des 8. Jahrhunderts im latinischen Bereich verwendet wurde ist eine offene Frage: Auf einem einheimischen, vermutlich aus der Zeit vor 770 stammenden Gefäß aus Gabii ist die Aufschrift *eulin* oder *euoin* in griechischer Schrift Euböas angebracht. Die Sprache ist weder Latein noch Etruskisch; wenn man *euoin* liest, könnte es Griechisch sein. Die besondere epigraphische Bedeutung beruht auf der Tatsache, dass sie die älteste Inschrift im griechischen Alphabet darstellt. Da eine weitere Inschrift (in lateinischer Sprache) erst etwa 100 Jahre später verfasst wurde, wird man nicht davon sprechen können, dass in Mittelitalien die Schrift zur Zeit der griechischen Kolonisation übernommen wurde.

Schrift

Unweit von Vetulonia, am Accesa-See, gab es im 8. Jahrhundert ein Gebiet, wo das Eisen verhüttet wurde. Es war wohl ein Aristokrat, der den Betrieb leitete. Erst im 6. Jahrhundert entstand eine kleine Siedlung; sie

Eisenverhüttung

bestand aus kleinen Häusern für die Mannschaft und einem größeren Gebäude für die Leitung. Die zur Ansiedlung etwa zehn zugehörigen Hügelgräber dürften auf die Bildung einer Bevölkerungsgruppe hinweisen, die soziologisch gesehen aus Anhängern der Führungsschicht bestand, ja vielleicht mit dem Eigentümer der Erzlager und der Schmelzhütten verwandt war.

Diese Anlage, die Reste von nicht näher datierbaren Schmelzöfen im Bergbaugebiet bei Populonia und Vetulonia, die Spuren von Metallabbau im Tolfa-Gebirge, die zahlreichen Hortfunde (Vetulonia) sowie die aus Sardinien, dem transalpinen Raum und aus Zypern stammenden Waffen und Gegenstände zeigen, dass Bergbau und Metallgewinnung nicht nur Sicherheit versprachen, sondern eine wichtige wirtschaftliche Grundlage des kulturellen Aufschwungs in der Villanova-Zeit bildeten. Die unweit vom „Industrieareal" reich bestatteten Herren vom Accesa-See entfalteten also eine eigene florierende Wirtschaftstätigkeit, die auch zu vermehrten Importen führte: Aus Sardinien kamen ab dem Ende des 9. Jahrhunderts Dolche und Schwerter, Schmuck (Knöpfe und Anhänger), Bronzestatuetten und Kännchen nach Populonia, Vetulonia, Rusellae, Tarquinia und Caere; sie weisen auf die enge geographische Verbindung zwischen den Erzlagerstätten und dem Waffenhandel hin.

Wahrscheinlich wurden diese Erzeugnisse durch umherziehende Handwerker verbreitet, die entweder im Auftrag eines Herrn unterwegs waren und für mehrere weit voneinander entfernt wohnende Auftraggeber arbeiteten oder besondere Stücke selbständig in eigenen Waffenschmieden herstellten und für den Export sorgten. Tonmodelle von Schiffen aus reichen tarquinischen Gräbern aus der ersten Hälfte des 9. Jahrhunderts zeigen, dass die einfachen, flachen Boote der Etrusker mit Ruder und Mast ausgestattet waren. Reiche Herren besaßen Schiffe, mit denen man auch das offene Meer befahren konnte.

In Latium sind Waffengräber in erster Linie durch Miniaturwaffen angezeigt, Waffen in normaler Größe – so eine Lanze im Grab unterhalb des Hauses der Livia auf dem Palatin (10. Jahrhundert) und ein Schwert im Grab 16 von Satricum – sind selten; man kann wohl annehmen, dass man mit Metall sparsam umging. In Latium dürfte in der ersten Hälfte des 1. Jahrtausends die mit der Waffenproduktion verbundene Metallbearbeitung im Vergleich zu Etrurien keine große Rolle gespielt haben, wohl in Ermangelung eigener Rohstofflager.

c) Maßnahmen zur Sicherung der Lebensumstände

Machthaber dürften Maßnahmen zur öffentlichen Sicherheit in die Wege geleitet haben, die allmählich die ganze wehrfähige Bevölkerung erfassten. In einer frühen Zeit hatte es Kämpfe zwischen Etruskern und Griechen gegeben: Der im 4. Jahrhundert v. Chr. lebende griechische Geschichtsschreiber Ephoros (bei Strabo 6,2,2 C 267) wusste, dass die Griechen, bevor sie sich im 8. Jahrhundert auf Ischia niederließen, das westliche Meer wegen der etruskischen Seeräuber vermieden. Diese Nachricht mag übertrieben sein und teilweise spätere Verhältnisse rückprojizieren; doch sind die Fragmente etruskischer Helme und Schilde aus der ersten Hälfte des 8. Jahrhunderts in den Heiligtümern von Delphi, Olympia, Samos und Dodona, die höchstwahrscheinlich von siegreichen Griechen geweiht wurden, sowie das Fehlen früher griechischer Stützpunkte in Etrurien ernst zu nehmende Hinweise auf eine konsequente etruskische Abwehr der vordringenden Griechen.

Ab Beginn des 8. Jahrhunderts weisen **Erdwälle** und Waffengräber Latiums auf unruhige Zeiten hin. Nach Varro (De lingua latina 5,32,10f.) waren Erdwälle für Latium typisch.

Erdwälle und natürliche Festungen

Die Erdwälle Latiums
Erdwälle bestehen aus einem Graben und einer dahinter liegenden Aufschüttung aus Erde und unterschiedlich großen Tuffblöcken und -steinen, die bis zu 20 m über den Grabenboden reichen können; solche Wälle können eine Länge von bis zu 800 m haben. In Ficana wurde auf der äußeren Seite ein 10 m breiter Wassergraben ausgehoben.

In Latium (Acqua Acetosa-Laurentina, Castel di Decima und Ficana) dürften Verteidigungswälle und Gräben ein relativ kleines Areal – etwa 20 ha – umschlossen haben. Das Plateau von Ardea ist ähnlich wie in Ficana auf drei Seiten steil abfallend, die Befestigungsanlage wurde daher nur auf einer Seite angelegt und mit der Zeit erweitert. In Ficana befanden sich verstreute, gruppenweise angelegte Wohnhütten innerhalb des Erdwalls; in Castel di Decima und Acqua Acetosa-Laurentina zeigen leere Flächen innerhalb des Erdwalls, dass man das Areal auch als Fluchtburg benützte: Hier suchten Mensch und Tier Zuflucht vor Überfällen anderer Land oder Beute suchender Gruppen, denen sie offenbar im offenen Gelände nicht gewachsen waren. Viehhirten wohnten in den kulturell und ethnisch zersplitterten Bergregionen des Apennins und von hier aus suchten sie die Weiden in der Ebene Latiums auf. Aus der Zahl ihrer Gräber lässt sich auch bei den Sabellern eine Bevölkerungszunahme erschließen; sie führte zur Erweiterung der Kleinviehzucht und der Weideplätze und zu wirtschaftlichen Veränderungen, die nicht ohne Rückwirkungen für das benachbarte Latium blieben. Die zahlreichen Waffengräber lassen vermuten, dass ein solcher Verkehr nicht nur friedlich vor sich ging.

In Etrurien schloss sich die Bevölkerung zwischen dem 10. und dem Beginn des 8. Jahrhunderts aus verstreuten Einzelhöfen zu Dörfern zusammen (s. S. 26). In manchen Fällen mögen sich die Einwohner selbst aus Sicherheitsgründen freiwillig für den Anschluss an größere Ansiedlungen entschieden haben.

Die neuen Siedlungen entstanden an verkehrs- und verteidigungstechnisch günstig gelegenen Stellen: manchmal in Flusstälern, noch häufiger aber auf einer mehr oder weniger steilen Anhöhe, in Südetrurien auf den charakteristischen Tuffplateaus (Caere, Tarquinia usw., s. S. 14), die mit ihren steilen Abhängen natürliche Festungen bildeten und Schutz boten. Bauliche Befestigungsanlagen sind für diese Epoche nicht bezeugt.

Das Zusammenziehen der Bevölkerung auf wenigen Plateaus und Hügeln war wohl eine Sicherheitsmaßnahme: Die Bewohner der Streusiedlungen mussten sich nun gegen die Bewohner anderer Plateaus zum

Zweck der Verteidigung des (wahrscheinlich mühevoll) okkupierten Landes dauerhaft organisieren. Dies führte besonders in der zweiten Hälfte des 8. Jahrhunderts zur Konzentration der politischen Macht in wenigen, gut zu verteidigenden Zentren.

Waffen in Etrurien Besonders ab dem 9. Jahrhundert spielte der Bergbau in Etrurien eine besondere Rolle bei der Sicherung der Lebensumstände, brauchte man doch das Metall zur Herstellung von Waffen (s. S. 36), welche der eigenen Sicherheit dienten: Die „modernsten" (und teuersten) waren gerade gut genug. Waffen verschiedener Typen und Helme wurden im 9. Jahrhundert in Tarquinia und Vetulonia hergestellt und auch nach Mitteleuropa verkauft oder verschenkt. Ab der zweiten Mitte des 8. Jahrhunderts wird in Etrurien die Bewaffnung bronzezeitlicher Tradition weitgehend aufgegeben und durch modernere aus dem griechischen Kulturbereich übernommene Rüstung, bestehend aus einem kurzen Schwert, Lanzen, Panzer, Beinschienen und rundem Schild allmählich ersetzt. Teile einer solchen Bewaffnung sind schon um 730 im so genannten Kriegergrab von Tarquinia nachgewiesen, dessen Ausstattung sich heute in Berlin befindet.

Waffen in Latium Der Hortfund von Ardea enthält Fibeln, Beile und Äxte, die auch sonst in Italien – in Etrurien, Kampanien, Bologna usw. – verbreitet sind und auf einheimische Produktion und weit reichende Vertreibung hinweisen. Die für die Herstellung von Waffen notwendige Kenntnis der Metallbearbeitung kann im 9. Jahrhundert in Gabii aufgrund relativ zahlreicher Fibeln als wahrscheinlich gelten: Schmuck etruskischen Stils, in Latium hergestellt, könnte auf eine Rohstoffversorgung aus Etrurien hinweisen. Diese Gegenstände waren im Besitz einer Oberschicht, die das Metall aus Etrurien importierte und vielleicht auch wandernde Handwerker für sich arbeiten ließ.

Erst im 8. Jahrhundert lassen Waffen – Schwerter, Schilde und Lanzen, wie sie in Rom und Castel di Decima gefunden wurden – eine lokale Waffenproduktion vermuten. Waffen in normaler Größe blieben jedoch in Latium selten, meist waren es Miniaturwaffen, die für den Verstorbenen im Jenseits als ausreichend galten.

Jagd und Landwirtschaft in Etrurien Jagd spielte in der Villanova-Zeit eine große Rolle in der Ernährung, wie Knochenreste von Wild in Acquarossa und Jagdszenen bezeugen. Jagdszenen sind Ende des 9. Jahrhunderts auf einer Schwertscheide aus Tarquinia und auf einem Rasiermesser aus Vetulonia (Camporeale 2003, Abb. 27, 28) eingeritzt. Die kostbaren Gegenstände gehörten begüterten Mitgliedern der Gesellschaft an, die in der Jagd eine Grundlage ihrer Ernährung fanden.

Neu ist allerdings, dass man im Laufe der Zeit die Nahrung für eine immer größere Anzahl von Personen bereitstellen musste: Knochen von Rind und Schwein, die Bronzestatuette eines pflügenden Mannes auf einer Bronzeamphore aus Bisenzio, die Figuren von Menschen und Haustieren aus bäuerlichem Milieu (Ochsen, Hund, Lamm usw.) auf dem 'Wagen' von Bisenzio (beide gegen Ende des 8. Jahrhunderts) weisen auf Viehzucht und Ackerbau in einem Land hin, das nach der antiken Überlieferung äußerst fruchtbar war (Diodor 5,40,3).

Organisierte Landwirtschaft setzt wiederum voraus, dass man das verfügbare Ackerland aufgeteilt hatte, dass also unter den Mitgliedern der Siedlungsgemeinschaft ein gewisser Konsens über die Organisation des Landes herrschte. Die nachweisbare geordnete Zuteilung von Bestattungsplätzen an einzelne Personen, wie sie sich in Veji feststellen lässt (s. S. 32), verrät die Notwendigkeit, die verfügbaren Ressourcen – Land und Wasser – gerechter zu nutzen.

In Zusammenhang mit Nahrung wird man zwischen Grundnahrung und Genussmitteln unterscheiden, die wie besonders kunstvoll gestaltete Gefäße ein Luxus und nicht lebensnotwendig sind. Zu den nicht lebensnotwendigen Getränken gehört der Wein, dennoch erfreut er von jeher das Leben der Menschen (und angeblich auch der Götter). So wurde Wein aus der wilden Rebe, also in minderer Qualität, in Inneretrurien wahrscheinlich schon in der Bronzezeit (Belverde) hergestellt; Kannen und Becher für privilegierte Mitglieder der Gesellschaft kommen schon im 9. Jahrhundert in Tarquinia vor. Gegen Ende des 8. Jahrhunderts wurde aus Griechenland eine bessere Weinqualität nach Italien importiert: Ein genaueres Datum bieten griechische Trinkgefäße, die den Weingenuss bezeugen.

Die Erwähnung des urtümlichen *Septimontium*-Festes im Bauernkalender Roms (CIL I 1² p. 253) und das dabei vollzogene Ausschirren des Zugviehs (Plutarch, Moralia 69 p. 280 D) weisen auf eine Zeit hin, in der in Latium Ackerbau eine wichtige Nahrungsgrundlage bildete. Die einzelnen Dörfer, die am *Septimontium*-Fest teilnahmen, waren vermutlich Selbstversorger. Im 9. und 8. Jahrhundert dürfte allerdings in Latium die Landwirtschaft und die Parzellierung des verfügbaren Ackerlandes nicht allzu weit entwickelt gewesen sein: In Ficana waren Teile des Areals leer und man betrieb wahrscheinlich eine extensive Form von Ackerbau. Insgesamt war die Wirtschaft darauf ausgerichtet, nur den täglichen Bedarf der Gemeinschaft zu decken, nicht aber Überschüsse zum Verkauf zu gewinnen.

Landwirtschaft und Viehzucht in Latium

Bis ins 8. Jahrhundert wurden in Latium nur Getreide einer niedrigeren Sorte (*triticum monococcum*) und Hülsenfrüchte (Erbsen und Saubohnen in den Gräbern auf dem Forum in Rom, ab der zweiten Hälfte des 8. Jahrhunderts) angebaut und sind später literarisch erwähnt (Plinius, Naturalis historia 18,30; 118). Ab dem 8. Jahrhundert machte sich auch in Latium – wie schon ab dem 9. Jahrhundert in Etrurien – ein wirtschaftlicher Aufschwung bemerkbar. Man nimmt an, dass Wein aus der wilden Rebe schon im 8. Jahrhundert gepresst wurde; Kerne von veredelten Trauben sind erst für das 7. Jahrhundert belegt (Rom, Grab I und K des Forums).

Noch in der spätrömischen Republik galt Etrurien im Vergleich zu anderen Teilen Latiums als sehr ertragreich (Varro, De re rustica 1,9,5), Latium selbst als nicht besonders fruchtbar (Cicero, De lege agraria 2,35,95 u. a. m.). Anders als im stärker landwirtschaftlich geprägten Etrurien bleiben in Latium Weidewirtschaft, Viehzucht und Fischerei die wichtigste Ernährungsgrundlage, worauf Opfer von Milch und Käse im Iupiter-Kult auf den Albaner Bergen und Reste von Tierknochen (Schaf, Ziege und Schwein) und Fischgräten aus Gabii (Grab C, gegen Ende des 10. Jahrhunderts) und Rom (Grab R und GG, um 830) hinweisen. In republikanischer Zeit bezeugt Varro (De re rustica 2,5,4) den Wert von Rindern, die man zu landwirtschaftlichen Arbeiten heranzog; ihm zufolge war für die Tötung eines Ochsen die Todesstrafe vorgesehen. Die Bedeutung der Viehzucht nicht nur als Lieferant des Grundnahrungsmittels Fleisch, sondern auch diverser Nebenprodukte ergibt sich aus Teilen von Schilden (Gräber vom Esquilin Nr. 14, 86, 98), die auf den Gebrauch von Leder hinweisen. Auch spielen

Handwerk und Handel

Tiere in zahlreichen latinischen Sagen und Kulten eine zentrale Rolle (Varro, De re rustica 2,1 ff.).

In Etrurien und Latium findet sich im 9. Jahrhundert vorerst Keramik, die an Ort und Stelle, wahrscheinlich innerhalb von Familien, hergestellt wurde: Sie ist handgemacht und besteht aus einem engen Repertoire von Formen, die sich wiederholen. Die Gefäße selbst dienten dem praktischen Zweck des Trinkens und des Essens und sind wenig verziert. Diese Tonware wurde kaum exportiert.

Noch im 9. und vor allem ab Beginn des 8. Jahrhunderts entstand in Etrurien ein spezialisiertes Handwerk: Kännchen sardischen Typs wurden im 9. Jahrhundert in Vetulonia nachgeahmt. Eng damit verbunden war das Wirken von Händlern, die neue Märkte erschlossen und an der Gewinnung oder dem Verkauf von Rohstoffen und Fertigprodukten beteiligt waren: Aus Sardinien kamen Dolche, Bronzekännchen und Kleinplastik. Beides, Handwerk und Handel, brachte Einnahmen, die zur Erhöhung der Nahrungsproduktion führten. Dies wird durch Vorratsgefäße bezeugt, die für den Verkauf bestimmter Produkte notwendig waren.

Luxusgegenstände zeigen im 9. Jahrhundert, dass nicht nur Bedarfsgüter gefragt waren, sondern auch Güter von hoher Qualität, wofür keine sachliche Notwendigkeit gegeben war.

Griechisches Handwerk

Die Griechen, die gegen Ende des 9. Jahrhunderts ihre Waren nach Italien verkauften und sich ab dem 8. Jahrhundert im Zuge der **Kolonisation** auf Ischia und Kyme niedergelassen hatten, lieferten dem gegenüberliegenden Festland Kampaniens und den Etruskern von Veji, Vulci und Tarquinia günstige, bemalte und mit der Töpferscheibe hergestellte Keramik in erster Linie für den Weingenuss, die überaus beliebt wurde und mit der Zeit die einheimische, streng anmutende, graue Keramik der Villanova-Zeit ersetzte.

E | **Griechische Kolonisation in Italien**
In der ersten Hälfte des 8. Jahrhunderts gründeten Griechen von der Insel Euböa die ersten festen Ansiedlungen in Italien. Kyme (lat. Cumae, heute Cuma) in Kampanien war ihre älteste Niederlassung auf dem italienischen Festland (Strabo 5,4,4 C 243), Pithekussai auf der Insel Ischia im Golf von Neapel entstand noch vor Kyme (Livius 8,22,5–6) um 780. Auf Ischia regten die euböischen Handwerker und Händler ein florierendes Wirtschaftsleben an. Zuerst Ischia, später Kyme entwickelten sich rasch zu wirtschaftlich und kulturell bedeutsamen Zentren: Eigene Handwerksateliers wurden eröffnet, deren Reste (heute unterhalb der Kirche Santa Restituta in Lacco Ameno auf Ischia) sehr beeindruckend sind.

Das phönikische Handelsnetz

Nach etwa 800 organisierten Phöniker, die auch im westlichen Mittelmeer Siedlungen – so auf Sizilien und Sardinien – angelegt hatten, ein weit gespanntes Handelsnetz. Wie in anderen Gebieten des Mittelmeeres lieferten sie direkt oder indirekt auch nach Etrurien Luxusgüter, darunter kostbar verzierte Metallgefäße: Phönikische Bronzegefäße aus der Mitte des 8. Jahrhunderts kamen in Vetulonia ans Licht. Es ist umstritten, ob die Phöniker dafür wertvolle Metalle als Rohstoffe erhielten, die sie ins Mutterland exportierten, in spezialisierten Handwerksstätten zu Luxusgüter verarbeiteten und wieder nach Etrurien zurückverkauften.

Lokale Nachahmungen und Organisation der Arbeit in Etrurien

Prestigegüter konnten aus dem Ausland nach Etrurien kommen, sie konnten jedoch ebenso im eigenen Land gefertigt werden. Euböische Handwerker eröffneten oder leiteten in der zweiten Hälfte des 8. Jahrhunderts in Etrurien Werkstätten, die Weingefäße mit euböisch-geometrischem Dekor herstellten, um die Nachfrage einer einheimischen Oberschicht zu befriedigen.

Bedeutender ist es aber, dass in Tarquinia und Caere, Vulci und Vetulonia auch Werkstätten für die Herstellung von Bronzegefäßen mit aufwändiger Verzierung, von in Treibarbeit verzierten Schilden (Krieger-Grab von Tarquinia, um 730) sowie für eine technisch, typologisch und stilistisch vielfältige Bronzebearbeitung (Wagenteile, Pferdeknebel, Dreifüße, Schalen, Eimer und Symposiongeschirr) eröffnet wurden, wohl ein Zeichen, dass man neue Fertigkeiten entwickelt hatte. Man kann freilich diskutieren, ob der Bronzeguss (z. B. beim Bronzewagen von Bisenzio) oder das Treiben von Bronzeblech (z. B. bei der Amphore von Bisenzio) mehr von griechischen und von sardischen Vorbildern oder von der Urnenfelder-Kultur beeinflusst wurde, und worin die Merkmale der verschiedenen Künstlerschulen bestehen. Wichtig ist vielmehr, dass beim Aufbau eigener Werkstätten Spezialisten von auswärts, aus dem griechischen, sardischen und mitteleuropäischen Raum nach Etrurien kamen und ihre Erfahrungen zur Verfügung stellten. Ebenso bedeutend ist es, dass etruskische Waffen, Gefäße usw. in die Gebiete nördlich der Alpen exportiert wurden, wohl ein Zeichen dafür, dass man sie schätzte.

So entstanden im 8. Jahrhundert neben den Gefäßen für den täglichen Gebrauch Objekte für eine gehobenere einheimische Nachfrage. In der zweiten Hälfte des 8. Jahrhunderts machten sich neue Herstellungs- und Verzierungstechniken auch in der Töpferkunst bemerkbar: Etruskische Vasen wurden wie die importierten Vorbilder aus gereinigtem Ton und mit der Töpferscheibe hergestellt, mit Farben bemalt oder mit plastischen Figuren verziert.

Die eigene Herstellung von Geschirr in Ton und Metall erforderte alsbald eine ganze Reihe von neuen Aktivitäten; in erster Linie setzte sie eine gute Organisation einzelner Arbeitsgänge voraus, ist doch der Weg von der Ton- und Metallgewinnung bis zum Brenn- und Schmelzofen recht kompliziert und erfordert unterschiedlich ausgebildete Arbeitskräfte. Werkstätten auf diesem Niveau können nur von vermögenden Investoren eröffnet und geleitet worden sein.

Anders als in Etrurien sind im 8. Jahrhundert die Beziehungen der latinischen Städte zum Ausland weniger weit gespannt. Zur einheimischen Produktion gesellen sich Schmuck (Fibeln), kostbare mit Metallblättchen verzierte Gefäße aus Etrurien (Castel di Decima, Grab 233) und euböische (spätgeometrische) Ware, die um 750–725 v. Chr. in Rom, gegen Ende des 8. Jahrhunderts auch in anderen Siedlungen (Castel di Decima, Ficana, Lavinium, Satricum, Palestrina, Gabii usw.) mit wenigen Scherben bezeugt ist. Es handelt sich um einzelne Gegenstände, die wahrscheinlich nur einen begrenzten Kreis von Personen erreichten und auf persönliche Beziehungen hinweisen. Gegen Ende des 8. Jahrhunderts importierte Latium aus Caere die rote Keramik für den täglichen Gebrauch, gleichsam ein Zeichen, dass man mehr als früher über die nötigen Mittel verfügte.

Im 8. Jahrhundert, anders als im 9. Jahrhundert, als sich die Metallbearbeitung in Grenzen hielt, wurden in Latium zunehmend Schmuck, Geräte, Waffen und Gefäße hergestellt. Bronzegefäße und Blechgürtel waren in

Handwerk in Latium

der Form und in der Ausführungstechnik von Etrurien beeinflusst und dies bedeutet, dass die lokalen Metallbearbeiter kompliziertere Techniken in der Bearbeitung verschiedener Materialien beherrschen als in der vorherigen Zeit. Eigenständige Arbeiten sind ebenfalls nachgewiesen. Es sei exemplarisch an eine mit Zinnblättchen verzierte Amphore aus Gabii (Grab 46) und eine ähnlich verzierte Kanne und Tasse aus Tivoli (Grab 6), an die Bronzegefäße von Castel di Decima (Grab 132 und 247) und Tivoli (Grab 24B) und an den Blechgürtel von Rom und Tivoli (Grab 43) erinnert, welche die nächsten Parallelen in Etrurien haben. Fibeln mit Bernsteinbesatz, Armbänder und Fingerringe kamen aus Gabii, Tivoli, Caracupa, Rom (Esquilin) usw.; Spindel, Messer, Spieße u. a. aus Gabii, Castel di Decima und Tivoli; Schwerter, Schilde und Lanzen aus Gabii, Rom [Esquilin] und Castel di Decima; Schalen und Becken aus Castel di Decima.

Kostbare Gegenstände sind in unterschiedlicher Menge bezeugt: Fibeln finden sich bei einer relativ großen Anzahl von Personen, teurere Gefäße und Waffen hingegen nur bei wenigen Mitgliedern einer dünnen Oberschicht. Das Metall wurde aus Etrurien importiert; wahrscheinlich kamen Metallarbeiter aus Etrurien nach Latium und boten ihre Künste an.

Neu war jedoch in Latium wie in Etrurien die einheimische vornehme Keramik: Sie griff auf die griechische Technik bei der Reinigung des Tons und (ab der zweiten Hälfte des 8. Jahrhunderts) bei der Herstellung mit der Töpferscheibe zurück sowie auf griechische Gefäßformen und Bemalung (Rom, Castel di Decima, Tivoli, La Rustica), schuf aber gleichzeitig auch neue Formen wie speziell geformte Kannen. Ab dem Ende des 8. Jahrhunderts traten Nachahmungen griechischer Keramik auf (Ficana, Castel di Decima, Lavinium, Satricum, Palestrina, Gabii usw.). Da die Imitationen zahlreicher sind als die Importe und da die Herstellungstechnik neu ist, wird man an das Wirken von Handwerkern denken, die dem griechischen Kulturbereich nahe standen. Die Eröffnung neuer, von Griechen geleiteter Werkstätten in Latium lässt sich allerdings, anders als in Etrurien, nicht beweisen, sondern nur vermuten.

d) Magie und Religion

Nach antiker Auffassung hing das Leben der Menschen und der Gemeinschaft weitgehend vom Willen der Götter ab, die sich in den Naturvorgängen äußerten. Seit der Urzeit versucht daher der Mensch die Naturvorgänge zu erklären, um die Zukunft zu erkennen und das eigene Schicksal rechtzeitig zu beeinflussen und zu ändern. Magie und Religion spielten in diesen frühen Gesellschaften eine große Rolle.

Auch die frühen Bewohner Etruriens und Latiums bedienten sich solcher Mittel, doch gab es inhaltliche Unterschiede. Gemeinsam ist das Hervortreten einer relativ kleinen Anzahl von Personen, die sich für geeignet hielten und von der Gemeinschaft als solche angesehen wurden, Kontakte mit den Überirdischen aufzunehmen, um die Zukunft zu erfragen. Dafür entwickelten sie Praktiken, die mit der Zeit eigens organisiert wurden und die man weiterhin hütete und pflegte.

Die kulturellen Entwicklungen in Etrurien und Latium

Magische Praktiken

Zu den ursprünglichen Versuchen, die Überirdischen zu befragen und die Zukunft vorauszusehen, zählten magische Praktiken wie Zauberei – eine Praxis, die sehr alt und heute noch weltweit verbreitet ist. Sie ist in Etrurien bereits ab dem 9. Jahrhundert in Form von Jagd- und Fruchtbarkeitszaubern gut belegt, wie die Darstellungen auf Prunkwaffen und Geräten nahe legen, gleichsam ein Beweis, dass es die Oberschicht war, welche das Schicksal durch sie zu korrigieren wusste. Auf zwei Schwertscheiden aus Tarquinia (9. Jahrhundert) sind einmal eine Hirsch- ein anderes Mal eine Wildschweinjagd eingraviert; der Jäger trifft die Tiere mit der Lanze, ein Hund fällt über den Hirsch her. Auf Fruchtbarkeitszauber weist das Paar auf dem 'Wagen' von Bisenzio (gegen Ende des 8. Jahrhunderts, s. S. 38), dessen Geschlechtsteile besonders betont sind. Zur Zauberei gehört auch die Rezitation von stereotypen Formeln, wie man sie aus dem Ritualtext von Zagreb (ET I; 3. Jahrhundert) kennt, und Verfluchungsformeln, die auf sehr frühe Zeit zurückgehen.

Etruskische Zukunftsdeutung

Nach etruskischer Lehre äußern die Götter ihren Willen, von dem die Zukunft des Menschen abhängt, durch Zeichen (Cicero, De haruspicum responso 10 [20]), die sich in den von den Göttern geschleuderten Blitzen (Blitzschau), in der Leber geopferter Tiere (Leberschau) sowie in Vorzeichen (*prodigia*) offenbarten. Die Himmelsrichtung, aus welcher der Blitz kommt, gibt Auskunft über die Gottheit, die sich meldet und ein positives oder negatives Zeichen sendet. Die Regeln, nach denen die Leberschau erfolgte und das Beobachtete gedeutet wurde, liegen größtenteils im Dunkeln: Sie gehörten wahrscheinlich zu einer geheimen, nur wenigen Männern bekannten Lehre.

Die Beobachtung von Wetterzeichen erfuhr in Etrurien jedenfalls eine „wissenschaftliche" Ausarbeitung (Seneca, Quaestiones naturales 2,33). Wie die Leberschau wurzelt auch die Blitzschau in der Tradition Etruriens; das Aufkommen der Lehre wurde von den meteorologischen Bedingungen des Landes begünstigt; ihre theoretische Ausarbeitung dürfte vom Alten Orient beeinflusst worden sein. Darstellungen von Leberbeobachtung sind nicht älter als das 5. Jahrhundert, aber die rituelle Technik der Zukunftsdeutung aus Indizien einer Tierleber dürfte auf eine frühere, magische Stufe des Denkens und somit auf eine nicht näher bestimmbare Zeit zurückgehen.

Anders als in Etrurien wurde in Rom die **Augurallehre** verstärkt praktiziert, hingegen blieb die Leberschau den Römern immer fremd; Rom bediente sich etruskischer Leberbeschauer.

> **Augurallehre**
> Bei der Augurallehre handelt es sich um die Erforschung der von Iupiter bestimmten Zukunft durch die Beobachtung von Vogelflug, Blitz und Donner, dem Schreien bestimmter Vögel und dem Fressverhalten der heiligen Hühner.

Übermenschliche Wesen

Für jeden natürlichen Vorgang – nicht nur Blitz und Donner, Regen und Dürre, sondern auch Geburt und Tod – wurden übermenschliche Wesen unterschiedlicher Art und Hierarchie verantwortlich gemacht. Die bei den lateinischen Autoren bezeugten „verhüllten Götter" bei den Etruskern (*dii involuti*: Caecina bei Seneca, Quaestiones naturales 2,41,2) gehen wohl auf diese frühe Stufe von Religiosität zurück. Auch in Latium hat es wie in Etrurien eine frühe animistische Phase von Religiosität mit unkörperlichen, namenlosen Wesenheiten (*numina*) gegeben, deren Geschlecht und Zahl ungewiss ist. Der in historischer Zeit in Rom verehrte Kriegsgott Mars wurde ursprünglich durch einen im Haus des Königs aufbewahrten Speer versinnbildlicht (Plutarch, Romulus 29,1).

Aus linguistischen Indizien lässt sich jedoch annehmen, dass ab Beginn des 1. Jahrtausends die Bewohner Etruriens italische Götter wie Uni, Menrva, Nethuns usw. übernahmen und in ihr schon vorhandenes Pantheon integrierten. Dies zeigt, dass es neben unscharf charakterisierten Wesen bereits individualisierte, d. h. als Personen gedachte Gottheiten gab, die für einen bestimmten Natur- und Lebensbereich zuständig waren. So war der latinische Iupiter Gott des hellen Himmels, wie auch die Bedeutung seines Namens offenbart, und Wettergott mit Blitz und Donner, wie es aufgrund von späteren Darstellungen erschließbar ist.

Bruderschaften

Nach antiker Auffassung sollten Sicherheit und Nahrungsbeschaffung sowie die damit zusammenhängenden Aktivitäten wie Handwerk und Handel von weltlichen Funktionären wie von einem Kultpersonal abgesichert werden, denn ihr gutes Gelingen hing in erster Linie vom Wohlwollen der Götter ab. Ursprünglich waren es Herrscher, Familienoberhäupter oder einfache Privatpersonen, die priesterliche Funktionen ausübten. Sakrale Personen traten in Latium sehr früh auf: Religionsgeschichtlich standen ihre Handlungen wegen der zwingenden Wirkung eher der Magie als der Religion nahe. Diese Bruderschaften zeigen, dass es in Latium, anders als in Etrurien, ein differenziertes Kultpersonal gab.

Im republikanischen und kaiserzeitlichen Rom wirkten als Priestervereine die Bruderschaften der Luperker (lat. *Luperci*), der Salier (lat. *Salii*), der „Flurbrüder" (lat. *Fratres Arvales*) und der Fetialen (lat. *Fetiales*). Salier und Fetialen sind auch in anderen latinischen Städten, darunter in Lavinium, Tusculum, Tivoli, Aricia, Anania und im sagenhaften Alba belegt, der Salier-Verein von Tusculum soll älter als jener in Rom gewesen sein (Servius, Ad Aeneidem 8,285); die Fetialen gingen angeblich vom Stamm der Äquer auf die Latiner über (Livius 1,32,5; Dionys von Halikarnass 2,72,2). Man kann nicht ausschließen, dass die Luperkalien ursprünglich auch anderswo gefeiert wurden; in der uns bekannten Form sind sie jedoch mit Rom und seiner Umgebung eng verbunden.

Alle genannten Priesterschaften sind als Frühform einer organisierten Religion anzusehen, die in ihrer Theologie ältere Vorstellungen, Riten und Kulte transzendenter Wesen und in der priesterlichen Organisation archaische Gesellschaftsformen enthält und weitertradiert.

Luperker

Auf den altertümlichen und magischen Charakter des Rituals der Luperker wies die Bekleidung – ein Ziegenfell um die Lende, das den Luperker mit der Ziege identifizierte – und ihr Ziegenopfer für den Hirten- und Herdengott Faunus hin. Auch das dabei übliche Milchopfer (Produkt des Viehs) legt es nahe, dass die **Luperkalien** noch vor dem Ende des 8. Jahrhunderts eingerichtet wurden; denn wahrscheinlich vor dem Ende des 8. Jahrhunderts wurde das Milchopfer durch Weinopfer (Produkt des Pflanzenbaus) ersetzt (Plinius, Naturalis historia 14,14; 88).

Die kulturellen Entwicklungen in Etrurien und Latium

Luperkalien

Die Bezeichnung *Luperci* soll vom Wort *lupus* „Wolf" abgeleitet worden sein: Das Ritual geht auf eine Zeit zurück, in der es unweit der Ansiedlungen Schafställe gab, das Vieh von den Wölfen unmittelbar bedroht wurde und des Schutzes durch Faunus bedurfte. Die Luperkalien sollen ein Reinigungsfest (Plutarch, Romulus 21) bzw. ein reinigender Umgangsritus (*lustratio*: Varro, De lingua latina 6,34) gewesen sein. Dabei fand ein Lauf durch Rom statt und bestimmte Zeremonien wurden ausgeführt.

Ebenso einen urtümlichen magischen Charakter trug der Waffenkult der Salier – ursprünglich zwölf an der Zahl –, die für die sichere Aufbewahrung und die Verehrung eines vom Kriegsgott Mars gesandten Schildes zuständig waren. Denn der Schild – religionsgeschichtlich entweder ein Symbol des Gottes oder die Erscheinungsform seiner selbst – sollte ursprünglich die Stadt, die ihn besaß, vor der Pest beschützen (Plutarch, Numa 13). Zur Sicherheit wurden vom ursprünglichen Schild elf exakte Kopien angefertigt: Somit war jeder der zwölf Brüder für einen Schild zuständig und man wusste nicht, welcher der ursprüngliche heilige Schild war. Die Schilde wurden im Haus des Königs (*regia*) aufbewahrt (Servius, Ad Aeneidem 7,603).

Salier

Die Einrichtung des Kultes, der aus einer Zeit stammt, in der die Gottheit noch nicht bildlich dargestellt, sondern durch ihr Attribut anwesend gedacht wurde, dürfte auf eine Zeit vor dem 8. Jahrhunderts zurückgehen. Chronologischer Anhaltspunkt ist in erster Linie der in Form einer 8 gebildete Schild der Salier. Er ist auf einer kaiserzeitlichen Gemme abgebildet. Derartige Schilde in Miniaturform sind in einem Grab von Lavinium im 10. Jahrhundert und in Narce und Veji zwischen 750 und 725 v. Chr. belegt. In der Bronzezeit waren in Etrurien ähnliche Schilde in Verwendung, die zwischen 730 und 670 v. Chr. durch den Rundschild der schwer bewaffneten Krieger (Hopliten) ersetzt wurden.

Für ein hohes Alter der Einrichtung spricht auch die Tracht, in erster Linie die spitzige Kopfbedeckung und der Blechgürtel (Dionys von Halikarnass 2,70f.), die der Kriegertracht des villanovazeitlichen Etrurien ähnlich war. Der zweimal im Jahr in urtümlicher Rüstung ausgeführte Waffentanz wurde von einem Lied (*carmen saliare*) begleitet, das schon im spätrepublikanischen Rom nicht mehr verstanden wurde. Archaisch ist auch die Kooptation, die nachträgliche Hinzuwahl einzelner Mitglieder in diese Körperschaft durch die ihr bereits angehörenden Mitglieder anstelle der Neuwahl aller Mitglieder.

Adressat des von den zwölf Flurbrüdern ausgeführten Fruchtbarkeitskultes war eine agrarische Gottheit, die Dea Dia. Es lässt sich noch keine priesterliche Hierarchie erkennen: Die Zwölfzahl der Mitglieder, die mit dem zwölfmonatigen Kalender zusammenhängt, weist auf die Verteilung von Ehren und Pflichten. Das Fest dauerte drei Tage, der Höhepunkt fand am dritten Tag im Hauptsitz der Bruderschaft statt und erfolgte im Verborgenen: Die Priester führten einen rhythmischen und wahrscheinlich orgiastischen Tanz aus und riefen dabei den Mars an. Ursprünglich war die Kultstätte im Freien, in republikanischer Zeit befand sich das Heiligtum in einem Hain fünf Meilen außerhalb Roms, an jener Straße, die querfeldein am Nordufer des Tiber entlang zu den Salinen am Meer führte (Via Campana).

Flurbrüder

Die Flurbrüder entstanden innerhalb einer archaischen Bauerngesellschaft, worauf die vom Ritual vorgesehene Anrufung des Mars als Beschützers der Felder – ihm wurden später Feste übertragen, die ursprünglich anderen Vegetationswesen galten – und die Anrufung der „Einsäer" (*semones*) sowie der hilfreichen Beschützer des Hauses und des bäuerlichen Grundbesitzes (*lares*) hinweisen.

Das Verbot, Kultgeräte aus Eisen und mit der Töpferscheibe hergestellte Kultgefäße zu verwenden, datiert die Einrichtung des Rituals in eine Zeit vor dem 9. Jahrhundert, aber während oder nach der Einführung des Ackerbaus. Auf eine noch frühere Zeit dürfte die wohl mit magischen Vorstellungen verbundene Herstellung von ungesäuerten, mit immergrünen Lorbeerblättern vermischten Brotfladen hinweisen.

Fetialen

Die Einrichtung, welcher in republikanischer Zeit die religiösen Formen zwischenstaatlicher Beziehungen der latinischen Gemeinschaften oblagen, ist zeitlich gesehen mehrschichtig: Die Abmachungen und Kriegserklärungen begleitenden Rituale gehen auf eine frühe Zeit zurück. Bei der Kriegserklärung wird eine blutige, im Feuer gehärtete Lanze aus Holz über die Grenze ins Gebiet der Feinde geworfen. Bei den feierlichen zwischenstaatlichen Vertragsabschlüssen töteten die Fetialen ein Schwein als Opfertier mit einem Steinmesser und mit den Verfluchungsworten, dass einer, der diesen Vertrag breche, das gleiche Schicksal der Tötung erleiden solle (s. Quelle). Das Ritual sollte durch so genannten Analogiezauber die Vertragspartner zur Einhaltung verpflichten (lat. *religare* = „binden").

Der Eid der Fetialen
(Livius 1,24,6 ff.)

„Wie das offen, von Anfang bis zum Ende, von jenen Wachstafeln abgelesen worden ist, ohne Trug und Bosheit, und wie das hier und heute sehr wohl verstanden worden ist, so wird das Römervolk von jenen Bedingungen nicht als Erstes abweichen. Wenn es zuerst davon abgehen sollte, aus Trug und Bosheit, dann sollst du, Iupiter, das Römervolk so stechen, wie ich dieses Schwein hier und heute stechen werde; und du sollst es umso mehr stechen, je mehr du kannst und stark bist." Als er (= der Priester) das gesagt hatte, durchbohrte er das Schwein mit einem Jaspismesser.

Priesterschaft und politische Macht

Salier, Arvalbrüder und Fetialen hatten wohl auch politische Macht; dies bedeutet, dass im 9. bis 8. Jahrhundert in Rom religiöse und weltliche Funktionen noch nicht scharf getrennt waren, wie der Titel *magister* des wahrscheinlich jährlich gewählten Oberpriesters der Salier (s. S. 45) und das mit der jährlichen Wahl verbundene Rotationsprinzip zur gleichmäßigen Verteilung von Pflichten und Ehren nahe legen. Auf den militärischen und patrizischen Charakter der Salier – der ältere Verein der Salier war in Rom lange Zeit nur den Patriziern vorbehalten – weist der rot bestickte Mantel hin (lat. *trabea*: Dionys von Halikarnass 2,70,2). Auch der Kult der Arvalbrüder, der die Felder beschützen und die Nahrung für die Gemeinschaft sichern sollte, trug politischen Charakter, denn er war mit einem Flurumgang entlang der Grenzen des ursprünglichen römischen Gebietes verbunden. Die Fetialen waren für zwischenstaatliche Beziehungen im Bereich des Krieges zuständig.

Die kulturellen Entwicklungen in Etrurien und Latium

Altertümliche Kulte und Rituale

Auf das Wirken eines Kultpersonals, dem man übernatürliche Kräfte zuschrieb, und das daher die Möglichkeiten hatte, Verbindungen zu den überirdischen Mächten aufzunehmen, weisen Anfang des 1. Jahrtausends in Etrurien und Latium Kulte und Riten, die dazu dienten, den Gott mit einem Zeichen der Frömmigkeit und der Huldigung gütig zu stimmen. Auf eine frühe, nicht näher datierbare Zeit geht das Opfer von Lämmern, Milch, Käse und Honigkuchen bei den Kultfeiern für Iupiter Latiaris zurück. Es sind Produkte der Kleinviehzucht, der ältesten und ursprünglichen Wirtschaftsform in diesem Gebiet (Scholion Bobiense zu Cicero, Pro Plancio 5,128,25 ff. Hildebrand). Auf den Albaner Bergen entstanden gleichzeitig Depots für Weihgeschenke. Kostbare Geschenke in Form von Kleinplastik aus Ton und Bronze, Gefäße usw. fanden sich seit dem Ende des 8. Jahrhunderts in einem Weihdepot in Satricum; durch eine solche Hingabe materieller Werte erkannte der Mensch die Oberhoheit der Gottheit an.

In Tarquinia wurden um 900 runde Scheiben aus zerschnittenem Hirschgeweih in einer natürlichen Grube deponiert. Der Ort wurde dadurch zum Mittelpunkt religiöser Verehrung; die Gemeinschaft suchte also bei unterirdischen Wesen Hilfe oder Schutz vor den Gefahren im Alltag. Gegen Ende des 9. Jahrhunderts wurde unweit der genannten Grube ein etwa siebenjähriger Knabe kultisch bestattet – nicht wie sonst üblich verbrannt; rund um den Ort der Bestattung fanden sich Reste von verbrannten Kindern; auch später blieb das Grab kultischer Mittelpunkt. Im 8. Jahrhundert wurde der geweihte Platz der Grube und der Kindesbestattung durch die Errichtung einer Mauer besonders hervorgehoben.

Kultstätten

Die ältesten Kulte fanden in Latium wie in Etrurien unter freiem Himmel statt. Der in ganz Latium verehrte Iupiter Latiaris wurde auf dem Albaner Berg und **Diana Nemorensis** in einem Hain bei Aricia verehrt: Hier war ein Altar ursprünglicher kultischer Mittelpunkt.

> **Der Kult der Diana Nemorensis**
> Der Hain von Aricia war Mittelpunkt eines alten Kultes der Diana Nemorensis: Priester war hier ein entlaufener Sklave, der den Titel „König des heiligen Haines" (*rex nemorensis*) trug. Zu seiner Position war er dadurch gekommen, dass er den früheren König mit einem aus dem Hain der Göttin gebrochenen Zweig im Zweikampf getötet hatte. Die Verbindung dieses Kultes mit der Tötung des Königs durch einen Sklaven ist nicht ausreichend geklärt.
> Dieser Kult der Diana war eng mit der Fruchtbarkeit der Frauen verbunden, worauf der Fackelzug der Frauen, die Weihgeschenke – Darstellungen weiblicher Geschlechtsteile und Säuglinge – und das Wesen der Göttin als Mondgöttin, welche die Fruchtbarkeit der Frauen regelt, hinweisen.

Ein geweihter Platz ohne Tempelbau dürfte in Etrurien das Heiligtum des Vertumna gewesen sein, das gegen Ende des 5. Jahrhunderts der Ort der politischen Versammlungen der Etrusker war (Livius 4,23,5 u.a.m.); auf dem Quirinal (bei der Kirche Santa Maria della Vittoria) ist auch ein Weihdepot nachgewiesen.

In Ardea, Satricum und Velletri bekamen Gottheiten bereits im 8. Jahrhundert ein eigenes Haus: Dieses hatte, wie bei den Menschen, die Form einer Hütte, die erst im 6. Jahrhundert zu einem Tempel – also zu einem Bau, der sich vom Haus der Menschen wesentlich unterschied – umgebaut wurde. In Rom wurde der Gott Quirinus ursprünglich in einer Kapelle (*sacellum*) verehrt (Festus 303,6 L.) und bekam erst 293 v. Chr. einen Tempel (Plinius, Naturalis historia 7,60; 213). Die Überlieferung nennt auch Altäre im Freien, darunter einen Altar für Hercules, der sich auf dem Forum Boarium in Rom befunden haben soll. Religionsgeschichtlich dürfte diese Stufe der Verehrung noch nicht individualisierten Wesen entsprechen, andererseits ist der Hercules-Kult griechischen Ursprungs und daher nicht vor dem 8. Jahrhundert eingeführt worden.

3. Der Wandel der Villanova-Kultur Etruriens und der frühlatinischen Kultur

In Etrurien und in Latium ließen sich bereits ab dem 10. Jahrhundert ausgeprägte Herrschaftsstrukturen nachweisen. In beiden Ländern drückten Machthaber ihren hohen sozialen Status durch ähnliche Gegenstände aus, die enge Verbindungen erkennen lassen: Die Grabbeigaben (Waffen, Schmuck) verraten einen starken Sinn für persönlichen Besitz, in Latium wahrscheinlich verbunden mit Ahnenkult (Tonstatuetten); die beanspruchten Privilegien dieser Oberschicht (eine schöne Unterkunft, kostbare Waffen) gehen auf ihr starkes Selbstbewusstsein zurück.

Tief greifende Veränderungen und gleichzeitig ein spürbarer, wenngleich nicht überall nachweisbarer Zivilisationsschub machten sich in Etrurien und Latium gegen Ende des 10. und im Laufe des 9. und 8. Jahrhunderts v. Chr. immer stärker bemerkbar: Sie betrafen nach wie vor die vitalen Bedürfnisse des Menschen wie Sicherheit und Nahrung; diese sollten nicht nur gedeckt, sondern immer besser befriedigt werden: Erdwälle und bessere Waffen, Handwerk und Handel brachten den gewünschten Aufschwung mit sich.

Waffengräber weisen auf eine kriegerische Zeit und dies bedeutet, dass die Verteidigung grundlegende Bedeutung genommen hatte: Die Anrufung des Kriegsgottes Mars durch die Flurbrüder sowie weitere Feste für Mars, die ursprünglich Vegetationswesen gegolten hatten, deuten auf das Schutzbedürfnis der agrarischen Gesellschaft Latiums hin.

Nach der Niederlassung auf Ischia (um 780) und nach der Gründung von Kyme (um 750) verstärkten die dortigen Griechen ihre Verbindungen zu den italischen Völkern, darunter zu den Sabellern und zu Etrurien, wo vermögende Etrusker in Siedlungen am Meer (Caere, Tarquinia, Vetulonia) oder unweit davon (Veji, Vulci) lebten. Mit der Zeit nahm die Zahl der griechischen Importe und der mit den eingeführten Gegenständen verbundenen fremden Ideen zu.

Neben den zur Befriedigung der Grundbedürfnisse notwendigen Gegenständen kamen auch Prestigeobjekte, wie erlesene Keramik, kostbare Waffen, Wagen und Pferdeknebel usw. auf, deren kunstvolle Verzierung durchaus entbehrlich war und in dieser Form reinen Luxus bedeutete: Vornehme Etrusker und Griechen pflegten nun ähnliche Sitten: In Grabausstattungen von Kyme und Tarquinia finden sich ähnliche Weinkessel, Mischkrüge und Trinkgefäße sowie ähnlicher Schmuck. Im 'Kriegergrab' von Tarquinia (um

730) kamen griechische Gefäße in großer Anzahl ans Licht. In Latium treten prunkvolle Gräber erst im 7. Jahrhundert auf (Palestrina).

Ab der zweiten Hälfte des 8. Jahrhunderts weisen die Funde Südetruriens und Latiums auf die Bildung neuer Einrichtungen zur Anregung der Wirtschaft, neuer Verhaltensmuster und Wertvorstellungen hin, wie die entgegenkommende Haltung der etruskischen Machthaber griechischem Kulturgut und der latinischen Machthaber etruskischem und griechischem Kulturgut gegenüber zeigen. Auch im Bereich der religiösen Orientierungen stellten sich Änderungen ein, denn ab dem Ende des 8. Jahrhunderts wurden geweihte Plätze baulich ausgestaltet. Nach dem Kontakt mit den Griechen und wahrscheinlich den Phönikern, beide Träger einer Hochkultur, gingen die Etrusker und die Latiner zu kulturell höheren Formen über, auch wenn diese im Vergleich zum griechischen und orientalischen Kulturniveau immer noch unterlegen waren. Es kam zur Wandlung der etruskischen Villanova- und der frühlatinischen Kultur.

Dennoch gab es regionale Unterschiede, die in erster Linie im Bereich der Ressourcen lagen. Die bereits im 9. Jahrhundert aufwändige Lebensweise der etruskischen Oberschicht legt den Gedanken nahe, dass sie die Bodenschätze ihres Landes ausbeuteten, aus deren Verkauf hohe Einkünfte bezogen oder sich mit Waffen aus Eisen gut ausstatteten. Die dadurch bedingte militärische Überlegenheit und die Handelstüchtigkeit seiner Bewohner sicherten jahrhundertelang auch die politische Überlegenheit, welche die Grundlage für die nicht immer friedliche Aufnahme und Pflege von Beziehungen mit den Griechen Süditaliens, den Vertretern einer höher stehenden Kultur, den Sarden und wahrscheinlich den Phönikern bildete. Die gute wirtschaftliche Lage Südetruriens ermöglichte die Eröffnung eigener Werkstätten und einen wahrscheinlich noch bescheidenen Handel, wie die zeitgenössischen Schiffe der Etrusker nahe legen. Dies galt nicht ohne weiteres für Latium, denn Rohstoffe standen den Latinern im eigenen Land kaum zur Verfügung: Die Miniaturwaffen, die in Latium die echten Waffen nur symbolisierten, die somit wohl dem jeweiligen Erben zur Verfügung blieben, sprechen für wirtschaftliche Engpässe im Bereich der Metallbeschaffung.

Die Unterschiede zwischen Etrurien und Latium lagen auch im Bereich des Siedlungswesens, denn in Etrurien breiteten sich während der Villanova-Zeit die älteren Siedlungen immer mehr aus, in Latium schlossen sie sich zusammen (Gabii, Rom) oder wurden aufgegeben (Albaner Berge), andere wiederum entstanden erst im 8. Jahrhundert (La Rustica). Latium insgesamt zeigt keine so große Ausdehnung wie Etrurien. Auch war Etrurien für die Landwirtschaft geeigneter als Latium.

4. Die Frühzeit Latiums in der Überlieferung und in der aktuellen Forschung

Zur Vorgeschichte Latiums gibt es nicht nur archäologische Reste und evident alte religiöse Einrichtungen, sondern auch eine ausführliche Überlieferung. Auf die Problematik der Frühzeit Roms weisen bereits die antiken

Autoren hin: „Ich könnte viele andere griechische Autoren erwähnen, welche die Gründung der Stadt verschiedenen Personen zuweisen, aber um nicht weitschweifig zu sein, werde ich nur die römischen Autoren zitieren. Bei ihnen gibt es keinen Gewährsmann, sei er Historiker oder ein Prosaschriftsteller; vielmehr hat jeder ihrer Historiker Nachrichten aus älteren Erzählungen entnommen, die in den heiligen Büchern aufbewahrt waren" (Dionys von Halikarnass 1,73,1).

Die von den Römern selbst tradierte Vorstellung der Frühgeschichte Latiums und ihrer Stadt steht in scharfem Gegensatz zu den gesicherten bzw. mehrheitlich akzeptierten Kenntnissen der Forschung über Latium und das frühe Rom.

a) Die Überlieferung

Romulus (753–715)
Numa Pompilius (715–672)
Tullus Hostilius (672–640)
Ancus Marcius (640–616)

Nach der Überlieferung hatte es in der Frühzeit auf den Albaner Bergen und in anderen Teilen Latiums mehrere Siedlungen gegeben. Eine davon namens Alba Longa habe weitere Siedlungen der Latiner, darunter Rom, gegründet (Dionys von Halikarnass 1,45,2) und eine Zeit lang eine Hegemonie über die Latiner ausgeübt, ehe der dritte König von Rom, Tullus Hostilius, Alba zerstört habe (Dionys von Halikarnass 3,31,4; Livius 1,29,6; 1,52,2; Cincius bei Festus 276,19 L.). Rom gilt als eine Gründung des Romulus, eines Enkels des Königs von Alba (Dionys von Halikarnass 1,75 f.); Romulus und seine sechs Nachfolger sollen zwischen der Mitte des 8. und dem Ende des 6. Jahrhunderts in Rom regiert und staatliche Einrichtungen eingeführt haben.

In Zusammenhang mit diesem Überlieferungskomplex erhebt sich einerseits die Frage der Rolle der Albaner Berge in der Frühgeschichte Roms, andererseits die Frage, ob die Könige von Rom und die ihnen zugeschriebenen Einrichtungen historisch sind.

Namen von Siedlungen Latiums

Plinius erwähnt namentlich zwanzig berühmte „feste Plätze" (*oppida*) Latiums und dreißig „albanische Gemeinden" (*populi Albenses*), die an einer Fleischverteilung im Rahmen eines gemeinsamen Festmahls während der Feier des Iupiter Latiaris in Alba teilnahmen (s. Quelle).

Siedlungen und Gemeinden Latiums
(Plinius, Naturalis historia 3,9; 68–69)

Im ersten Bezirk befanden sich darüber hinaus in Latium die berühmten Siedlungen (*clara oppida*) Satricum, Pometia, Scaptia, Politorium, Tellena, Tifata, Caenina, Ficana, Crustumerium, Ameriola, Medullum, Corniculum, Saturnia, wo sich jetzt Rom befindet, Antipolis, das jetzt als Ianiculum ein Teil Roms ist, Antemnae, Camerium, Collatia, Amitinum, Norbe, Sulmo, und es gab auch die albensischen Gemeinden (*populi Albenses*), die mit ihnen an der Fleischverteilung auf dem Albaner Berg teilzunehmen pflegten: die Albani, Aefulani, Accienses, Abolani, Bubetani, Bolani, Casuetani, Coriolani, Fidenates, Foreti, Hortenses, Latinienses, Longani, Manates, Macrales, Munienses, Numicienses, Olliculani, Octulani, Pedani, Polluscini, Querquetulani, Satricani, Sassolenses, Tolerienses, Tutienses, Vimitellari, Velienses, Venetulani, Vitellienses. So (*ita*) sind aus dem alten Latium 53 Völkerschaften spurlos verschwunden.

Die Frühzeit Latiums in Überlieferung und Forschung

Nach Dionys von Halikarnass (3,31,4) soll Alba dreißig Städte der Latiner gegründet haben. Er erwähnt auch 47 latinische Städte, welche sich an den von Tarquinius Superbus, dem letzten König von Rom (534–um 510 v. Chr.; s. S. 129), angesagten kultischen Feiern für Iupiter Latiaris (*feriae latinae*) beteiligten (4,49,2). Eine Liste bei Diodor (7,5,9) nennt 18 Gründungen des Königs Latinos, eines Nachkommens des Aeneas.

Dionys von Halikarnass (5,61,3) gibt die Anzahl der Siedlungen (47 bzw. 30), nicht aber deren Namen an. Er nennt namentlich die 29 Städte, die zu Beginn des 5. Jahrhunderts dem Latinerbund angehörten – die fehlende dreißigste Siedlung könnte Rom gewesen sein: Je nach der Datierung der Nachricht war Rom zu jener Zeit entweder von Porsenna beherrscht (s. S. 143) oder es hatte sich vom Bund momentan gelöst, wie die Schlacht am See Regillus um 496 v. Chr. zwischen dem Latinerbund und Rom nahe legt (s. S. 154). Ob sich die Namen dieser 29 Städte ganz oder teilweise mit den Namen der 47 Städte der Latiner zur Zeit des Tarquinius Superbus oder der dreißig Kolonien Albas deckten, wissen wir natürlich nicht. Die Namen der 29 Städte bei Dionys entsprechen in elf Fällen denen der Liste bei Diodor. Nur sieben Ortsnamen bei Plinius decken sich mit Namen der 29 Siedlungen bei Dionys, von den sieben Namen Diodors, die bei Dionys fehlen, sind wiederum nur drei von Plinius erwähnt. Der Name einer Siedlung namens Saturnia, die sich dort befand, wo später Rom entstand, findet sich nur bei Plinius, der sich allerdings ausdrücklich auf die Zeit vor Rom bezieht.

Die genannten Listen stimmen untereinander nicht überein; es liegt daher nahe, dass es in der Antike mehrere konkurrierende Listen aus verschiedenen Zeiten gab. Man kann nur wenige Orts- oder Siedlungsnamen mit späteren Ortsbezeichnungen verbinden. Die Listen enthalten keine brauchbaren chronologischen und geographischen Anhaltspunkte: Unweit von Rom gab es *ursprünglich* zahlreiche kleine autonome Dörfer (Strabo 5,3,2 C 229). Die bei Plinius (Naturalis historia 3,9; 68–69; s. Quelle S. 50) und Dionys von Halikarnass (4,49,3) erwähnte Fleischverteilung entstammt einer jüngeren Stufe als das Milchopfer, aber wann das Tieropfer eingeführt wurde, wissen wir nicht. Anachronistisch ist die Nennung von Fregellae (heute Ceprano) bei Diodor, denn die Stadt Fregellae, die am linken Ufer des Liris zwischen Latium und Kampanien liegt und einst Gründung der sabellischen Sidikiner war, wurde erst im 4. Jahrhundert v. Chr. für Rom von Interesse, als es im Jahre 328 v. Chr. diese Siedlung zu einer Kolonie latinischen Rechtes umwandelte.

Deutlich erkennbar ist dagegen eine spätere Bearbeitung der Listen: Die alphabetische Reihung der Gemeinden bei Diodor, Dionys (5,61,3) und Plinius geht auf Varro zurück. Zudem gibt es bei Plinius einen Rechenfehler: Er nennt 20 Siedlungen (*oppida*) und 30 albensische Gemeinden (*populi*), also insgesamt 50 Namen; es kann daher nicht sein, dass „demgemäß" (*ita*) 53 Gemeinden verschwanden. Man kann freilich nicht ausschließen, dass mittelalterliche Kopisten Ortsnamen, die sie nicht kannten, einfach ausließen. Dennoch dürften die Listen alte Namen enthalten, teilweise von Siedlungen, die älter als Rom waren – Rom wird in keiner Liste genannt –, teilweise auch von Siedlungen wie Tellene, die in republikanischer Zeit keine politische Rolle mehr spielten.

III. Die vorgeschichtliche Epoche Mittelitaliens

Der archäologische Befund

Die archäologische Forschung hat auf den Albaner Bergen mehrere Gräbergruppen, wohl von Bewohnern nicht gefundener Dörfer, ans Licht gebracht. Auf antike Nachrichten zurückgreifend hat ein Teil der Forschung jene Dörfer, welche auf eine Zersiedelung des Gebietes hinweisen, mit den „albensischen Gemeinden" des Plinius gleichgesetzt. Eine größere, lang gezogene Siedlung unweit vom heutigen Castel Gandolfo (vom 10. bis ins 7. Jahrhundert) wird mit jener Siedlung Alba Longa identifiziert, die der Sohn des Aeneas, Ascanius, am Fuße der Berge (Livius 1,3,3) zwischen einem tiefen See und einem hohen Berg (Dionys von Halikarnass 1,66, 1–2) gegründet habe.

Überlieferung und Funde

Die nun aufgrund der Nekropolenfunde für glaubwürdig erklärte Überlieferung hält jedoch selbst einer oberflächlichen kritischen Überprüfung nicht stand: Die mit Alba Longa identifizierten Nekropolen beim modernen Castel Gandolfo enden spätestens um die Mitte des 8. Jahrhunderts: Dieses Datum lässt sich nicht mit der angeblichen Zerstörung der Stadt durch den erst um die Mitte des 7. Jahrhunderts regierenden Tullus Hostilius gleichsetzen. Auch die Zahl der Fundstätten in den Albaner Bergen, die als Beweis der Glaubwürdigkeit der literarischen Überlieferung über die Vielzahl früher Siedlungen in ganz Latium gelten soll, besagt wenig; mit Rom und Gabii – beide liegen nicht in den Albaner Bergen – wurden insgesamt acht frühe Siedlungen festgestellt; man ist also weit von der Zahl 53 bei Plinius wie auch von den 29 Siedlungen des Dionys und sogar von den 18 Diodors entfernt.

Man möchte daher annehmen, dass die Listen Namen von Gemeinschaften enthalten, die sich um das religiöse Zentrum auf dem höchsten Gipfel der Albaner Berge scharten (950 m: *Mons Cabus*, heute Monte Cavo), um sich gegenseitig zu schützen und auch von jenem Wohlstand zu profitieren, den ein religiöser Mittelpunkt mit seinen Feiern und Jahresmärkten bot: Die Bezeichnung (*Montes*) *Albani* enthält die vorindogermanische Wortwurzel *alb-*, die so viel wie „Berg", „Fels" bedeutet; die eingewanderten Latiner fanden also den Landschaftsnamen bereits vor, übernahmen ihn sowie vielleicht auch eine uralte Kultstätte.

Wie diese „albensischen Gemeinden" organisiert und untereinander verbunden waren wissen wir im Einzelnen nicht; es ist jedoch wohl anzunehmen, dass eine von den Gemeinden führend war – am ehesten die von der Überlieferung erwähnte Alba (Longa), das entweder von Anfang an eine führende Rolle in der Kultpflege hatte oder erst im Laufe der Zeit die Aufsicht darüber übernahm. Eine auf sakrale Amtsträger – Opferer, Leiter oder Vorsteher von Kulten oder die auch dort bezeugten Könige – zurückgehende Überlieferung dürfte die Nachricht von einer hohen Anzahl von Teilnehmern (aus dem Umland?) am früh belegten Iupiter-Kult auf dem Albaner Berg bewahrt haben; diese Erinnerung fand ihren Niederschlag in den deutlich später niedergeschriebenen Listen.

Wie, wann und warum die archäologisch festgestellten Siedlungen auf den Albaner Bergen verschwanden, wissen wir nicht. Dies geschah wahrscheinlich, als sich Rom um die Vorherrschaft in Latium bemühte, jedoch aus religiösen Gründen den Ort Alba nicht ohne weiteres verdrängte, sich vielmehr als Kolonie von Alba deklarierte und damit seinen Anspruch auf die Vorherrschaft in Latium legitimierte.

Die Frühzeit Latiums in Überlieferung und Forschung

III.

Für die antike Überlieferung entstand Rom als eine Gründung des Romulus. Dionys von Halikarnass (1,72 ff.) bringt einen breit angelegten Überblick der antiken Historiographie zum Thema. Ihm, Cicero (De re publica 2,2), Livius (1,3 ff.) und Plutarch (Romulus) verdanken wir die ausführlichsten Darstellungen der Gründungsgeschichte Roms.

Rom als Gründung des Romulus

Die Gründungsgeschichte Roms
Nach der geläufigsten Version der Romulussage – die Sage hat zahlreiche Varianten – setzte Amulius seinen Bruder Numitor, den Sohn und Nachfolger des Prokas, des Königs von Alba Longa, ab und bemächtigte sich des Thrones. Die Tochter des Numitor, die eigentlich zur Jungfräulichkeit vorherbestimmte Vesta-Priesterin Rhea Silvia, gebar dennoch die Zwillinge Romulus und Remus; sie sollen Söhne des Kriegsgottes Mars gewesen sein. Amulius setzte die Kinder in einem Korb im Tiber aus; der Korb landete nahe einem Feigenbaum (*ficus Ruminalis*) unweit der Lupercal-Höhle am Fuße des Palatins; hier wurden sie von einer Wölfin gesäugt und somit gerettet. Der Hirte Faustulus zog die Kinder auf. Als sie erwachsen waren, töteten sie Amulius und setzten den Großvater Numitor auf den Thron von Alba Longa. Später gründete Romulus eine neue Stadt, Rom, nachdem er seinen Bruder Remus getötet hatte.

Demnach war Romulus mit seinem Zwillingsbruder Remus von göttlicher Geburt; nach der Geburt wurden die Kinder ausgesetzt und wunderbar durch eine Wölfin errettet, die sie säugte. Romulus, der im 8. Jahrhundert gelebt haben soll (Dionys von Halikarnass 1,45,3), gründete später Rom und schuf politische Institutionen (Livius 1,8).

Der Name Romulus dürfte dem etruskischen Personennamen *Rumele* entsprechen, den man von einem im Etruskischen erstmals im 6. oder 5. Jahrhundert in Volsinii (heute Orvieto) bezeugten Familiennamen – *Jrus rumilnas* (ET Vs 1.35, aber richtiger: *rumelnas*) und wohl auch von dem nach dem 3. Jahrhundert in Vulci bezeugten *rumlnas sethres* (ET Vc 1.99) ableiten kann.

Der Name des Romulus

In Etrurien lässt sich *rumelnas* (und *rumlnas*) mit einer Familie des mittleren Standes verbinden; in Rom ist um die Mitte des 5. Jahrhunderts eine Familie der *Romilii* belegt und, entsprechend, ein Territorialbezirk nahe Rom, den die Römer den Veientern abgenommen hatten (*Romulia tribus*: Festus 331,1 L.; *tribus Romilia*: Varro, De lingua latina 5,56). Dies bedeutet, dass man weder in Etrurien noch in Rom den Namen *Rumele*, *Romulus* von vornherein mit Herrscherpersönlichkeiten verband. Die Existenz eines dem „Romulus" entsprechenden Personennamens bei den Etruskern ist kein Hinweis auf die Geschichtlichkeit des Gründers von Rom. Es waren vielmehr griechische Schriftsteller, denen die Ähnlichkeit zwischen dem Namen Rom und dem Familiennamen der *Romilii* (oder der *Rumelna*) Gelegenheit bot, einen Gründer Roms und dessen Genealogie zu erfinden.

Die Gründung Roms durch Romulus soll „nach etruskischem Ritus" erfolgt sein (Plutarch, Romulus 11). Der „etruskische Ritus" für die Gründung von Städten war „in den etruskischen Büchern" beschrieben (Festus 358,21 f. L.). Romulus soll durch eine Furche die Mauerlinie bestimmt haben (s. Quelle).

Die Gründung Roms

Das angeblich von Romulus gegründete Rom hätte jedoch gar nicht nach einem etruskischen Stadtgründungsritus angelegt werden können, da es im 8. Jahrhundert noch keine etruskischen Städte gab. Auch lässt sich in

53

Etrurien selbst ein solcher Ritus bislang nicht nachweisen; eine Ausnahme bieten die in der zweiten Hälfte des 6. Jahrhunderts gegründete Siedlung beim modernen Städtchen Marzabotto, 30 km südlich von Bologna, und Spina an der Po-Mündung, denn die rechtwinkelig angelegten Straßen legen den Gedanken einer planmäßigen Gründung und Beachtung derartiger Vorschriften nahe; in diesem Fall wäre der Zeitpunkt der Gründung dieser Siedlung lediglich ein *terminus ante quem* für die Ausarbeitung von Gründungsriten im etruskischen Kulturbereich Norditaliens.

Der etruskische Stadtgründungsritus
(Plutarch, Romulus 11)

Der Gründer befestigte an einem Pflug eine eherne Pflugschar, spannte einen Ochsen und eine Kuh davor und zieht selbst, rings an der Stadtgrenze entlanggehend, eine tiefe Furche, und Aufgabe der Hinterhergehenden ist es, die Schollen, die der Pflug aufwirft, nach innen zu werfen und darauf zu achten, dass keine draußen bleibt. Durch diese Linie bestimmen sie den Verlauf der Mauer, und man nennt sie zusammengezogen *pomerium*, das heißt „hinter der Mauer". Wo man ein Tor einzulegen beabsichtigt, zieht man die Pflugschar heraus, hebt den Pflug hinüber und schafft so einen Zwischenraum. Daher gilt die ganze Mauer geweiht außer den Toren.

Das Datum der Gründung

Das Datum der Gründung Roms ist bei den einzelnen Autoren unterschiedlich angegeben und dies zeigt, dass eine einheitliche Überlieferung fehlte. Bereits in der Antike schwankte man zwischen den Jahren um 1100 v. Chr. (z. B. Eratosthenes FGrHist 241 F45: Romulus war Sohn des Ascanius und Enkel des Aeneas), um 1090 v. Chr. (Ennius, Annales 154–5 Skutsch), 814 v. Chr. (Timaios von Tauromenion bei Dionys von Halikarnass 1,74,1), 753 v. Chr. (Varro bei Cassius Dio 43,42,3), 751 v. Chr. (Cato bei Dionys von Halikarnass 1,74,2), 747 v. Chr. (Fabius Pictor bei Dionys von Halikarnass 1,74,1) und dem Jahr 728 v. Chr. (Cincius bei Dionys von Halikarnass 1,74,1). Timaios war der Erste, der die Gründung Roms mit der Gründung von Karthago im Jahre 814 v. Chr. gleichsetzte. Als offizielles Gründungsjahr setzte sich Varros Datierung auf das Jahr 753 v. Chr. durch, aber offenkundig verfügten die Autoren über keine verlässlichen Gewährsleute. Rom verwendete dieses Datum für seine Zeitrechnung „seit der Gründung der Stadt" (*ab urbe condita*).

Die archäologische Forschung nimmt einen kulturellen Aufschwung um die Mitte des 8. Jahrhunderts an und verbindet ihn mit dem von der Überlieferung angegebenen Gründungsdatum. In Rom sind jedoch Gräbergruppen auf dem Palatin und in der Forum-Senke bereits ab dem 10. Jahrhundert bezeugt. Auf dem Esquilin ist der kulturelle Aufschwung ab der ersten Hälfte des 9. Jahrhunderts wie in Latium und etwas später als in Etrurien nachgewiesen. Die archäologischen Funde zeigen also, dass Rom im Zuge einer lang dauernden, Etrurien und Latium erfassenden Entwicklung entstanden ist; von einer punktuellen Gründung nach dem Modell der griechischen Kolonisation kann somit keine Rede sein.

Die Mauer und die Hütte des Romulus

Nach der literarischen Überlieferung baute der erste König von Rom, Romulus, eine Stadtmauer (Livius 1,7,3) und einen Graben (Diodor 8,6,1). Nach seinem Tod soll er heroisch verehrt worden sein: In republikanischer

Zeit befand sich eine Kultstätte des Romulus auf dem Palatin (Dionys von Halikarnass 1,79,11). Dort kamen die Reste einzelner Hütten ans Licht, eine davon unweit des späteren Hauses des Augustus. Darüber hinaus wurden am Nordhang des Hügels die Reste einer etwa 10 m langen Mauer ans Licht gebracht, die sich unterhalb eines späteren Hauses befunden hatte. Die älteste Schicht des Mauerabschnittes wurde anhand von Keramik aus dem Fundamentgraben ins 8. Jahrhundert (730–675 v. Chr.) datiert.

Die Fundamente der Hütte auf dem Palatin und Teile einer am Nordhang des Palatins errichteten Mauer wurden mit der nach der Überlieferung errichteten Kultstätte und der Mauer des Romulus gleichgesetzt. Die Historizität des Romulus und die Glaubwürdigkeit der Tradition um diese Gestalt schienen mit der Auffindung der Hüttenfundamente und der Mauer bewiesen. Ein Teil der Forscher nennt daher die Mitte des 8. Jahrhunderts „Zeit des Romulus".

Die Annahme, dass Romulus im 8. Jahrhundert die Mauer am Abhang vom Palatin errichtete, beruht auf dem archäologischen Befund, welcher die Mauerreste ins 8. Jahrhundert datiert, und auf der Überlieferung, wonach Romulus im 8. Jahrhundert lebte und auf dem Palatin eine Stadtmauer errichtete (Livius 1,7,3; 8,4; Dionys von Halikarnass 2,37,1). Die kritischere Forschung hat jedoch sachliche und methodische Einwände gegen die allzu überlieferungsgläubige Beurteilung der antiken Baureste erhoben.

Die Mauer wies nämlich vier Phasen auf: Die älteste (730–675) bestand aus einem Fundamentgraben, der aus dem Abhang des Palatins ausgehöhlt wurde und auf dem sich die 1,40 m starke frei stehende Mauer aus Tuffbruchstein erhob. Das aufgehende Mauerwerk bestand wahrscheinlich aus Holz und Lehmziegeln, hinter der Mauer blieb ein 15 m breiter Streifen mit einer Palisade, welche die Mauer vom Siedlungsareal abgrenzte. Die im Fundamentgraben gefundenen Scherben italogeometrischer Keramik entstanden gegen Ende des 8. Jahrhunderts, die rötlichen Fragmente einer Schale sind etwas jünger. Danach (675–600 v. Chr.) errichtete man eine breite zweischalige Mauer aus Tuffblöcken, der Zwischenraum wurde mit Lehm aufgefüllt, etwas später kam ein künstlicher Graben hinter der Mauer hinzu. Um das Jahr 600 v. Chr. wurde eine 70 cm dicke Mauer aus unregelmäßigen Tuffblöcken gebaut. Mitte des 6. Jahrhunderts wurde die Anlage zerstört, der Graben aufgefüllt und eine zweite Mauer errichtet. Das Gelände wurde um 530 v. Chr. endgültig planiert und an dieser Stelle entstanden archaische Häuser.

Der archäologische Befund erweist sich als höchst unsicher, denn es handelt sich nur um geringe bauliche Reste, die viel Raum für die Interpretation der Anlage offen lassen: Da zudem die Bautechnik der 10 m langen Mauer nicht genau zeitlich einzuordnen ist und die in diesem Bereich gefundene Keramik keine enge zeitliche Bestimmung zulässt – weder Form noch Typus weisen besondere Auffälligkeiten auf –, lehnt ein Teil der Forschung eine Datierung der Anlage ins 8. Jahrhundert und eine Deutung als Mauer des Romulus ab. Auch kennt man solche Befestigungsmauern in Italien im 8. Jahrhundert bisher nicht: Der Vergleich mit zeitgenössischen Anlagen ergab nämlich, dass eine frei stehende Mauer als Befestigung im 8. bis 6. Jahrhundert anachronistisch ist. Erwähnenswert ist auch, dass

Livius für die Zeit vor 600 v. Chr. keine exakte Beschreibung der Mauer Roms gibt.

Auch die Reste der so genannten Romulus-Hütte (s. S. 55) lieferten für sich keine näheren Hinweise bezüglich ihrer ursprünglichen Verwendung. Es war vielmehr das Wissen um die literarisch überlieferte angebliche Regierungszeit des Romulus sowie die ihm zugeschriebene Erbauung der ersten Stadtmauer auf dem Palatin, die zur angesprochenen Datierung der archäologischen Schichten verleitet hat. Diese auf methodisch unzulässigem Weg gewonnene Datierung war jedoch in weiterer Folge der Ausgangspunkt der ganzen These, nämlich, dass die Reste der beschriebenen Mauer der literarisch bezeugten Romulus-Mauer gehören. Die Reste der so genannten Romulus-Mauer sind dagegen als Reste einer anderen, nicht näher identifizierbaren Anlage anzusehen.

Die Nachfolger des Romulus: Die ersten drei Könige Roms

Die Nachfolger des Romulus treten in der Überlieferung als genau definierte Persönlichkeiten auf. Die „kanonische" Fassung kennt sieben Könige; ihre Regierungszeiten gibt Dionys von Halikarnass (1,75) an: Der aus dem Sabiner-Land stammende Numa Pompilius (Plutarch, Numa 1 ff.) habe von 715 bis 672 v. Chr. regiert (Livius 1,18–21; Dionys von Halikarnass 2,58–76), neue Kulte eingeführt, Tempel erbaut, die Romulus-Mauer erweitert und den Quirinal mit einbezogen (Dionys von Halikarnass 2,62,5) sowie den Kalender geschaffen (Livius 1,19,6). Tullus Hostilius (672–640 v. Chr.; Dionys von Halikarnass 3,1 ff.) habe die Alleinherrschaft Roms in Latium angestrebt und Alba Longa zerstört, demokratische Einrichtungen wie die Volksversammlung geschaffen, wofür er einen geeigneten Platz (*comitium*) auf dem Forum reservierte, das Haus des Ältestenrates (*curia*) und den Kerker (*Tullianum*) gebaut sowie den Hügel Caelius in die Stadt mit einbezogen (Dionys von Halikarnass 3,1,5). Ancus Marcius habe von 640 bis 616 v. Chr. regiert (Dionys von Halikarnass 3,35 ff.), die Herrschaft über Latium nach einem Sieg über die Latiner errungen, den Ianiculus und den Aventin miteinbezogen (Dionys von Halikarnass 3,43,1–2) und den Hafen von Ostia erbaut. Es folgten die drei so genannten „etruskischen" Könige, die von 616 bis 508 v. Chr. regiert haben sollen (s. S. 125 ff.).

Die Überlieferung stimmt über die Anzahl der Könige von Rom nicht überein. Sie verfügte offenkundig über keine sicheren Angaben. Auch Aulus Vibenna (*Chronograph vom J. 354*) und Titus Tatius (Livius 1,13,8) sollen Könige in Rom gewesen sein – damit kommt man auf neun Könige; Dionys von Halikarnass erwähnt allerdings Tatius als König nicht.

Neuere linguistische Überlegungen führten zum Ergebnis, dass die Namen der ersten vier Könige von Rom den sprachgeschichtlichen Regeln zur Zeit des letzten Drittels des 7. Jahrhunderts entsprechen und daher nach *Rix* historisch ernst zu nehmen sind. Die aus einem einzigen Namen bestehende Benennung des Romulus macht keine Schwierigkeit, denn dieser hatte angeblich keinen (sterblichen) Vater.

Was die Namen der Nachfolger des Romulus, Numa Pompilius, Tullus Hostilius und Ancus Marcius betrifft, so stellt *Rix* fest, dass die Namen der ersten beiden Königen aus einem Personennamen (Numa, Tullus) und aus dem vom Patronymikon abgeleiteten Gentilnamen Pompilius (= Sohn des Pompo Pompilius: Dionys von Halikarnass 2,58,2) bzw. Hostilius (= Sohn des Hostus Hostilius: Macrobius, Saturnalia 1,6,16 bzw. Enkel desselben:

Livius 1,12,3; 22,1) bestehen. Der Name von Ancus Marcius besteht hingegen aus dem Personennamen Ancus und dem Gentilnamen Marcius (Plutarch, Numa 21,5), den schon sein Vater Numa (Sohn des Marcus: Livius 1,20,5) trug, bei dem Marcius noch Patronymikon war. Die Bildung vom Gentilnamen aus dem Personennamen des Vaters gilt also für Numa und Tullus, nicht aber für Ancus, welcher den Namen des Großvaters als Gentilnamen trug. Da in Rom der Übergang vom Patronymikon zum Gentilnamensystem in der zweiten Hälfte des 7. Jahrhunderts erfolgte, dürften die Namen dieser Könige eben damals entstanden sein, nämlich in einer Zeit, in der man noch beide Verfahren kannte; später hätte man ein solches Verfahren nicht mehr angewendet, auch hätte man dafür keinen Anhaltspunkt mehr gehabt. Auf die enge Verbindung zwischen Gentilnamen und Patronymikon weist auch Dionys von Halikarnass (3,48,2) hin: Er verbindet den Hinweis mit dem Etrusker Lucumo, dem Sohn des Demaratos von Korinth, welcher nach Ancus Marcius als Lucius Tarquinius (Priscus) König von Rom wurde (s. S. 125 f.).

Freilich beweist die richtige Namenbildung nicht die Historizität ihrer Träger und deren Stellung in Rom. Es kann sich ebenso gut um allgemein verbreitete oder mythische Namen gehandelt haben.

Die Überlieferung zu den ersten vier Königen von Rom zeigt das Bild einer mit Sagenmotiven ausgeschmückten, historisch nahezu wertlosen mythischen Überlieferung: Romulus und der Zwillingsbruder Remus sind Söhne des Gottes Mars; Romulus erscheint zudem als ein „Kulturheros", der den Römern verschiedene Einrichtungen vermittelt habe und schließlich in den Himmel aufgefahren bzw. aus der Welt der Sterblichen entschwunden sei (Livius 1,16,8). Auch Numa wiederum wird von einem überirdischen Wesen, der Nymphe Egeria, zu seinen Reformen angeregt.

Mythen um Romulus und seine Zeit

Die Überlieferung ist nicht einheitlich, ein Zeichen dafür, dass die antiken Autoren über keine übereinstimmenden Quellen verfügten. Nach Alkimos (aus Sizilien, zweite Hälfte des 4. Jahrhunderts v. Chr.: FGrHist 560 F 4; 840 F 12) war Rom eine Gründung des Rhomos: Dieser sei Sohn eines Rhomylos und Enkel des Aeneas gewesen. Andere Autoren, darunter Hegesianax von Alexandrien (in der Troas; 2. Jahrhundert v. Chr.) bei Dionys von Halikarnass (1,72,1 f.) nennen Rhomos jedoch Bruder des Rhomylos, wieder andere bezeichnen Rhomylos als Gründer Roms (Dionys von Halikarnass 1,73,2). Immerhin offenbaren hier die Quellen Kenntnis des Familiennamens Romilii, von dem man wegen der phonetischen Ähnlichkeit zu „Rom" den Namen des eponymen Ahnherrn Romulus als Gründer von Rom abgeleitet hatte. Allerdings fehlen Zeugnisse über Romulus als Stammvater der Romilier, vielleicht weil er zum Ahnherrn aller Römer (Romani) gemacht worden war.

Allgemein verbreitete Motive sind der Königsmord und Palastverschwörungen wie am Hof von Tullus Hostilius, die universalgeschichtlich überall dort auftreten, wo Macht im Spiel ist. Auch das **Motiv der Kindesaussetzung** ist ein weltweit bekanntes Sagenmotiv. Frei erfunden sind vermutlich auch die Tätigkeitsmerkmale der frühen Könige von Rom, welche abwechselnd Gesetzgeber (Numa und Tullus Hostilius) und Heeresführer (Tullus und Ancus Marcius) gewesen sein sollen.

Das Motiv der Kindesaussetzung

Die Aussetzung von einzelnen Kindern bzw. von Zwillingen war in Griechenland bereits u.a. von Herodot, (1,111 f.), Hellanikos (FGrHist 4 F 84) und Sophokles (Tyro Frg. 1–2 Lloyd-Jones) erwähnt worden. Bei Nikandros von Kolophon (um die Mitte des 3. Jahrhunderts v. Chr.; Frg. 46 Schneider) ist die Geschichte von Miletos überliefert, dem Sohn des Apollon und der Akakallis und Gründer der kleinasiatischen Stadt Milet, der von der Mutter ausgesetzt, von Wölfen genährt und von Hirten aufgezogen worden war. Tiere werden als geheimnisvolle, gefährliche, ja übernatürliche Wesen angesehen. Vor allem durfte ein Kind göttlicher Abstammung zunächst keine irdischen Eltern und kein Elternhaus haben. Wunderbare Errettung ist typisch für diese Kinder göttlichen Ursprungs, zu denen auch historische Gestalten wie Sargon, der König von Akkad (um 2350 v. Chr.), und Kyros I. von Persien (Mitte des 6. Jahrhunderts v. Chr.) gezählt wurden.

Die Überlieferung enthält Widersprüche: So steht etwa der Hinweis auf das nach der Gründung dünn besiedelte Rom – man musste sabinische Frauen rauben, um die Kontinuität der Gemeinde zu garantieren (Livius 1,9) – im Gegensatz zum breit angelegten politischen Programm des Romulus, dessen Einteilung der Bevölkerung in Klassen eine hohe Anzahl von Bewohnern voraussetzt. Ebenso stehen die vielen Regierungsjahre König Numas im Gegensatz zur Nachricht, dass er als schon betagter Mann König wurde.

Aitiologien treten bei der Umwidmung älterer Bauten auf: Eine alte Hütte auf dem Palatin wurde im 3. Jahrhundert als Haus des Romulus zu einer Gedenkstätte, so wie man einen archaischen, ehrwürdigen Grabhügel in Lavinium zur Kultstätte des Aeneas (s. S. 72) machte. Dazu zählen auch eine ganze Reihe römischer Feiern und Feste, deren Ursprung man nicht mehr kannte und wohl im 3. Jahrhundert mit Romulus verband.

Auch das Einbeziehen realer Örtlichkeiten in die Überlieferung über die frühe Königszeit, wie etwa den Lupercal oder den heiligen Hain, in dem der greise König Numa die ratgebende Nymphe Egeria getroffen haben soll, oder die minutiöse Beschreibung von Schlachten beweisen die Historizität der Überlieferung nicht. Ähnliches gilt für Ortschaften Latiums und Etruriens wie Fidenae und Veji, wo nicht so sehr die langwierigen militärischen Auseinandersetzungen des Ancus Marcius stattfanden, wie Dionys von Halikarnass (3,40f.) berichtet, sondern erst im 5. Jahrhundert große Schlachten ausgefochten wurden.

Bei der Schaffung einer zusammenhängenden Überlieferung sind auch Erfindungen zum Ruhm der eigenen Sippe eingeflossen: So gab es spätere römische Adelsfamilien, die sich eine angesehene Vergangenheit zurechtzimmerten, indem sie die eigenen Namen auf die Namen der frühen Könige von Rom zurückführten. Im Falle des Geschlechtes der Marcii Reges ist diese Vorgangsweise offenkundig: Sie konstruierten ihren Stammbaum erst, nachdem Marcus Marcius als erster Plebeier Opferkönig geworden war; dies geschah vor dessen Sterbejahr 210 v. Chr. (Livius 27,6,16). Der Beiname Reges ist zum ersten Mal 171 v. Chr. belegt (Livius 43,1,12).

Die Wölfin — Zu den Anachronismen gehört auch das wohl bekannte Motiv der Wölfin als Nährmutter des (göttlichen) Romulus, welches in Rom nicht vor dem Beginn des 3. Jahrhunderts belegt ist. In Rom selbst ist die Sage von der Wölfin erst im Jahr 296 v. Chr. fassbar, als die Ädilen Gnaeus und

Quintus Ogulnius die Statuen zweier Kinder stifteten: Sie wurden „unterhalb der Euter der Wölfin" (Livius 10,23,11) angebracht. Diese Statuengruppe befand sich beim Lupercal nahe dem Feigenbaum, in dessen Schatten die Zwillinge geruht haben sollen. Die Ausarbeitung einer politisch nutzbaren Version der Sage zeigt sich im Jahre 269 v. Chr., als Rom unter dem Konsulat von Quintus Ogulnius Gallus und Gaius Fabius Pictor in Kampanien Silberdidrachmen mit der Wölfin und den Zwillingen prägen ließ (Parise Presticce 2000, Abb. 1).

In augusteischer Zeit befand sich die Statue einer „altertümlichen" Wölfin im Lupercal (Dionys von Halikarnass 1,79,8) und eine zweite Statue einer vergoldeten Wölfin auf dem Kapitol; diese wurde im Jahre 65 v. Chr. von einem Blitz getroffen (Cicero, De divinatione 1,12; 20). Die Bronzestatue einer Wölfin ohne Zwillinge aus der Zeit 490–470 v. Chr., die so genannte **„kapitolinische Wölfin"**, ist auf uns gekommen und befindet sich heute im Museum des Konservatorenpalastes auf dem Kapitol in Rom.

> **Die „kapitolinische Wölfin"**
> Die Herkunft der „kapitolinischen Wölfin" ist unklar und in der Forschung umstritten. Ob diese Wölfin mit der Wölfin des Lupercals gleichzusetzen ist oder ob es sich um verschiedene Statuen handelte, ist schwer zu entscheiden: Die „kapitolinische Wölfin" ist nämlich in frontaler Ansicht und Angriffshaltung dargestellt, was ihre Identifizierung mit der Wölfin der Ogulnier, die beim Lupercal aufgestellt war, und jener auf den Silbermünzen ausschließt, da diese Wölfin nach der überlieferten Beschreibung schützend zu den Kindern hingeschaut haben soll. Sicher ist nur, dass die „kapitolinische Wölfin" nicht mit derjenigen gleichzusetzen ist, die sich zur Zeit des Augustus auf dem Kapitol befand, vergoldet war und vom Blitz getroffen wurde: Die erhaltene „kapitolinische Wölfin" zeigt nämlich keine Spuren von Vergoldung.

Der Wolf war bei den sabellischen Stämmen ein Totemtier der Lukaner und der Hirpiner, denn beide Namen sind aus dem Wort für „Wolf" abgeleitet. Es liegt daher durchaus im Bereich des Wahrscheinlichen, dass die Sage von der Wölfin als Nährmutter im sabellischen Kulturkreis ausgearbeitet worden war und von dort nach Latium oder Etrurien kam.

Am frühesten ist die Wölfin als Nährmutter in der Tat bei den Etruskern bezeugt. Die „kapitolinische Wölfin" gilt als etruskisches Werk: Neuere mineralogische Untersuchungen zeigen, dass die Tonerde der Gussform aus einem Gebiet zwischen Rom und Orvieto, das Blei der Legierung aus Sardinien kommt. Ebenso ins 5. Jahrhundert gehört das Relief auf einer etruskischen Grabstele aus Bologna mit der Darstellung einer Wölfin, die ein Kind unter sich birgt und säugt (Parise Presticce 2000, Abb. 2). Man wird sich daher fragen, ob eine Sage mit einer Wölfin im 6. Jahrhundert im etruskischen Kulturkreis entstand – Tarchon, der Gründer Tarquinias, und Tyrrhenos, der Stammvater der Etrusker, wurden mit Wölfen verglichen (Lykophron, Alexandra 1248) –, ehe sie von Rom im 3. Jahrhundert über griechische Vermittlung übernommen wurde, um den übernatürlichen Ursprung des Stadtgründers Romulus zu beweisen. Das etruskische Relief mit der Wölfin und einem Kind dürfte eine frühe etruskische Version der Sage wiedergeben, die im etruskischen Kulturbereich im 5. Jahrhundert noch bekannt war, nämlich, dass die Wölfin nur ein Kind gesäugt hatte.

Wann aus dem einzigen Kind Zwillinge wurden, ist schwer zu sagen: Die bei Alkimos belegten Rhomylos und Rhomos (s. S. 57), welche bei Dionys von Halikarnass (1,72,1) mit Hinweis auf Hegesianax von Alexandrien als Geschwister auftreten, legen den Gedanken nahe, dass die Verdoppelung der ursprünglichen Gestalt im griechischen Kulturbereich vor der zweiten Hälfte des 4. Jahrhunderts v. Chr., als Alkimos lebte, erfolgte. Vor der Mitte des 4. Jahrhunderts v. Chr. wurde eine Wölfin mit zwei Kindern auf einem Spiegel aus Volsini-Bolsena dargestellt; das Motiv muss in Zusammenhang mit der Wölfin der Sage gesehen werden. Form und bildliche Verzierung dieses Spiegels zeigen Einflüsse des etruskischen Kulturkreises. Die Etrusker könnten also die neue Version der Sage sehr früh übernommen haben, oder sie waren selbst ihre Urheber. In der Forschung ist die Rolle der Etrusker in der Ausarbeitung der römischen Version dieser Sage kaum untersucht worden.

Aeneas Es gibt schließlich eine griechische Überlieferung, die eine Verbindung der zwei ursprünglich getrennten Sagen um Romulus und Aeneas erfand. Aeneas wurde mehr und mehr zum offiziellen Ahnherrn der Römer und Romulus, der Gründer Roms, zu seinem Nachkommen.

Relativ früh ist die **Aeneas-Sage** in Etrurien belegt: Aeneas mit dem Vater Anchises und seinem Gefolge ist auf schwarz- und rotfigurigen attischen Vasen (ca. 525–470 v. Chr.) dargestellt, von denen 17 aus Etrurien, 10 aus Süditalien und Sizilien stammen, nur eine einzige wurde in Athen gefunden; vermutlich ins 5. Jahrhundert gehören auch eine etruskische Gemme und vier Tonstatuetten mit der Darstellung des nackten und bartlosen Aeneas mit Anchises auf den Schultern, die im etruskischen Veji ans Licht kamen.

E | **Die Aeneas-Sage**
Die Erzählung des aus Troia fliehenden Aeneas hatte bereits der Dichter Stesichoros von Himera auf Sizilien (6. Jahrhundert v. Chr.) in seinem Werk über den Fall Troias behandelt, von dem nur Bruchstücke erhalten sind. Nach der griechischen Sage war Aeneas Sohn der Göttin Aphrodite und des Troianers Anchises. Als Einziger der Troianer entkam er dem Brand Troias und gelangte mit dem Vater, dem Sohn Ascanius und den troianischen Hausgöttern (*Penates*) unter dem Schutz der göttlichen Mutter nach Italien.
Aeneas mit Ascanius und Anchises mit den Penaten auf der Flucht von Troia und auf dem Weg nach Italien sind auf einem kaiserzeitlichen Relief dargestellt, wobei Personen und Handlungen auch durch Beischriften benannt sind (*Tabula Iliaca*: IG XIV, 1284).

Die Aeneas-Sage ist also in Etrurien noch vor dem Ende des 5. Jahrhunderts rezipiert worden. Angesichts dieses Befundes kann man sich fragen, ob sie direkt oder erst über etruskische Vermittlung nach Rom kam. Die unsichere Datierung der etruskischen Statuetten verbietet eine eindeutige Antwort; bei dem im 3. oder 2. Jahrhundert schreibenden Dichter Lykophron (Alexandra 1239 ff.) kommt die Aeneas-Sage erst nach Etrurien, ehe sie nach Lavinium gelangt.

Im späten 5. Jahrhundert arbeiteten die griechischen Historiographen Hellanikos von Lesbos (bei Dionys von Halikarnass 1,72,2) und Damastes von Sigeion (Suda s.v. Damastes) sowie im 4. Jahrhundert westgriechische Autoren (Alkimos aus Sizilien: FGrHist 560 F 4) die Sage einer Gründung Roms durch den Troianer Aeneas aus, um die Gründung der Städte Italiens auf sagenhafte homerische Helden zurückzuführen. Die griechische Überlieferung erfand schließlich auch eine Verbindung der zwei ursprünglich getrennten Sagen um Romulus und Aeneas, zum Zweck der kulturellen und der politischen Legitimation: Denn das Heranziehen der Aeneas-Sage aus dem Sagenkreis des Krieges um Troia geschah in einer Zeit, in der man eine Verbindung zwischen dem griechischen Kulturbereich und Italien herstellen wollte, also nach dem 4. Jahrhundert, als Rom sich politisch mit dem griechischen Kampanien befasste. Ihre politische Instrumentalisierung begann Anfang des 3. Jahrhunderts.

Fabius Pictor, auf griechische Historiker zurückgreifend, legte nach dem 1. Punischen Krieg seine Geschichte und somit die endgültige Fassung der Sage vor: Er verband die Aeneas-Sage mit der Romulus und Remus-Legende und stellte sie in einen schlüssigen historischen Rahmen: Die chronologische Lücke zwischen dem Brand Troias im 12. Jahrhundert und der Gründung Roms im 8. Jahrhundert füllte er mit einer Reihe von erfundenen Aeneas-Nachkommen als Königen von Alba Longa auf. Auf Fabius Pictor, der als Konsul (269 v. Chr.) die Silberdidrachmen mit der Wölfin und den Zwillingen hatte prägen lassen (s. S. 59), geht jedenfalls die spätere offizielle römische Fassung der Sage von der Gründung Roms zurück.

In der Nachfolge des Fabius Pictor übernahm Cato der Ältere trotz betont antigriechischer Haltung die von Griechen ausgearbeitete Frühgeschichte der Städte und Völker Altitaliens, darunter Roms. Diese griechische Tradition wurde von den Italikern durchaus akzeptiert, ja sie war von diesen sogar zu ihrer historischen Identitätsstiftung verwendet worden und so Teil der einheimischen Tradition geworden.

Neben Aeneas finden sich auch Hercules, Euander, Pallantes, Cacus u. a. als Stammväter der Römer, ein Zeichen, dass der griechische Bezug vielfältig war. Die geläufigste Version blieb jedoch diejenige, nach der Aeneas der Stammvater der Römer war.

b) Die Forschung (in Auswahl)

In den letzten Jahrzehnten wurden mehrere Thesen zur Entstehung Roms ausgearbeitet, die seit den sechziger Jahren auf zwei Hauptthesen zurückgehen: diejenige einer punktuellen Stadtgründung nach *Gjerstadt* und diejenige einer allmählichen Stadtwerdung nach *Müller-Karpe*.

Stadtgründung und Stadtwerdung

Unter „Stadtgründung" versteht *Gjerstadt* den Zusammenschluss mehrerer Siedlungen auf dem Forum, dem Esquilin und dem Quirinal um die Mitte des 8. Jahrhunderts. Nach der These der „Stadtwerdung" breitete sich die aufgrund der Gräber im Bereich des Palatins und des Forums erschlossene Ursiedlung auf dem Palatin und an der Velia in Richtung Esquilin aus: Rom wäre somit bereits im 8. Jahrhundert eine ausgedehnte Siedlung. Die ursprüngliche Siedlung auf dem Palatin habe den Gründungsakt vorgenommen; die anderen Siedlungen hätten sich im Laufe der Zeit dieser Gemeinde angeschlossen, woraus Rom entstanden sei. Die Übergangsphase von den unabhängigen Siedlungskernen zu einer einzigen Siedlung sei im (unklar überlieferten und umstrittenen) *Septimontium*-Fest noch fassbar.

Folgende Kompromisslösung schließt weder Stadtwerdung noch Stadtgründung aus: Größere Ansiedlungen, etwa die im Bereich von Palatin und Forum, könnten aus ursprünglich unabhängigen Siedlungskernen entstanden sein, die durch feste Hand zusammengeschlossen wurden, ehe sie sich weiter ausbreiteten und weitere, dazwischen liegende Ansiedlungen miteinbezogen. Dabei könnte der Siedlungskern, der sich um die Mitte des 8. Jahrhunderts zur bedeutendsten Gemeinde entwickelt hatte, seine Vormachtstellung durch einen Gründungsakt, vielleicht auch die formelle Ziehung eines *pomerium* fixiert haben, eine durch Grenzsteine markierte heilige Furche, die in Rom den unter besonderen göttlichen Schutz gestellten sakralen Friedensraum der ummauerten Stadt von dem außerstädtischen profanen umliegenden Ackerland (*ager*), dem Geltungsbereich des Militärkommandos trennte.

c) Die Könige Roms im 8. und 7. Jahrhundert

Die Frage nach der Historizität der überlieferten Könige des 8. und 7. Jahrhunderts lässt sich nicht eindeutig beantworten. Einzelne Persönlichkeiten regten gewiss den Aufschwung des politischen und kulturellen Lebens der Stadt an, wenngleich man die überlieferten Könige – von den in republikanischer Zeit existierenden Institutionen ausgehend – zur Erklärung eben dieser Einrichtungen erfunden haben könnte. In etwas abgeschwächterer Form spricht man von einer „partiellen Historizität" der drei Nachfolger des Romulus: Darunter ist zu verstehen, dass in der Überlieferung eher eine allgemeine Erinnerung an Ereignisse, Handlungen und Persönlichkeiten weiterlebt, nicht jedoch an konkrete Ereignisse und Personen. Die Tradition hat nach *Pallottino* einen historischen Kern, „Namen und Gestalten von Königen könnten irgendwie diese Fakten darstellen und symbolisieren". Die antiken Nachrichten stehen also im Großen und Ganzen nicht in Gegensatz zur kulturellen und politischen Entwicklung, wie sie der archäologische Befund nahe legt. Aufgabe der Forschung ist es daher, authentische Fakten und (eventuell) Persönlichkeiten aus einer legendenhaften Überlieferung herauszuschälen.

Die Frage, ob es im 8.–7. Jahrhundert in Rom sozial hoch gestellte Persönlichkeiten gab, ist durchaus positiv zu beantworten; auch in Rom (Esquilin) kennt man vornehme Gräber. Diese lassen am machthaberischen Charakter solcher Gruppen keinen Zweifel. Wir wissen nicht, wann und auf welche Art und Weise sich jene hervorragenden Gruppen überhaupt bildeten. Gruppen- (Geschlechter-, Sippen-, Großfamilien-, Clan-) Bildung ist jedoch ein weltweit verbreitetes Phänomen; sie kommt bei Wanderungen ausnahmslos vor – und die Latiner sind einst Wandergruppen gewesen – und erhält sich auch nach der Überleitung der Gruppe in die Sesshaftigkeit. Denn selbst der kleinste Stamm, der mit Frauen, Kindern, Alten und dem Vieh unterwegs ist, braucht auf seinem Weg in ein mehr oder weniger unbekanntes, fremdes Land Führungskräfte, die den Marsch überwachen und bei Tag und Nacht für Sicherheit sorgen: Täglich auftretende organisatorische Probleme ergaben sich im Zuge der Übersiedlung von einer Gruppe, die aus Jungen und Alten bestand, beim Transport von unentbehrlichem Hab und Gut, bei der Suche nach dem besten Weg, beim Schutz vor Wegelagerern, bei der Bereitstellung von Nahrung und Wasser für Menschen und Tiere sowie im Zuge des friedlichen oder gewaltsamen Umgangs mit der Vorbevölkerung. Deshalb müssen wir dies auch bei den Latinern während und nach ihrer Einwanderung annehmen.

Die Macht solcher hervorragender Gruppen wurde allerdings vermutlich durch einen Einzelherrscher, einen König, eingeschränkt, dessen lateinische Bezeichnung *rex* schon aus der indoeuropäischen Ursprache stammt. Ausgangspunkt für das Amt des Königs dürfte in Gesellschaften, deren soziale Organisation noch nicht gefestigt war, die Notwendigkeit bzw. der Wunsch gewesen sein, den fähigsten Mann zum Anführer zu machen. Auf dieser Stufe der Entwicklung menschlicher Gemeinschaften kann Erblichkeit allein nicht zielführend sein. Der *rex*, der beim urtümlichen Kult im Diana-Hain von Aricia auf die eigene Tötung durch den Nachfolger wartet (s. S. 47), illustriert ein sakrales Königtum, das nicht erblich war. Oft, aber nicht immer, war der Stammes- oder Sippen-Älteste der König.

Bei den Überlebensstrategien solcher Herren spielten Magie und Religion eine große Rolle – die „Beter"-Statuetten (auch in Kriegergräbern) machen dies besonders deutlich. Man kann für diese Zeit schwer eine Grenze zwischen Herrschaftsmethode und Gemeinwohl ziehen.

Die Frage nach der Königsherrschaft im frühen Rom ist grundsätzlich von der Frage nach der Historizität der überlieferten Könige zu trennen und daher durchaus positiv zu beantworten. Angesichts des weitgehend fiktiven Charakters der literarischen Quellen ist jedoch jeder Versuch der modernen Forschung, ein detailliertes Bild der Frühgeschichte Roms auszuarbeiten, zum Scheitern verurteilt. Der archäologische Befund zeigt, dass Rom seit dem Ende des 1. Jahrtausends in jene Entwicklung eingebettet ist, die in Etrurien und Latium im Zuge einer lang dauernden Entwicklung zu höheren Kulturformen neue Lebensbedingungen schuf. Die Ausbreitung der Siedlung Rom entspricht der in ganz Mittelitalien fassbaren Tendenz in dieser Zeit.

IV. Die frühgeschichtliche Entwicklung Etruriens und Latiums (vom 7. Jahrhundert bis um 500 v. Chr.)

Um etwa 700	Beginn der „orientalisierenden" Kultur in Etrurien und Latium
Um 700	Erste etruskische Inschriften
Um 670	Erste latinische Inschrift

Durch die Übernahme der griechischen Schrift von Ischia und Kyme um 700 wurde es möglich, Gedanken und Ideologien zu fixieren sowie Erkenntnisse und Erfahrungen der Nachkommenschaft weiterzugeben. Es waren Etrusker, welche die von den Griechen übernommene Schrift im Laufe der Zeit anderen Völkern der Halbinsel wie den Latinern, Sabellern und Venetern weitergaben. Mit der Verfügbarkeit schriftlicher Quellen beginnt traditionellerweise die historische Epoche im Unterschied zur vorhergehenden schriftlosen „Vorgeschichte", doch spielt diese Unterscheidung wegen der zunächst sehr geringen Zahl von Schriftzeugnissen vorerst keine wesentliche Rolle.

1. Kulturelle Weiterentwicklung

Die Zunahme der Bevölkerung und der schnelle, kulturelle Fortschritt Etruriens und Latiums ab dem Ende des 10. Jahrhunderts im sozialen, wirtschaftlichen und religiösen Bereich gingen im 7. Jahrhundert unvermindert weiter, wie die ständige Ausdehnung der Friedhöfe und der älteren Siedlungen (Aricia, Aquae Ferentinae und Tusculum in Latium), der Ausbau neuer Siedlungen (Acquarossa in Etrurien) sowie die qualitativ und quantitativ recht unterschiedlichen Grabbeigaben zeigen; sie waren gleichsam ein Zeichen, dass auch die Bedürfnisse der Gemeindemitglieder sich geändert hatten. Die Gemeinschaft passte sich an die neuen Verhältnisse ständig an, arbeitete neue Regeln des Zusammenlebens aus und schuf neue Überlebensstrategien.

Trotz immer wiederkehrender Rückschläge nahm das Lebensniveau der Völker Mittelitaliens im Laufe ihrer Geschichte insgesamt immer mehr zu. Die Siedlungen entwickelten neue, höhere Gesellschafts- und Wirtschaftsformen, welche die Grundbedürfnisse einer ständig wachsenden Gemeinde immer großzügiger sicherten. Dazu gehörten nach wie vor die Beschaffung von Nahrungsmitteln, von Kleidung und Unterkunft und die Sicherung des Wohngebietes vor äußeren Feinden. Universalhistorisch zeigt es sich, dass reichere Gebiete nicht selten ein begehrtes Ziel von Beutezügen werden bzw. das Ziel von wenig entwickelten Gruppen, die langsam einsickern und die Einheimischen mit der Zeit zahlenmäßig übertreffen können. Das allmähliche Übersiedeln der Sabeller nach Kampanien ab dem 6. Jahrhundert und das gewaltsame Auftreten der Kelten in Oberitalien im 5. Jahrhundert machen eine solche Situation für Italien besonders augenscheinlich, denn es führte in beiden Gebieten zum Ende der etruskischen Herrschaft in diesen Teilen Italiens.

Die Machthaber trafen Maßnahmen im Interesse ihrer Gemeinde und zur Festigung ihrer eigenen Position. Man kann hier die schon beschriebenen Infrastrukturen nennen: Erbauung von Mauern und Modernisierung des Heeres, Ausbau der Landwirtschaft, des Handwerks und des Handels, Pflege der Religion in größerem Ausmaß, denn die Gemeinschaft wurde immer größer. Dies brachte die Notwendigkeit der Erhaltung des inneren Friedens und der Pflege der Beziehungen mit dem Ausland zum Zweck der gegenseitigen Hilfe mit sich.

Es kam aber die Zeit, in der die Sicherung der Lebensumstände nicht mehr als Nebentätigkeit durchgeführt werden konnte. In Mittelitalien begann dies im 7. Jahrhundert und setzte sich insgesamt mit steigender Intensität fort, in Etrurien früher als in Latium. Es bildeten sich zentrale Herrschaftsorgane. Im 6. Jahrhundert gehörten die Pflege zwischenstaatlicher Beziehungen, die Ausarbeitung völkerrechtlicher Regelungen und eine teilweise kulturelle, teilweise machtpolitische Expansion zu einer entwickelten Stufe von Staatlichkeit. Nicht anders als die Aristokraten stellten im Laufe der Zeit die Nichtadeligen höhere Ansprüche an das Leben.

Die Darstellung der historischen Entwicklung Etruriens und Latiums im 7. und 6. Jahrhundert wird dadurch erschwert, dass man nur über sehr wenige einschlägige, von Etruskern und von Latinern verfasste Texte verfügt. Im Gegensatz zu der im vorangehenden Abschnitt dargestellten Vorgeschichte wurden jedoch ab Beginn des 7. Jahrhunderts in Etrurien und im Laufe des 7. Jahrhunderts in Latium Inschriften in etruskischer und latinischer Sprache geschrieben, welche zu einem neuen Bild der weiteren Entwicklung der beiden Länder beitragen. Der Unterschied zwischen Etrurien und Latium in der Anzahl und Ausdehnung der Siedlungen blieb dennoch groß, und dies vermittelt nicht zuletzt die archäologische Dokumentation: In Etrurien stehen mehr archäologische Reste im Bereich der Architektur und der materiellen Kultur zur Verfügung als in Latium, denn in Latium gab es, anders als in Etrurien, ab dem Beginn des 6. Jahrhunderts keine Grabausstattungen mehr. Rom verfügt seinerseits über eine ausführliche historische Überlieferung zu seiner Frühgeschichte, die aber mit zahlreichen quellenkritischen Problemen verbunden ist. Die Forschung schließt aufgrund der bekannten Verhältnisse in Rom nicht selten auf ganz Latium. Methodisch ist dies durchaus richtig, denn Rom war in der Vorgeschichte eine latinische Siedlung; erst im Laufe des 6. Jahrhunderts gingen Latium und Rom eigene Wege.

Quellenproblematik

a) Die orientalisierende Kultur und ihre Träger

Ab Ende des 8. oder Anfang des 7. Jahrhunderts machten sich in Etrurien und in Latium Änderungen im Gemeinschaftsleben immer stärker bemerkbar. Bedeutende Anregungen kamen im 7. Jahrhundert verstärkt nach Etrurien (weniger intensiv nach Latium) aus den kulturell hoch stehenden Regionen des Mittelmeerraumes, aus dem Alten Orient und aus Griechenland

Einflüsse aus dem Mittelmeerraum

über die griechischen Kolonien Süditaliens. Phöniker, die im mediterranen Handelsverkehr eine große Rolle spielten, wie man auch aus Homers *Ilias* und *Odyssee* entnehmen kann, besaßen Stützpunkte auf Zypern; von hier aus erreichten sie vor dem 8. Jahrhundert die griechischen Städte der kleinasiatischen Küste oder der Ägäis und das westliche Mittelmeer, ohne jedoch in Etrurien Fuß zu fassen: Vielmehr dürften die Etrusker – zusammen mit den benachbarten Sarden – phönikische Versuche, die Erzgebiete Etruriens zu erreichen, abgewehrt haben.

Dennoch vermittelten Orientalen und Griechen den Etruskern orientalisches Gedankengut sowie manuelle und geistige Fertigkeiten, zu denen in erster Linie die Schrift gehört. Die Forschung nennt diese Epoche der Kulturgeschichte Mittelitaliens die „orientalisierende Periode", orientalische Einflüsse sind im 7. Jahrhundert auch in Griechenland evident.

Orientalisch ist die Monumentalität der Residenzen von etruskischen Herrschern, gleichsam Ausdruck weltlicher und wahrscheinlich religiöser Macht: In **Murlo** bei Siena entstand im 7. Jahrhundert ein Bau, der Anfang des 6. Jahrhunderts zu einem **„Palast"** umgebaut wurde; dieser wurde in der zweiten Hälfte des 6. Jahrhunderts gewaltsam zerstört. Der Grundriss der jüngeren Anlage hat keine Vorläufer in Etrurien, wohl die nächsten Parallelen im Herrscherpalast von Larissa am Hermos (West-Kleinasien) und von Vouni auf Zypern (Prayon 1990, Abb. 12); eine auf drei Seiten des Hofes angebrachte Säulenhalle findet sich auch bei einem Bau in der griechischen Kolonie Lokroi in Süditalien (Prayon 1990, Abb. 6). Im Innenhof befand sich ein kleines Gebäude, wahrscheinlich ein Heiligtum; Weihgeschenke sind ebenfalls belegt.

Der „Palast" von Murlo
Murlo befindet sich etwa 30 km südlich der modernen Stadt Siena in der Toskana. Hier brachten amerikanische Archäologen in den sechziger Jahren des vorigen Jahrhunderts eine Palastanlage ans Licht. Es handelt sich um einen quadratischen Bau von etwa 45 m Seitenlänge. Drei Seiten des Innenhofes waren mit einem Säulengang, die Wände des Palastes mit reliefierten Tonplatten versehen, auf dem First des Daches waren knapp lebensgroße Figuren aufgestellt. Dieser monumentale Bau ersetzte den früheren bescheideneren Bau aus dem 7. Jahrhundert.

Aus dem Orient und Griechenland kamen auch gesellschaftliche Gepflogenheiten nach Italien, etwa das Abhalten feierlicher Gelage, die ähnlich wie in Assyrien, auf Zypern und im griechischen Kleinasien auch von politischer Bedeutung gewesen sein dürften: Griechische, phönikische, urartäische, ägyptische Kessel, Geschirr, kostbare Teller und Geräte aus Bronze (Schöpfer und Sieb, Feuerböcke und Bratspieße) waren für Symposien und Bankette auf prunkvolle Art gedacht.

Die Ausstattung des Regolini-Galassi-Grabes von Caere (um 675) enthielt mehrere Gefäße aus Edelmetall und kostbare, auch in komplizierter Technik ausgeführte Schmuckstücke. Die Ausstattung der Gräber Bernardini und Barberini von Palestrina (etwa 670–650) enthielt Schmuck (Fibeln und Kopfschmuck), Gefäße aus Ton und Edelmetall und Paradewaffen aus Silber und Gold, Elfenbein-Kästchen und Plättchen, Bronzekessel, Dreifüße, Feuerböcke, Wagen und Waffen. Teile dieser luxuriösen Ausstattung kamen – direkt oder über etruskische Vermittlung – aus Zypern, Assyrien,

Phönikien und Urartu, Ägypten und Griechenland. Elfenbeingegenstände fanden sich in einem Grab von Tivoli-Acquoria, hoch qualitative protokorinthische Keramik des 7. Jahrhunderts in bemerkenswerter Zahl in einigen Gräbern auf dem Esquilin in Rom, usw.

Diese Gegenstände waren wegen ihrer Fremdartigkeit oder ihrer überlegenen Qualität begehrt und Zeichen von Luxus und Prestige für eine kleine, gehobene Gesellschaftsschicht, die sich nach dem Orient und Griechenland orientierte; sie kamen als Geschenke orientalischer Machthaber oder als Tauschobjekte, oder man importierte sie als Handelsware nach Etrurien. Hier wurden sie an die eigene Herrscherideologie angepasst: In Etrurien und in Latium wie auf Zypern wurden die kostbaren exotischen Gefäße dem Besitzer nach dem Tod mit ins Grab gegeben, in Griechenland in Heiligtümern aufgestellt, in Assyrien blieben sie in den Palästen der Könige.

Aus dem griechisch-orientalischen Kulturbereich kamen neue, ertragssteigernde landwirtschaftliche Techniken nach Etrurien, wie die Veredelung von Pflanzen und die Konservierung von Lebensmitteln, welche neue und modernere Wirtschaftssysteme ermöglichten.

Ab dem 7. Jahrhundert übernahm Etrurien auch Kunstformen, Fertigkeiten, entwickeltere handwerkliche Techniken, Bildmotive und Stilelemente direkt oder indirekt aus dem Alten Orient. Die Anwendung einer Mauertechnik, die Übertragung von Architekturformen, die Steinbearbeitung macht die Anwesenheit von orientalischen Handwerkern in Etrurien höchst wahrscheinlich.

Phönikisch ist die Bautechnik der Mauer eines Gebäudes in Tarquinia (7. Jahrhundert) bestehend aus Steinpfeilern mit Füllmaterial. Aus dem Orient stammende Muster gab es für lebensgroße Statuen in den monumentalen Gräbern von Vetulonia und Ceri bei Caere (erste Hälfte des 7. Jahrhunderts), welche die verstorbenen Grabherren oder deren Ahnen darstellten. Um 660–650 v. Chr. übernahm die Wandmalerei für das vornehme Grab „delle Anatre" (= der Enten) von Veji (Camporeale 2003, Taf. 179) Stilelemente der euböischen Keramik; die Bemalung des Auguren-Grabes von Tarquinia (um 530 v. Chr.) zeigt formale und stilistische Verbindungen zu den Wandmalereien eines Hauses in Gordion und eines Grabes in Elmali in Kleinasien (Cristofani 1975, Abb. 42–44). Nach der Mitte des 6. Jahrhunderts stellte man in Tarquinia (Grab der Stiere) Szenen aus der griechischen Sage dar – etwa Achilles, wie er dem Troianer Troilos auflauert, wohl ein Hinweis dafür, dass man die homerischen Epen kannte.

Ursprünglich machte sich nur eine relativ kleine Zahl von begüterten Personen die neuen Einrichtungen orientalischer Prägung zu Eigen, die eine oberflächliche Mode bildeten. Mit der Zeit breiteten sich die neuen Sitten aus und es kam zu partiellen Veränderungen der Lebensgestaltung der gehobenen Schicht. Dies setzte wiederum eine Kettenreaktion in Gang, die zu weiteren Änderungen auch in anderen Lebensbereichen führte: Neue Sitten setzten sich in Etrurien und Latium durch und griffen mit der Zeit teilweise auf andere Gebiete Italiens – Picenum, Venetien usw. – über.

2. Stadt und Staat: Entstehung und Entwicklung

Mit dem Begriff „Stadt" und der Entstehung des Städtewesens in den antiken Hochkulturen hat sich die moderne Geschichtsforschung seit dem vorigen Jahrhundert beschäftigt. Die Kriterien, die eine Siedlung als „Stadt" definieren, sind in der Forschung verschieden: Es sind urbanistische und wirtschaftliche, politische und religiöse. Es gibt aber auch sehr differenzierte Kriterien: Nach *Kolb* kann eine Siedlung als „Stadt" definiert werden, wenn sich der ursprüngliche Siedlungskern als topographisch geschlossen präsentiert bzw. wenn sie eine relativ hohe Zahl von Einwohnern – mindestens eintausend – erreicht; denn nur dann kommt es zu einer für den Bedarf des täglichen Lebens notwendigen Arbeitsteilung und in weiterer Folge zu jener für die Stadt typischen sozialen Differenzierung: In der Stadt leben und wirken nämlich Händler, Handwerker, Lohnarbeiter, Krieger usw. im Unterschied zum primär nahrungsproduzierenden Dorf. Zur Stadt gehören auch öffentliche Gemeinschaftsbauten, etwa Straßen, Befestigungen, Heiligtümer, Versammlungsplätze, Magazine, eine Kanalisation und der Palast für die Regenten. Die Stadt übernimmt somit die Funktion eines Zentralortes gegenüber den überwiegend landwirtschaftlichen Dörfern der Umgebung. Ab einer höheren organisatorischen Entwicklungsstufe schafft die städtische Gemeinde auch administrative und kultisch-religiöse Einrichtungen. Zum Begriff „Stadt" gehören Organisationsformen und Institutionen des Zusammenlebens, darunter politische wie das Königtum, die Oligarchien und die Demokratien. Die politischen Organe können in der Religion wurzeln, wie etwa bei theokratischen Systemen; die Religion wiederum kann politische Aufgaben übernehmen, die Führungsschicht legitimieren bzw. ihre Ideologie unterstützen. Diese Einrichtungen können die Folge einer unterschiedlich langen Entwicklung sein; sie können aber auch die Folge einer einmaligen Stadtplanung sein, wie beispielsweise bei Gründungen von Kolonien: Dann bedingt ein einheitlicher politischer Wille die Entstehung der Stadt.

Wesentliches Element einer nach umfassenden Kriterien definierten Stadt ist eine das friedliche Zusammenleben sichernde feste Herrschaftsordnung, die von Gruppen oder von Einzelpersonen auf Dauer getragen wird. Wenn eine solche Organisation zunächst noch keine dauerhaften Strukturen besaß, sondern nur so lange existierte, bis man ein gemeinsames Ziel erreicht, einen Beschluss ausgeführt, einen Sieg errungen oder eine Anlage errichtet hatte, so war dies eine Übergangsphase, die erst zur Bildung fester, dauerhafter Herrschaftsstrukturen führte.

Dies ist allerdings zugleich auch das Hauptkriterium für die Definition von „Staat": Dauerhafte Einrichtungen, z. B. Ämter sowie ein eigenes Territorium definieren den Staat: Ämter sind nicht an die Lebenszeit eines individuellen Machthabers gebunden und dienen dazu, die vielseitigen Gemeinschaftsbedürfnisse und Tätigkeiten der Siedlung zu regeln sowie den damit verbundenen Spannungen, Gegensätzen und Konflikten entgegenzuwirken – im Unterschied zu nicht-staatlichen, vorübergehenden Herrschaftsformen wie etwa der Oberbefehl in einem Krieg oder informelle, nur auf persönlicher Autorität beruhende Führung von Sippenverbänden oder Gefolgschaften. Zum Wesen des Staates gehört eine legitimierte permanente Leitung („Regierung", Staatsgewalt) und die Gehorsamspflicht der Staatsangehörigen.

Staatliche Einrichtungen bilden sich meist im Laufe der Zeit und setzen dabei unterschiedliche Mechanismen in Bewegung – insofern ist „Staat" ein unscharfer Begriff und im eigentlichen Sinn steht er erst am Ende einer unterschiedlich langen Entwicklung.

Da eine „Stadt" auch als eine Siedlung in baulichem Sinn verstanden werden kann und daher nicht unbedingt auch ein Staat sein muss, und da außerdem ein „Staat" nicht immer ein Stadtstaat ist, sondern ebenso ein Territorialstaat mit mehreren Städten oder ohne diese (z.B. bei Nomadenvölkern) sein kann, wird man, um Missverständnisse zu vermeiden, die Begriffe „Staat" und „Stadt" streng auseinander halten müssen.

Es bleibt nun das reizvolle, wenn auch eher theoretische Problem, in dem Geflecht zahlreicher Merkmale den Anfang der Staatlichkeit in Etrurien und Latium zu bestimmen. Selbstverständlich bestehen lange Zeit vorstaatliche und staatliche Organisationsformen nebeneinander, z.T. sogar bis heute. So sind z.B. die Rechte der Eltern gegenüber den minderjährigen Kindern weitgehend vorstaatlicher Herkunft, der Schulzwang ein staatliches Recht.

a) Machthaber in Etrurien und Latium: Ihre Aufgaben und ihr Leben

Universalgeschichtlich zeigt sich, dass leitende Persönlichkeiten auch nach der Sesshaftwerdung des Stammes Macht und Einfluss nicht aufgeben, sondern ihr Prestige an die Nachkommenschaft weitergeben. In Mittelitalien hatten sich Herrschaftsstrukturen schon in vorgeschichtlicher Zeit gebildet (s. S. 23ff.). Zu den Machthabern gehörten im 7. Jahrhundert in Etrurien und in Latium auch erfolgreiche Leute, die fähiger als andere waren oder im Krieg, bei der Ernte oder der Jagd einfach mehr „Glück" als andere gehabt hatten, so dass sie zu (wirtschaftlichen) Vorteilen gekommen waren. Krieg und Sieg brachten vielfach Prestige, Reichtum, eine hohe soziale Stellung und Macht.

Machthaber konnten innerhalb der Gemeinschaft aufgrund ihrer – echten oder angeblichen – überlegenen Fähigkeiten oder ihres Reichtums ihr Ansehen vergrößern. In Zeiten der Not vertraute man sich solchen Persönlichkeiten an, die dadurch noch mehr an Prestige und Ansehen gewannen. Diese ergriffen weitere Möglichkeiten, um sich vor allem im Bereich der Verteidigung und der Nahrungsbeschaffung zu profilieren, aus neuen Situationen Vorteile für sich zu suchen und Herrschaft über Schwächere auszuüben, die ihnen Dankbarkeit zu erweisen hatten. Machthaber präsentierten sich als Verbindungsglied zwischen dem Diesseits und der Götterwelt. Dafür spricht die Darstellung von Menschen und Göttern in gleicher Größe. Die Vergoldung eines Holzkopfes aus der 2. Hälfte des 7. Jahrhunderts, der die Züge einer vornehmen Persönlichkeit (aus Vulci?) trägt und mit Augen aus Email oder Elfenbein versehen ist (Torelli 2000, 586

Nr. 137), könnte auf Vergöttlichung hinweisen. Kriegergräber mit Prunkwaffen und Tafelgeschirr sind um die Mitte des 7. Jahrhunderts in Etrurien und in Latium belegt (s. S. 72), berittene Krieger und kostbare Wagen sind auf Tonplatten aus Tempeln und vornehmen Häusern dargestellt. Pferdeknebel in vornehmen Grabausstattungen kennzeichnen das Hervortreten von vermögenden Gruppen, ist doch die Erhaltung eines Pferdes kostspielig.

Prestige und Luxus

Die bedeutende Rolle von Machthabern findet in Etrurien ihren formalen Ausdruck in Prestigebauten (Paläste und Gräber), in kostspieligen Gesellschaftssitten (Symposien) und in Leichenfeiern, die Gelegenheiten boten, Luxusgüter zur Schau zu stellen, in der Ausarbeitung einer Ideologie und in der Übernahme der Schrift, die auch als Zaubermittel verwendet wurde. Wahrscheinlich gab es ursprünglich einen größeren Herrschaftsbereich, den sich verschiedene Herren in einzelne selbständige Territorien untereinander aufteilten; oder solche Herren bauten mit der Zeit eigene Machtbereiche auf, die sich zu eigenen politischen Einheiten entwickelten.

Paläste und Häuser

Im Laufe des 7. Jahrhunderts wurden in Etrurien und Latium vornehme Häuser neben einfachen Wohnanlagen errichtet, gleichsam eine Bestätigung, dass die Oberschicht der etruskischen und latinischen Siedlungen ab dem 7. Jahrhundert höhere Ansprüche an die Größe und den Schmuck ihrer Wohnräume stellte als in früherer Zeit und dass repräsentative Wohnungen zum Prestige der Machthaber gehörten. Dies gilt auch für Latium (Ficana, Satricum, Acqua Acetosa-Laurentina), wenngleich in Latium bislang Bauten fehlen, die man mit dem prunkvoll ausgestatteten Palast von Murlo (s. S. 66) vergleichen könnte. Steinerne Kammergräber wie das Grab der Schilde in Caere lassen häufig die großzügige Inneneinteilung vornehmer etruskischer Häuser erkennen. Besonders vornehme Residenzen wurden mit Terrakotta-Platten ähnlich wie die Gotteshäuser geschmückt: So waren die „Paläste" von Murlo und Acquarossa in Etrurien mit reliefierten und bemalten Tonplatten ähnlich verziert wie der Tempel auf dem Forum Boarium von Rom und wie der von Velletri. Diese dienten nicht dem Schutz von Holzteilen allein, sie boten auch eine Fläche, die man bildnerisch gestalten konnte: Bemalte Reliefs illustrierten die Ideologie der Oberschicht (Pallottino 1988, Taf. 88,3). In vielen Fällen kann man allerdings nicht entscheiden, ob es sich um prestigeträchtige Privathäuser oder um öffentliche Gebäude von Amtsträgern oder Gremien handelte. Ihre Monumentalität drückt so oder so die Entstehung neuer sozialer Werte und das neue Selbstbewusstsein der Oberschicht aus.

Im latinischen Ficana entstanden Ende des 7. oder Anfang des 6. Jahrhunderts zwei größere, mehrräumige Gebäude, eines davon mit einer Fläche von etwa 15 bis 20 m², mit einem Steinsockel, Wänden aus Trockenziegeln und einem Dach aus gebrannten Ziegeln. Unweit des Hauses befand sich ein Brunnen, in dem man Scherben von Symposionsgeschirr fand. Im 6. Jahrhundert entstanden auch in Acqua Acetosa-Laurentina und in Satricum neben Häusern und Heiligtümern mit einfachem Grundriss mehrräumige Wohnanlagen. Die Mauern eines größeren Gebäudes (13,50 m × 8,50 m) in Acqua Acetosa-Laurentina (6. Jahrhundert) ruhten zum Schutz vor Feuchtigkeit auf einem hohen Steinsockel und waren mit Dachziegeln und -pfannen, also nicht mehr wie früher mit Stroh, gedeckt. An das Gebäude schloss sich ein großes Areal im Freien, wahrscheinlich für das Vieh oder für Gemüseanbau.

In Rom stammen die ältesten Häuser mit Wänden aus Stein erst aus dem 6. Jahrhundert, sie sind also einige Jahrzehnte jünger als in Etrurien; allerdings sind in Rom die Befunde wegen der häufigen Umbauten in späterer Zeit unklar und ermöglichen keine sichere Interpretation (s. S. 31).

Auch nach dem Tod unterschieden sich die Machthaber Etruriens und Latiums vom gemeinen Volk, wie monumentale Gräber und kostbare Grabausstattungen zeigen. In Caere bestehen Hügelgräber aus einem Erdhügel, der von einer ringförmig angelegten Steintrommel zusammengehalten wird. Dieser Ring war aus dem Tuffgestein herausgeschnitten oder bestand aus Tuffquadern, die sorgfältig geschichtet wurden. Unterhalb des Erdhügels befanden sich eine oder mehrere Grabkammern. In Tarquinia waren die Grabkammern unterirdisch. Im Weiler San Paolo, auf dem Weg von Caere zum antiken Alsium gelegen, befinden sich zwei monumentale Hügelgräber (650–630), eines davon gehörte der Familie Tarna. Der Typus der architektonisch aufwändig gestalteten Grabkammern, die – in seltenen Fällen – auch mit prachtvollen Malereien verziert sind, erhielt sich in Etrurien bis ins 2. Jahrhundert v. Chr. Weitere Hügelgräber entstanden auf dem Poggio Gallinaro sowie auf den Plateaus Monterozzi von Tarquinia und Banditaccia von Caere; ähnlich monumentale Strukturen gab es in Mittel- und Nordetrurien, wie die Hügelgräber von Vulci, Vetulonia und Populonia, Chiusi und Cortona nachweisen, die heute noch in der Landschaft sichtbar sind.

Monumentale Gräber

Ab dem 7. Jahrhundert nahm in Etrurien die Anzahl der monumentalen Grabstätten in Form von Hügelgräbern zu, die keine Vorbilder außerhalb Etruriens hatten, wohl ein Zeichen für die wachsende Bedeutung nicht nur einzelner Machthaber, sondern der ganzen Oberschicht. Die imposanten Grabanlagen Etruriens waren von unterschiedlicher Größe und nicht nach einheitlichem Plan angelegt; dies dürfte für eine Gesellschaft sprechen, die im 7. Jahrhundert aus unabhängig agierenden Sippen und Individuen bestand. Gleichzeitig lassen sich in Caere Grabhügel nachweisen, in denen bis zu vier Grabkammern untergebracht waren, ein Zeichen dafür, dass sich nun kleinere Familien innerhalb größerer Geschlechter abgrenzten.

Hügelgräber waren für hervorragende, mitunter inschriftlich genannte Mitglieder der Gesellschaft gedacht – so war etwa ein gewisser Larth der Grabherr des prunkvollen Regolini-Galassi-Grabes von Caere (um die Mitte des 7. Jahrhunderts). In einzelnen Gräbern befand sich die Hauptkammer am Ende des Vorraumes und lenkte die Aufmerksamkeit des Besuchers auf sich: Man wird hier die Ruhestätte des Grabinhabers annehmen dürfen, wie es für eine spätere Zeit etwa im „Inschriftengrab" von Caere (ab dem 3. Jahrhundert v. Chr.) inschriftlich belegt ist.

Auch in Latium gab es im 7. Jahrhundert eine starke und aktive Aristokratie – ab dem 6. Jahrhundert wurden in den Gräbern Latiums kaum mehr Beigaben deponiert, so dass unser Bild der sozialen Weiterentwicklung unvollständig ist. Kammer- und Hügelgräber sind jedoch in Latium nicht so zahlreich wie in Etrurien: Neben einem Kammergrab bei Torrino unweit der Via Laurentina ist ein Hügelgrab erwähnenswert, das im zweiten Viertel des 7. Jahrhunderts in Lavinium errichtet und noch im 6. Jahrhundert verwendet wurde; im 4. Jahrhundert wurde es als Grab des Aeneas zu einem Kultort (s. S. 58). Das monumentale Aussehen der Anlage legt nahe, dass man hier schon im 7. Jahrhundert eine bedeutende Persönlichkeit bestattete.

Luxuriöse Grabbeigaben

Neben Gräbern mit durchschnittlicher Ausstattung gab es andere mit wertvollen Beigaben, die den hohen sozialen Stand und den Reichtum des Verstorbenen bei der Leichenfeier den Anwesenden vor Augen führen und ihm selbst auch nach dem Tod garantieren sollten. Es waren Machtsymbole, Prunkwaffen, kostbare Bekleidung, Schmuck und Gegenstände für feierliche Tafelrunden (s. S. 66) und religiöse Zeremonien, die man teils importiert, teils an Ort und Stelle gefertigt hatte. Waffengräber waren besonders luxuriös ausgestattet, wohl ein Zeichen, dass Kriege nicht nur der Verteidigung dienten, sondern immer wieder auch eine gute Gelegenheit boten, Prestige zu gewinnen und Besitz zu mehren.

Zu den Luxusgütern gehörten auch zweirädrige Wagen, die als kostbare Beigaben ins Grab vornehmer Persönlichkeiten kamen. Ab der Mitte des 7. Jahrhunderts wurden keine Wagen mehr ins Grab deponiert, ab dem 6. Jahrhundert ersetzte die Darstellung von Wagenzügen in Wandmalereien und Tonreliefs den Wagen selbst.

Im erst 1980 freigelegten Grab 5 von Veji/Monte Michele (670–650 v. Chr.) fanden sich Machtsymbole (Zepter und Fächer von orientalischem Typus), Waffen (Dolch und Lanzenspitzen), kostbarer Schmuck (Silberfibeln), Trink- und Tafelgeschirr und Geräte für die Vorbereitung eines feierlichen Mahles (Feuerböcke, Bratspieße, Beil und Messer), Reste des Leichenbegängnisses (Teile eines vierrädrigen Wagens und Pferdeknebel) und griechische Keramik aus Korinth. Prunkkleider auf etruskischen Wandmalereien – darunter im so genannten Auguren-Grab von Tarquinia – zeigen die Verwendung von kostbaren Stoffen und dabei einen sehr raffinierten Schnitt der Gewänder. Nach Castel di Decima waren Gefäße aus Veji, ab etwa 675 v. Chr. Buccheroware (s. S. 84) und Keramik aus rotem Ton aus Caere gelangt. In Palestrina sind einige Gräber aus der ersten Hälfte des 7. Jahrhunderts mit bis zu fünfzig äußerst kostbaren Beigaben gefunden worden. In einem Hügelgrab von Satricum (um 675–650 v. Chr.), in dem drei bis vier Krieger beigesetzt wurden, bestand die Ausstattung aus Waffen und u. a. aus 28 Bronzegefäßen sowie griechischer und etruskischer Importkeramik.

Auf Ischia wurde der um 760 v. Chr. zu datierende „Nestorbecher" gefunden, dessen griechische Aufschrift die Freuden des Lebens – Wein und Aphrodite, die Göttin der Liebe – feiert. Vor allem Feuerböcke und Bratspieße weisen auf vornehme Gelage hin: Nach Homer (Ilias 9,206 ff.) zerteilt Achill das Fleisch und steckt die Stücke auf Spieße; sozial hoch gestellte Männer, die Bratspieße tragen, sind auf einem Bronzeeimer von Bologna (um 500 v. Chr.) dargestellt. Erst ab dem 6. Jahrhundert wurden in Etrurien, wie im griechischen Kulturbereich, Gelage nur bildlich im Grab dargestellt, die dafür notwendigen Geräte blieben der Nachkommenschaft erhalten.

Auch in Latium pflegte man die neue Sitte des vornehmen Gelages, die sich nach dem etruskischen, griechischen oder orientalischen Kulturkreis richtete. Weingefäße wurden teils importiert, teils an Ort und Stelle hergestellt: Im Grab 15 von Castel di Decima fand sich Bronzegeschirr aus Etrurien, ein protokorinthisches Gefäß und eine phönikische Amphore für die Aufbewahrung von Wein.

Leichenfeiern der Oberschicht waren gesellschaftliche Einrichtungen, die sich durch die Generationen erhielten und den Hinterbliebenen Gelegenheit boten, Ansehen und Reichtum zu demonstrieren sowie den Ruhm der vergangenen Generationen auf die Gegenwart zu übertragen. Hinweise auf prunkvolle und öffentlich zugängliche Leichenfeiern für Machthaber, worauf im 2. Jahrhundert Polybios (6,53) in Bezug auf Rom anspielt, geben eine Anlage in Tarquinia in der Nähe des monumentalen Hügelgrabes Infernaccio aus der Mitte des 7. Jahrhunderts, die der Aufnahme von zahlreichen Zuschauern diente, eine weitere Anlage unweit des Grabes von Grotta Porcina bei Vetralla im Gebiet von Tarquinia aus der ersten Hälfte des 6. Jahrhunderts und der monumentale Treppenaufgang beim Hügelgrab Melone del Sodo II unweit von Cortona aus der ersten Hälfte des 6. Jahrhunderts. Über den Ablauf der Zeremonien wissen wir nichts.

Leichenfeiern

Inschriften in den Hügelgräbern von Caere (ET Cr 2.35; 3.11) und Tarquinia (ET Ta 3.1; 6.1) zeigen im 7. Jahrhundert das Aufkommen von Geschlechtern, d.h. von Gruppen, die vom selben Ahnherrn abstammten oder abzustammen glaubten. Das lateinische Wort *gens* (plur. *gentes*) für „Geschlecht" drückt etymologisch das Verwandtschaftsverhältnis aus. Im Etruskischen ist das Wort „Geschlecht" bisher nicht belegt.

Herausbildung von Geschlechtern

Auf die maßgebliche Rolle des Ahnherrn eines Geschlechtes weist das im Laufe des 7. Jahrhunderts im Grenzbereich zwischen Etrurien, Latium und Falisker-Land gebildete, inschriftlich gut belegte Gentilnamensystem hin, wonach die Individuen einen Personennamen und dazu den Namen ihres Ahnherrn trugen, während sonst bei den meisten indoeuropäischen Völkern, z.B. bei den Griechen, der Individualname und der des Vaters zur Kennzeichnung dienten. Dieses mittelitalische Gentilnamensystem findet sich bei den Etruskern, Latinern, Faliskern und Umbrern.

Geschlechter pflegten gemeinsame Kulte und Traditionen, die sehr alt sein konnten: So waren die *Aurelii* im republikanischen Rom für den Kult des Sonnengottes Sol zuständig (Festus 22,5 L.). Der Name „Aurelius" ist die latinisierte Form des im Etruskischen belegten Wortes *usil* (ET Pa 4.2b1), das „Sonne" bedeutet. Die römische Familie der *Aurelii* dürfte also in einer frühen Zeit den Kult des Sonnengottes aus ihrer früheren Heimat Etrurien nach Rom eingeführt haben.

Ebenso alt, aber chronologisch nicht näher einzuordnen ist die Bildung von Familien, die entweder aus einer im Laufe von Generationen entstandenen Untergliederung der Sippe oder durch Adoption entstanden. In republikanischer Zeit gaben sich in Rom die Mitglieder eines Geschlechtes gemeinsame Verhaltensnormen. Ob dies auch für die Frühzeit Latiums und Etruriens gilt und wann sie ausgearbeitet und für alle Angehörigen der Sippe bindend gemacht wurden, wissen wir nicht.

Aus dem Bedürfnis nach sozialer Anerkennung heraus und aufgrund ihres gestärkten Selbstbewusstseins, das wohl nicht zuletzt aus der Beherrschung des Lesens und Schreibens kam, arbeiteten etruskische und latinische Machthaber im 7. Jahrhundert eine Ideologie aus, die ihre hervorragende Stellung darstellen und legitimieren sollte. Hatten bereits die

Selbstdarstellung des Adels

geometrischen Verzierungen auf den Villanova-Urnen wahrscheinlich ideologische Bedeutung, so begründete der Adel eine neue Art der Selbstdarstellung, die ihn mit griechischen Helden gleichsetzen und von den anderen Mitgliedern der Gemeinschaft unterscheiden sollte. Dieser Adel genoss nach dem Tod heroische Ehrungen: Die in einem Tuch eingehüllte Asche des Toten von Veji/Monte Michele (Grab 5, vor der Mitte des 7. Jahrhunderts) zeigt die Übernahme einer Sitte, die Homer bei der Bestattung von Helden beschrieb. Ebenso zeigen die lebensgroßen Grabstatuen von Ceri, Vulci und Vetulonia (7. Jahrhundert) die Verewigung des Verstorbenen durch dessen Abbildung in unvergänglichem Stein. Die zahlreichen Weihinschriften lassen erkennen, dass der Aristokrat nicht nur die Götter verehrte, sondern auch seine eigene Person durch Nennung seines Namens in den Vordergrund stellte.

Die Rolle des griechischen Mythos in Etrurien

Die Aristokratie Athens war im 6. Jahrhundert bestrebt, sich mythische Gestalten – Götter und Heroen – als Vorfahren zu geben. Damit hob sie sich von den 'Normalbürgern' ab. Der griechische Mythos mit seinen Heldengeschichten lieferte im 6. Jahrhundert dem etruskischen Adeligen die Modelle zur Darstellung des neuen Selbstbewusstseins und eine Herrschaftsideologie, in der Kraft und Heldentum eine wichtige Rolle spielten. Die bemalten Tonplatten des 'Palastes' von Acquarossa zeigen den griechischen Helden und Halbgott Herakles bei seinen übermenschlichen Taten, auf die sich auch der Hausherr bezog. Auf der Kanne von Tragliatella aus Caere (um 630) wurde der Mythos des athenischen Helden Theseus dargestellt, wobei dessen Begleiter etruskische Namen trugen. Dies zeigt, dass sich etruskische Machthaber – und ein solcher war der Besitzer der Kanne – als Persönlichkeiten des griechischen Mythos darstellten, deren Rolle sie durch die Darstellung und die etruskische Namenbeschriftung übernahmen. Die durch das Halten von Machtsymbolen charakterisierten menschlichen oder göttlichen Machthaber auf den Reliefs von Murlo (Mitte des 6. Jahrhunderts) wurden nach dem Schema einer griechischen Götterversammlung dargestellt; der Herrscher von Murlo fühlte sich somit der griechischen Götterwelt nahe. Tonplatten mit Darstellungen der Machthaber als Reiter und auf dem Wagen mit ihrem Gefolge kommen auch aus Veji und Caere. Das bildliche Festhalten von realen oder gedachten Zuständen in unvergänglichem Stein oder Ton sollte diesen Zuständen dauerhafte Gültigkeit verleihen.

Heroische Vorbilder in Latium

Heroische Vorbilder kamen aus dem griechischen und dem etruskischen Kulturbereich auch nach Latium: Der adelige Octavius Mamilius von Tusculum (6. Jahrhundert) ließ sich von Telegonos, dem Sohn des Odysseus und der Kirke, abstammen (Dionys von Halikarnass 4,45,1). Ein Machthaber aus Palestrina wollte sich durch seine etruskische Rüstung etruskischen Herrschern gleichsetzen. Etwa um die Mitte des 6. Jahrhunderts wurden in Latium reliefierte und bemalte Tonplatten verwendet, die nicht nur technisch zum Verwitterungsschutz der hölzernen Gebäudeteile dienten, sondern auch herrschaftliche Ideologien illustrierten: Auf einer Tonplatte des Tempels von Velletri in Latium (um 530) ist eine Menschen- (oder Götter-)Versammlung dargestellt, wie z.B. auf dem Relief des Siphnier-Schatzhauses von Delphi. In Palestrina, Lanuvium, Satricum, Velletri und Rom (Kapitol und Tempel bei Sant'Omobono) wurden abwechselnd Wagenprozessionen und Züge von Kriegern und Wagenlenkern sowie geflügelte Pferde und der griechische Gott Hermes, der Beschützer der Händler, dargestellt. Wagenzüge mit vornehmen Kriegern und Wagenlenkern hatten die nächsten Parallelen in Veji (Camporeale 2000, Taf. 182 a, b) und Caere, ein weiterer Hinweis dafür, dass die Machthaber Latiums ihre aristokratischen Vorbilder aus Etrurien übernehmen.

Zum Prestige dieser Herrschaften gehörten auch die Kenntnis des Schreibens und Lesens, die in Etrurien ab dem Beginn des 7. Jahrhunderts belegt ist (s. S. 76): Kostbare Schriftträger aus Metall oder Elfenbein zeigen, dass das neue Medium in Etrurien ursprünglich der Oberschicht vorbehalten war. Neben Weihinschriften für Gottheiten fanden sich besitzanzeigende Texte und Schenkungsinschriften, die auf enge Beziehungen zwischen zwei Personen hinweisen. Solche Inschriften sollten gewissermaßen dauerhaft an die im Text genannte Handlung erinnern.

Schriftgebrauch

Auch in Latium war der Schriftgebrauch wie in Etrurien Sache der Oberschicht: In Palestrina schenkte um 675 v. Chr. Manios einem Numerius eine goldene Spange mit einer Widmung auf Latein: „Manios hat mich für Numasios machen lassen." Die Spange stammt aus dem reichen Bernardini-Grab. In der Vergangenheit wurde die Echtheit der Fibel angezweifelt, doch darf man aufgrund moderner radiologischer Untersuchungen ihre Authentizität für sehr wahrscheinlich halten. Die Inschrift zeigt, dass im zweiten Viertel des 7. Jahrhunderts auch in Latium die Kunst des Schreibens und Lesens wenigstens teilweise bekannt war.

Adelige Latiner schrieben auch in etruskischer Sprache: Die Inschrift auf einer Silberschale aus dem Grab Bernardini von Palestrina vermerkte im Etruskischen den (lateinischen) Name der Besitzerin, nämlich „Vetusia". Ob sie eine Etruskerin war, die nach der Ehe mit einem Adeligen aus Palestrina einen latinischen Namen übernommen hatte, oder ob sie eine Dame aus Latium war, die etruskisch schrieb und sich somit jenen etruskischen Frauen anpasste, die ihre Namen auf Gegenständen vermerkten, wissen wir nicht.

Nicht-Etrusker, die etruskisch schrieben, sind im 6. Jahrhundert in Genua und Busca im Piemont fassbar. Dies spricht für das hohe Ansehen des etruskischen Kulturkreises und für die Funktion des Etruskischen, der ersten schriftlich fixierten Sprache Altitaliens, als schriftliche Verkehrssprache bzw. als *lingua franca*.

Die Forschung hat die Frage aufgeworfen, ob die Völker Altitaliens vor der Übernahme des griechischen Alphabets ein voralphabetisches Schriftsystem, etwa eine Silbenschrift, hatten; für das Etruskische dürfte dies gesichert sein. Um 700 v. Chr. übernahmen die Etrusker, d. h. ihre geistig führende Oberschicht, das griechisch-euböische Alphabet von Ischia und Kyme und passten es an die phonetischen Eigentümlichkeiten des Etruskischen an: Schriftzeichen des euböischen Alphabets sind auf Spinnwirteln aus Veji eingraviert (Ende des 8. Jahrhunderts). Diese Anpassung ist eine intellektuelle Leistung und setzt die Fähigkeit der Zerlegung des Wortes in einzelne Laute und ihre Darstellung durch unterschiedliche Zeichen, die Buchstaben, voraus. Das **etruskische Alphabet** zeigt zwei Varianten, von welchen die eine südlich, die andere nördlich einer Linie Vulci–Volsinii angewendet wurde. Die älteste etruskische Inschrift befindet sich auf einem (proto-)korinthischen Gefäß, dem im Privatbesitz befindlichen so genannten „Kotyle Jucker", der typologisch an den Beginn des 7. Jahrhunderts gehört.

Das etruskische Alphabet
Aus Etrurien stammen mehrere Alphabetreihen, die man auf Gegenstände eingravierte oder malte. Das älteste Modellalphabet Etruriens wurde in Marsiliana d'Albegna in Mitteletrurien gefunden und befand sich zusammen mit einem Schreibgriffel, Abschaber und einem Fässchen (Tintenbüchse?) im Grab eines vornehmen Herrn, wahrscheinlich eines Schreibers. Das aus 26 Lettern bestehende euböische Alphabet ist am Rande eines rechteckigen Schreibtäfelchens (5,1 cm × 8,5 cm) aus Elfenbein mit Haltegriff in Form von Löwenköpfen linksläufig eingraviert. Das Musteralphabet sollte dem Schreiber als Hilfsmittel dienen. Merkmal des etruskischen Alphabets ist die nur ganz seltene Verwendung der Buchstaben <B>, <D>, <G> und <O>.

In Etrurien schrieb man die Einführung des Alphabets dem Korinther Demaratos zu (Tacitus, Annales 11,14,3), dem Vater des Tarquinius Priscus. Man kann diese Nachricht leicht widerlegen: Nach der traditionellen Chronologie soll Demaratos um die Mitte des 7. Jahrhunderts gelebt haben, das Alphabet war aber in Etrurien seit dem Beginn des 7. Jahrhunderts in Verwendung. Auch wurde das etruskische Alphabet von der Insel Euböa aus Kampanien übernommen, der Einfluss des korinthischen Alphabets blieb beschränkt.

Die sagenhafte Überlieferung schreibt die Einführung des Alphabets nach Latium dem griechischen Stamm der Arkader zu (Livius 1,7,8; Dionys von Halikarnass 1,33,4; Tacitus, Annales 11,14,3). Das **lateinische Alphabet** ist aber vielmehr als Ergebnis des Kontaktes mit den kulturell hoch entwickelten Nachbarn im Norden und Süden, den Griechen und den Etruskern, anzusehen. Es erweist sich als nicht einheitlich, was für eine Übernahme aus verschiedenen Schreibschulen Etruriens spricht.

Das lateinische Alphabet
Rom übernahm das Alphabet aus Südetrurien, wie in erster Linie das Zeichen <C> beweist, das wie in Südetrurien den Laut [k] und nicht, wie das griechische Gamma <Γ>, den Laut [g] wiedergibt. Andererseits entsprechen die lateinischen Zeichen <B>, <D>, <O>, <X> dem lautlichen Wert der westgriechischen Zeichen, was auf eine direkte Übernahme aus dem Griechischen hinweist.

Nach der frühen Inschrift auf der Spange von Palestrina (s. S. 75) treten in Latium erst gegen Ende des 7. Jahrhunderts lateinische Inschriften auf. Es waren in erster Linie Weihinschriften, wenngleich ihre Anzahl – zwei im 7. Jahrhundert (eine davon aus dem etruskischen Caere) und fünf bis sechs im 6. Jahrhundert (Rom, Lavinium, Tivoli und Satricum) – im Vergleich zu den in dieser Zeit dutzendweise belegten etruskischen Inschriften sehr gering blieb, falls das Fehlen von lateinischen Inschriften nicht auf Zufall beruht. Abgesehen von der bereits besprochenen und umstrittenen früheren „Inschrift" aus Osteria dell'Osa (s. S. 35) finden sich Einzelbuchstaben in Latium (wie in Etrurien) auf Spinnwirteln: Sie kommen in Frauengräbern ebenfalls von Osteria dell'Osa aus der ersten Hälfte des 8. Jahrhunderts vor.

b) Sicherung der Lebensumstände

Herrscher hatten die Möglichkeit, Arbeitskräfte für sich zu mobilisieren, wie die „Paläste" der Machthaber nahe legen. Gleichzeitig hatten sie die Gemeinschaft in die geänderten und verbesserten Lebensverhältnisse mit einbezogen: Ab dem Ende des 7. Jahrhunderts kam es nämlich zu einem stärkeren Ausbau der Infrastrukturen und zu einer Neugestaltung der Siedlungen Etruriens und Latiums durch die Errichtung von Maueranlagen, Tempeln, Straßen und Bewässerungsanlagen, gleichsam ein Indiz, dass das Anwachsen der Bevölkerung eine Siedlungsplanung erforderte.

Mit der Zunahme der Bevölkerungszahl, der Ausdehnung der Siedlungen, dem gestiegenen Versorgungsbedarf und der Entwicklung der Militärtechnik ab dem Ende des 7. Jahrhunderts musste auch das Verteidigungssystem in den Siedlungen Etruriens und Latiums ausgebaut werden. Es waren die Anführer der Siedlungsgemeinschaften, welche die notwendigen Maßnahmen zur Sicherung des Wohngebietes trafen. Der Ausbau richtete sich nach der Beschaffung des Geländes und dem vorhandenen Stein als Baumaterial. In beiden Gebieten wurden Mauerringe errichtet. Die Mauertechnik allein ermöglicht allerdings nur selten eine genauere Datierung, wenn Beifunde fehlen.

Verteidigungsmaßnahmen

Befestigungen wurden in Etrurien erst im 6. Jahrhundert in unterschiedlicher Technik erbaut. In Caere, Veji, Tarquinia und Vetulonia errichtete man ursprünglich nur dort eine Mauer, wo der natürliche Schutz durch starke Abhänge der Wohnplateaus nicht ausreichte; in Veji, Volterra, Vetulonia und Populonia wurde im frühen 6. Jahrhundert nur die spätere Akropolis befestigt. Siedlungen, die nicht auf steilen Plateaus lagen, wie Castellina del Marangone unweit von Caere, bekamen eine umlaufende Mauer, die man später erweiterte; andere Siedlungen wie Acquarossa blieben unbefestigt, sie wurden von den Gräben (*fossae*) um das Plateau hinreichend gesichert.

Befestigungsanlagen in Etrurien

Eine Ausnahme blieb Ende des 7. Jahrhunderts in Etrurien die Mauer von Roselle. Damals schützte eine Befestigungsanlage aus Trockenlehmziegeln die nördliche Kante des Plateaus. Diese Mauer wurde im 6. Jahrhundert durch einen Mauerring aus Kalksteinblöcken ersetzt, der rund um den Hügel verlief. Die beiden Mauern überlagerten sich zum Teil; vor jedem tangential zwischen zwei Mauern eingefügten Tor wurde wahrscheinlich ein Vorhof errichtet. Es sind etwa 3 km des Mauerringes erhalten, teilweise in einer Höhe bis zu 6 m.

Die Mauer von Roselle

Fragt man sich nach der Ursache eines so aufwändigen Baues, so stellt man fest, dass Roselle eigentlich in der Produktion von Exportwaren und im Fernhandel kaum eine Rolle spielte; Überschüsse wurden hier nicht aufbewahrt. Die Siedlung lag jedoch an einem Verkehrsknoten, nämlich (damals) 5–6 km vom Meer entfernt auf dem Weg nach Inneretrurien und Umbrien und zu den Bergbauregionen von Accesa und Populonia. Es liegt nahe, dass nicht nur die Bewohner der Siedlung, sondern auch die Bevölkerung des flachen Umlandes im Falle drohender Überfälle Zuflucht innerhalb der Mauer fanden.

IV. Die frühgeschichtliche Entwicklung Etruriens und Latiums

Schützende Anlagen in Latium

Imposante Schutzanlagen signalisieren in Latium die Angst vor feindlichen Angriffen – wegen der geographischen Lage Latiums wird man an den Druck sabellischer Hirtenstämme denken, die aus den Bergen Mittel- und Süditaliens in die als Weideland geeignete Ebene Latiums drangen (s. S. 15). Bereits vorhandene Erdwälle wurden im 7. oder 6. Jahrhundert durch Steine verstärkt (La Rustica), alte Erdwälle im 6. Jahrhundert erneuert (Acqua Acetosa-Laurentina, Ardea, Ficana, La Rustica, Lavinium und Satricum). Die Befestigungsanlage von Ardea, die ursprünglich nur den Burgberg umfasste und als Fluchtburg diente, wurde ab dem 6. Jahrhundert erweitert und schloss ein weiteres bewohntes Areal mit dem Burgberg mit ein. Spätere Erdwälle wurden mit umlaufenden Gräben abgesichert. In Lavinium ließen sich zwei Erdwälle aus dem 7. und 6. Jahrhundert feststellen, in Satricum, Antium, Crustumerium und an anderen Orten entstanden sie erst im 5. Jahrhundert, als sich der Druck von Volskern und Äquern verstärkte.

In Satricum errichtete man im 6. Jahrhundert einen Erdwall mit Graben um die Siedlung, eine von den Einwohnern gemeinschaftlich erbrachte große Leistung. Dazu trug wahrscheinlich die überregionale Attraktivität des Heiligtums bei, das auch von Etruskern aufgesucht wurde, wie eine etruskische Inschrift (ET La 3.1; s. S. 90) zeigt. Für den Bau entscheidend muss der Reichtum jener Männer und Frauen gewesen sein, die im 7. Jahrhundert Hügelgräber mit reichen Ausstattungen – Schmuck und zahlreichen Waffen – anlegten und um die Mitte des 6. Jahrhundert einen ersten Tempel aus Stein errichten ließen, dort wo sich ursprünglich ein Weihdepot befand. Wahrscheinlich mussten sie ihre Reichtümer und die des Heiligtums vor Raubzügen und Überfällen der sabellischen Nachbarstämme schützen.

Die Mauern von Rom

Nach der Überlieferung sollen die Nachfolger von Romulus die ursprüngliche Romulus-Mauer erweitert und andere Hügel mit einbezogen haben. Tarquinius Priscus soll den um die ganze Stadt laufenden Mauerring aus Quadermauerwerk errichtet haben (Dionys von Halikarnass 3,67,4; Livius 1,38,6). Mauern werden auch dem Servius Tullius zugeschrieben (Dionys von Halikarnass 4,13,3f.; 4,14,1; Livius 1,44,3), die schon zur Zeit des Dionys nicht mehr vollständig erhalten waren. Schließlich habe Tarquinius Superbus Türme hinzugefügt (Dionys von Halikarnass 4,54,2).

Teile einer Befestigung im Quadermauerwerk, die so genannte Aggermauer, mit einem an der Rückseite aufgeschütteten Erdwall von 30 bis 40 m und einem etwa 35 m breiten und 17 m tiefen Graben sind an mehreren Stellen Roms (beim Palatin, Kapitol, Aventin, Caelius und an der Westseite des Quirinals) erhalten; als Hangstützmauer verstärkte sie die ohnehin steilen Abhänge der Hügel. Man konnte einen Mauerzug von etwa 11 km Umfang nachweisen, der ein Areal von 426 ha umschloss und über die genannten Hügel hinaus auch den Oppius und Cispius sowie den Esquilin, Viminal und Quirinal mit einbezog, wobei Kapitol und Palatin eigens befestigt wurden. Als Baumaterial diente teilweise der so genannte Grotta-Oscura-Tuff, der aus der Nähe von Veji stammt, teilweise der einheimische Cappellaccio-Tuff. Diese Mauer wurde ins 6. Jahrhundert datiert und mit Servius Tullius in Verbindung gebracht.

Stadt und Staat: Entstehung und Entwicklung

Ab der zweiten Hälfte des 8. Jahrhunderts war in Etrurien die bronzezeitliche Bewaffnung weitgehend aufgegeben und durch eine modernere, aus dem griechischen Kulturbereich übernommene, (Hopliten-)Rüstung – bestehend aus einem kurzen Schwert, Lanzen, Panzer, Beinschienen und einem runden Schild – allmählich ersetzt worden (s. S. 38) – allerdings wurden die dann veralteten Kriegswagen noch im 6. Jahrhundert in Monteleone di Spoleto (Inneretrurien, im Grenzgebiet zu Umbrien) verwendet. Die vollständige Hopliten-Rüstung ist erst um 670 in Tarquinia (Grab Avvolta) nachgewiesen.

Die Hopliten-Bewaffnung ermöglichte den Kampf in der neuen vorteilhaften Hopliten- oder Phalanx-Taktik mit einer in geschlossenem Verband kämpfenden Soldatenreihe, welche die Etrusker spätestens um 660 v. Chr. kennen lernten, wie die so genannte Chigi-Kanne aus Korinth zeigt. Ab 650–630 v. Chr. wird in Etrurien die komplette Hopliten-Bewaffnung immer wieder bildlich dargestellt – auf Steinplatten, den so genannten Treppensteinen von Tarquinia, auf dem Bucchero-Gefäß aus dem Grab von San Paolo in Caere, auf den Vasen bekannter Künstler wie die des Aristonothos und des so genannten Schwalbenmalers, auf der Tragliatella-Kanne usw.

Mit dem 6. Jahrhundert enden in den Gräbern Latiums die Beigaben und damit auch die Waffen. Dass die mit den neuen Waffen verbundene neue Kampftaktik im 7. Jahrhundert in Latium eingeführt wurde, ist aufgrund ihrer Vorteile gegenüber dem früheren Einzelkampf anzunehmen. Krieger mit Hopliten-Rüstung wurden in der zweiten Hälfte des 6. Jahrhunderts in Rom bildlich dargestellt: Auf einer reliefierten Tonplatte vom südwestlichen Areal des Palatin (um 530) ist ein Krieger mit Beinschienen, also mit einem Rüstungsteil der Hopliten-Bewaffnung wiedergegeben.

Im 6. Jahrhundert gab es in Griechenland, z. B. in Athen, politische Reformen, durch welche die verschiedenen Vermögensklassen einzelnen Truppengattungen (Reiterei, Hopliten, Leichtbewaffnete) zugeordnet wurden, um so eine gerecht erscheinende Verteilung politischer Rechte und Pflichten zu erreichen. In Etrurien wurden im 6. Jahrhundert Hopliten anders als im 7. Jahrhundert auch aus nicht gentilizischen Kreisen rekrutiert, wie die Ausstattung eines Kriegergrabes von Vulci (520–510), das kein Familiengrab war, nahe legt. Der Trend verstärkte sich in Etrurien im 5. Jahrhundert, so dass mit der Zeit eine neue Klasse von Kriegern entstand. In Castel di Decima ließen sich Unterschiede in der Waffenverteilung feststellen, die sich wohl nach Rang und Alter der Soldaten richteten: Einige Gräber (7. Jahrhundert) enthielten nur Schwerter, andere nur Lanzen, besonders reiche Gräber Schwerter und Lanzen.

In Rom soll der aus Etrurien stammende König Servius Tullius (578–534) das Heer reformiert haben: Die Bewohner habe er in insgesamt 193 **Hundertschaften** (lat. *centuriae*) eingeteilt. Diese wurden nach ihrem jeweiligen Vermögen fünf Klassen zugewiesen (Livius 1,42,4–43,1–13; Dionys von Halikarnass 4,16,1–18,3). Die überlieferten Reformen verraten in der Einteilung der Bürger nach Alter ihren starken militärischen Charakter: So gab es innerhalb jeder Klasse die „Jüngeren" (lat. *iuniores*, von 17 bis 45 Jahre) und die „Älteren" (lat. *seniores*, von 46 bis 60 Jahre). Die Klassen und Zenturien, die in der Zeit der mittleren und späten Republik als

Schwer bewaffnete Krieger (Hopliten)

Heeresorganisation

Stimmkörper bei Wahlen und Abstimmungen (lat. *comitia centuriata*) dienten, gehen eindeutig von militärischen Einheiten aus. Allerdings enthält die Überlieferung auch zahlreiche Anachronismen, in erster Linie in Zusammenhang mit der Berechnung des Vermögens in Münzeinheiten (lat. *as*), wurden doch in Rom Münzen erst im 4. Jahrhundert verwendet und erst Mitte des 3. Jahrhunderts geprägt.

Hundertschaften

Die Hundertschaften waren folgendermaßen eingeteilt: Die I. Klasse umfasste achtzig Hundertschaften, die II. bis V. Klasse je zwanzig Hundertschaften; außerhalb der fünf Klassen von schwer bewaffneten Fußsoldaten gab es noch 18 Hundertschaften der Reiterei, zwei der Handwerker, zwei der Musikanten und eine der Männer ohne Vermögen (lat. *proletarii*).

Die Einführung im 2. Viertel des 6. Jahrhunderts der im „klassischen" Latein bekannten Abkürzungen für Personennamen – der fünfstrichige Buchstabe <m> wurde zwischen 580 und 510 und das Kappa <ϰ> um 570 aus Etrurien übernommen – zeigt, dass schon im 6. Jahrhundert in Rom die Personennamen abgekürzt wurden. Vermutlich diente dies der Registrierung einer hohen Anzahl von zwei- bis dreinamigen Personen, wie sie eine amtliche Erfassung von Bürgern bzw. Wehrfähigen erfordert, wohl um die Bevölkerung in Truppengattungen und damit in die entsprechenden Vermögens-„Klassen" einzuteilen.

Nahrung und Unterkunft

Machthaber leisteten sich Luxuswaren und bequemere Residenzen, schufen damit, bewusst oder unbewusst, auch Beschäftigung und sorgten für die laufenden Bedürfnisse der Gemeinschaft durch Erschließung weiterer Nahrungsquellen. Im 7. und 6. Jahrhundert kamen in Etrurien und Latium neue Formen des Lebensunterhalts auf, die neue Wirtschaftssysteme und gesellschaftliche Einrichtungen zur Erschließung neuen Ackerlandes und bewohnbarer Areale erkennen lassen. Ebenso wichtig wurde die Einführung neuer Techniken der Lebensmittelkonservierung, gleichsam Voraussetzung für die Erschließung neuer Einnahmequellen durch den Export auch in entfernte Länder. Eine bessere Ernährung dürfte letzten Endes jene Bevölkerungszunahme beschleunigt haben, die sich aufgrund der großen Gräberfelder des 6. Jahrhunderts erschließen lässt.

Landwirtschaft in Etrurien

Zu den neuen Techniken der Landwirtschaft gehörten die Vorratshaltung durch Zusatz von Harz zur Konservierung des Weines und das Rösten von Getreide, das eine längere Haltbarkeit bewirkte. Die Produktion von Öl und Wein, ihre Konservierung und ihr Transport ins Ausland verlangten neue Techniken, die man genau erlernen musste, nicht einfach nur imitieren konnte. Sie erforderten die Mitarbeit von Spezialisten: Es müssen also Personen ins Land gekommen sein, die einheimischen Bauern das Veredeln von Pflanzen beibrachten.

Im 7. Jahrhundert wurden aus dem griechischen Kulturbereich Öl und Wein in größerer Menge importiert und eine neue Technik zur verstärkten einheimischen Produktion dieser Produkte eingeführt. Dürfte nämlich ursprünglich das Öl vor allem der Körperpflege gedient haben, wie eine etruskische Inschrift aus Falerii (ET Fa 2.3: 650–625) auf einem kleinen Lederbehälter für Öl nahe legt, das in der Körperpflege Verwendung fand, so verwendete man es bereits um die Mitte des 7. Jahrhunderts auch als Nahrungsmittel, wie man aus den Funden größerer Gefäße erschließen kann. Wie kostbar Wein und Öl waren, zeigt die Weihinschrift des Larth Melacina auf einer Amphore aus Vulci (Ende des 7. Jahrhunderts: ET Vc. 3.2).

Mit der Übernahme der Technik der Veredelung der wilden Rebe und des wilden Ölbaumes war die Übernahme der Wörter für „Öl" und „Wein" aus dem Griechischen verbunden: etr. *éleiva < elevaina [ET Fa 2.3] < gr. élaion; etr. vinum [ET LL III.18 u. a. m.] < gr. [F]óinos); das lateinische Wort vinum für „Wein" stammt aus dem Etruskischen.

Mit dem Aufkommen der Reb- und Ölkultur im 7. Jahrhundert dürfte es alsbald auch zur Erweiterung einer Landwirtschaftsform gekommen sein, die ursprünglich primär für eine begüterte Schicht der Bevölkerung Südetruriens gedacht und an diese gebunden war: Denn der Anbau von Reben und Ölbäumen und die Produktion von Öl setzen Kapital in Vorschuss voraus, bringt doch der Ölbaum erst einige Jahre nach dem Anbau die ersten Erträge. Ähnliches gilt für die Reben, denn erst eine sorgfältige, aufwändige Pflege der Pflanzen – die Weinstöcke müssen sehr tief in die Erde gepflanzt werden – ermöglicht eine Gewinn bringende Produktion. Beide Produkte benötigen also eine lange, genau organisierte Vorbereitung und eine gewisse Unabhängigkeit von der laufenden Nahrungsversorgung. Große Aufbewahrungsgefäße aus Caere legen nahe, dass man ab dem 7. Jahrhundert über den Eigenbedarf hinaus auch bereits für den Handel produzierte.

Solide, aus der dunklen vulkanischen Erde Südetruriens hergestellte Amphoren dienten dem Transport von Waren auf dem Land- und Wasserweg; ihre Herstellung erforderte kein spezialisiertes Handwerk, dennoch mussten sie in hoher Anzahl geliefert werden. Die verschiedenen Typen – es gab kleine und große, bauchige und schlanke Amphoren –, die innerhalb kurzer Zeit wechselten, zeigen, dass man immer wieder um eine Verbesserung der Gefäße bemüht war.

Gemeinschaftliche Baumaßnahmen ermöglichten im 6. Jahrhundert einen Aufschwung der Landwirtschaft, denn groß angelegte Wasserbauarbeiten, die das Wasser kanalisierten und es künstlich von woanders herbeiführten, dürften der Landwirtschaft und nicht nur zur Deckung des täglichen Wasserbedarfes einer Gemeinde gedient haben: In Veji wurden im 6. Jahrhundert Bäche mittels tunnelartiger, durch den Tuff gehauener Kanäle abgeleitet und somit die Überschwemmungsgefahr gebannt; neue, für den Anbau von Getreide geeignete Flächen wurden gewonnen. Die Nähe der Kanäle zur Stadtmauer zeigt, dass sie früher als die Mauer, die im 5. Jahrhundert entstand, angelegt wurden. Ein Wasserbecken aus dem zweiten Viertel des 6. Jahrhunderts in Caere-S. Antonio weist auf solche großen gemeinnützigen Bauten hin.

Auf den hohen Wert der landwirtschaftlichen Tätigkeit und auf die Notwendigkeit, sie unter den göttlichen Schutz zu stellen, weist die Weihung des Vorderteiles eines Eisenpfluges aus dem 6. Jahrhundert, der als Weihgeschenk in einem Heiligtum von Graviscae, dem Hafen von Tarquinia aufgestellt wurde. Gegen Ende des 6. Jahrhunderts dürfte es in Etrurien zu einem Rückgang der landwirtschaftlichen Produktion gekommen sein – auch der Weinproduktion, wie die Abnahme der Amphorenzahl nahe legt.

In Latium gab es im 9. und 8. Jahrhundert wohl eine niedrige landwirtschaftliche Produktivität und Getreideüberschüsse sind vermutlich auszu-

Landwirtschaft in Latium

schließen. Auch im 7. Jahrhundert lässt sich in Latium der Export von landwirtschaftlichen Produkten und ein intensiver Ackerbau anders als in den Städten Etruriens noch nicht erkennen. Damals fehlten in Latium ertragreiche Getreidesorten wie Hartweizen (*triticum durum*); es wurden jedoch verschiedene Sorten von Gerste (*hordeum vulgare, spontaneum*) und Zweikorn (*far = triticum dicoccum*) in den Gräbern auf dem Forum Roms gefunden. Der archäologische Befund zeigt, dass man verschiedene Sorten von Getreide mit Gerste und Gemüsepflanzen vermischte; diese Vermischung (*farrago*: Varro, De re rustica 1,31,5; Columella, De agri cultura 2,7,2; Plinius, Naturalis historia 18,10; 50) ließ jedoch im Durchschnitt eine qualitativ und quantitativ sehr geringe Produktivität zu, man dürfte also mindestens bis ins 7. Jahrhundert lediglich das Allernötigste zum Leben gehabt haben. Die dichte Bewaldung Latiums legt den Gedanken nahe, dass man jährlich Wälder abholzte und die Asche des verbrannten Holzes als Dünger verwendete.

Andererseits lässt sich in Latium am Beginn des 7. Jahrhunderts die Produktion von nicht lebensnotwendigen, aber begehrten Nahrungsmitteln nachweisen: Traubenkerne in den Grabausstattungen von Rom (Forum, Grab I und K: 720–630) sowie Keramik für den Weintransport und -genuss (Castel di Decima, Osteria dell'Osa, Lavinium usw.) weisen auf Herstellung von Wein hin; in vornehmen Gräbern fanden sich nicht nur Trinkgefäße, sondern auch Amphoren.

Zum neuen Produktionsverfahren gehörte auch das (archäologisch belegte) Rösten der Getreide. Dieser bedeutenden Erfindung, die den Menschen große Vorteile brachte, wurde noch im republikanischen Rom gedacht, denn Getreide wurde jährlich im Rahmen des urtümlichen Rituals der *Fornacalia* (aus lat. *fornax*, der Röstofen) feierlich geröstet.

Die Veredelung des wilden Ölbaumes und die Herstellung von Öl sind in Latium erst ab Beginn des 6. Jahrhunderts belegt, wenngleich Behälter für Duftöle schon in Verwendung waren, die vielleicht in Latium selbst produziert wurden – Olivenkerne z.B. aus dem Areal des Tempels bei Sant'-Omobono und Öllampen sind allerdings erst in der ersten Hälfte des 6. Jahrhunderts bezeugt. Mit der technischen Verbesserung wurde die Produktion erhöht, so dass man im 6. Jahrhundert Öl auch als Nahrungsmittel verwendete.

Die landwirtschaftliche Entwicklung fand einen Niederschlag auch im äußeren Bild der Siedlungen: In Lavinium gab es im 6. Jahrhundert innerhalb der Mauer kaum ein freies Areal; in unmittelbarer Nähe der Stadt ist jedoch eine große Anzahl von Dörfern archäologisch festgestellt worden, die eine intensive Nutzung des Gebietes als Ackerland erkennen lassen.

Abmessen der Felder — Auf eine lange, sehr früh entwickelte Tradition der Feldeinteilung weist die lateinische Terminologie für das Abmessen der Felder und den Tauschhandel hin. Das Joch ist die Bemessung einer Fläche nach der Arbeit eines Ochsen an einem Tag, der lateinische Name für „Geld", *pecunia*, ist von *pecus*, „Schaf" abgeleitet. Die Parzellierung des fruchtbaren Ackerlandes dürfte mit dem Aufschwung der Landwirtschaft verbunden gewesen sein. Sie wurde in den griechischen Kolonien Metapont in Süditalien und Kamarina auf Sizilien schon seit dem 7. Jahrhundert durchgeführt. In der etruskischen Siedlung nahe Marzabotto in Norditalien wurde um die Mitte des

Stadt und Staat: Entstehung und Entwicklung

6. Jahrhunderts das Gelände der neu angelegten Stadt in Parzellen eingeteilt (Camporeale 2000, Abb. 11). In Etrurien verwendete man dafür ein Feldmessgerät: Das lateinische Wort *groma* (auch als *gruma* und *croma* belegt) geht über etruskische Vermittlung (*cruma*) auf das griechische Wort *gnomon* („Maßstab") zurück.

Ab dem 7. Jahrhundert erlebte auch das Ton- und Metallhandwerk in Mittelitalien einen bemerkenswerten quantitativen und qualitativen Aufschwung. Die handgemachte Ware für den täglichen Gebrauch wurde nach wie vor im Familienkreis hergestellt; typisch für die einheimische Produktion Latiums sind Miniaturvasen, die in alter Tradition der Volksreligiosität dienten.

Aufschwung des Handwerks

Von entscheidender Bedeutung für die Töpfereien Etruriens und Latiums wurde die in der zweiten Hälfte des 8. Jahrhunderts aus Griechenland oder dem Nahen Osten nach Etrurien und Latium eingeführte Töpferscheibe, die eine schnelle und daher billige Produktion von Massenware, etwa von Kochtöpfen und Essgeschirr für den täglichen Gebrauch ermöglichte. Anders als die dickwandigen Gefäße der Villanova-Zeit, die meistens mit Einritzungen verziert und selten auf Hochglanz poliert waren, wurden nun dünnwandige Gefäße aus feinem Ton hergestellt, ihre Oberfläche wurde bemalt; die Nachfrage nach solcher Ware nahm zu.

Die gewerbsmäßige Herstellung von Gefäßen und Geräten setzte wiederum die Organisation von Rohstoffen für Töpfereien, die Beschaffung von Tonerde und Farbstoffen und die Beschickung von Brennöfen voraus. Die feine bemalte Keramik erforderte Personen, welche die grobe Tonerde reinigten und die Farben erzeugten, ehe Handwerker die Gefäße bemalten und fertig stellten; Kochtöpfe mussten aus einem eigenen, feuerfesten Ton gearbeitet werden. Auch die Nachfrage nach Arbeitskräften stieg. Daneben begann man, auch elegante Gefäße in Ton und Bronze anzufertigen.

Kompliziert dürfte in Etrurien die Organisation der Metallbearbeitung und des Vertriebs von Rohstoffen, z. B. auch nach Latium, gewesen sein, denn sie setzte die Gewinnung von Erz und den Betrieb von Hochöfen für die Produktion von Guss- und Blattmetallen usw. voraus. Die Herstellung von Waffen erforderte gute Gießer und Schleifer. Bei Gefäßen, Spangen und Schmuck wurde Mannigfaltigkeit der Formen und des Dekors verlangt; sie waren in Treibarbeit und Walzwerk ausgeführt. Metallgewinnung und -bearbeitung betrieb man beim Accesa-See und im Tolfa-Gebirge, in den Siedlungen entstanden Viertel für die Metallbearbeitung: Gegen Ende des 6. Jahrhunderts waren eine solche Anlage in der Siedlung bei Marzabotto nahe Bologna und auch Schmelzanlagen in Populonia in Betrieb.

Die an Ort und Stelle gefertigten Gefäße waren billiger als die importierten, die einen langen und kostspieligen Weg hinter sich hatten; sie deckten daher den Bedarf einer breiten Schicht der Bevölkerung und nicht nur denjenigen einzelner reicher Individuen. Ein spezialisiertes Handwerk kam auf und im Laufe der Zeit entstanden neue Berufe.

Griechische und orientalische Goldschmiede führten eine für die Herstellung von Schmuck notwendige neue Technik der Goldschmiedekunst nach Etrurien ein: Um die Mitte des 7. Jahrhunderts gab es in Caere und Vulci lokale Goldschmiedewerkstätten, die in Etrurien bis dahin keine Tradition hatten. Die goldene Spange aus dem Regolini-Galassi-Grab von

Caere (um 660 v.Chr) und die elegante Spange aus Vulci, die heute in München zu sehen ist (650–625 v.Chr.), entsprechen etruskischem Typus. In Latium stellte sich ein wohl sehr vielseitiger Goldschmied auch in den Dienst der Medizin: Als Dentist fertigte er die Zahnprothese für einen Herrn aus Satricum an (um 620 v.Chr.; Grab 18).

Töpferschulen, in denen einheimische und auswärtige Künstler, Bildhauer und Maler arbeiteten, entstanden in Caere, Tarquinia und Vulci: Hier malten in der zweiten Hälfte des 7. Jahrhunderts der so genannte „Schwalben-Maler" in ostgriechischer und der „Maler der bärtigen Sphinx" in korinthischer Tradition. Als ein Beispiel von vielen sei das bereits genannte Tragliatella-Gefäß erwähnt (um 630 v.Chr.): Die Einteilung in Streifen und die Reihe von Schwerbewaffneten entstammen der korinthischen, die dargestellten Szenen allgemein der griechischen Tradition, der Inhalt der Szenen ist etruskisch. Die Wappen auf den Schilden der Krieger weisen auf das aristokratische Milieu hin, dem der Auftraggeber des Gefäßes angehörte.

Vor dem Hintergrund einer Verbindung zwischen Etrurien und Korinth ist auch die bei Livius (1,34) geschilderte Übersiedlung des Korinthers Demaratos nach Tarquinia zu sehen, denn um 700 v.Chr. drängte Korinth in Etrurien den euböischen und orientalischen Einfluss zurück und belieferte den etruskischen Markt mit eigener Ware.

Ob die Handwerker Sklaven oder Freie waren, wissen wir nicht; aber die Anwesenheit eindeutig griechischer und orientalischer Handwerker, die aufgrund von Inschriften oder der neuen komplizierten Herstellungstechnik nachweisbar sind, legt den Gedanken nahe, dass auch selbständige Freie nach Italien kamen und dort von ihrer Kunstfertigkeit lebten. Griechische Töpfer aus den kleinasiatischen Städten, die 546 v.Chr. unter die Herrschaft Persiens gefallen waren, widmeten sich Anfang des 5. Jahrhunderts der etruskischen Wandmalerei. Im 6. Jahrhundert kam aus Athen der Töpfer der so genannten „Caeretaner Hydrien" (= Wasserkrüge) nach Caere, wo er in echt griechischer Tradition arbeitete; Grieche war auch der inschriftlich verewigte Arnth Praxias, der ebenfalls in Caere wirkte. Seine Tätigkeit dürfte hoch geschätzt gewesen sein, denn er wurde wohl in die etruskische Bürgergemeinschaft aufgenommen, wie sein etruskischer Vorname und sein griechischer Familienname nahe legen (s. S. 117).

Ab etwa 670 v.Chr. wurde vorerst in Südetrurien, im 6. Jahrhundert auch in Nordetrurien eine schwarze metallglänzende Keramik, der **Bucchero**, nach einem dafür entwickelten Verfahren erzeugt und wahrscheinlich als Ersatz für teure Bronze vorerst für Gefäße verschiedener Form, im 6. Jahrhundert auch für Kohlenbecken, verwendet.

E

Bucchero
Bucchero ist eine Keramik, die auch im Bruch schwarz ist. Die Technik ihrer Herstellung wurde in Etrurien entwickelt, die Gefäßformen wurden aus dem griechischen Repertoire, der Dekor eher aus dem syrisch-phönikischen Raum übernommen. Ihrerseits haben griechische Töpfer eine besondere Form von Amphoren aus dem etruskischen Bucchero-Repertoire entlehnt. Der Name ist nicht antik, sondern modern aus dem Spanischen entlehnt: *Bucaro* hieß nämlich im 19. Jahrhundert eine südamerikanische, präkolumbianische Keramik vergleichbarer Art.

Bucchero-Gefäße wurden ab der Mitte des 7. Jahrhunderts nach Südfrankreich (s. S. 124), ab Beginn des 6. Jahrhunderts nach Karthago und ab der Mitte des 6. Jahrhunderts nach Genua exportiert. Bucchero findet sich im ganzen Mittelmeerraum, von Iberien über Sardinien nach Griechenland und Naukratis in Ägypten.

Reste von Töpfereien aus dem 6. Jahrhundert sind in Acqua Acetosa-Laurentina, in Lavinium usw. ans Licht gekommen; sie entstanden wahrscheinlich aufgrund des nahe gelegenen Vorkommens von Ton guter Qualität. Ansonsten lässt es sich selten feststellen, wo in Latium lokale Töpferschulen lagen. Latinische Werkstätten konnten jedenfalls auch sehr große, technisch anspruchsvolle Töpfe herstellen – ein solches Stück stammt aus der Siedlung auf dem Forum Roms.

Interessant ist in diesem Zusammenhang die Feststellung, dass im 6. Jahrhundert lokale Werkstätten (Osteria dell'Osa, Rom, Castel di Decima, Ficana usw.) etruskischen Bucchero und etruskokorinthische Keramik so gut nachahmten, dass man Import und Nachahmungen oft nicht unterscheiden kann, wohl ein Zeichen, dass man in Latium in etruskischer Tradition arbeitete: Ein Bucchero-Gefäß vom Ende des 6. Jahrhunderts aus Acqua Acetosa-Laurentina war signiert, die Töpfer hatten keine etruskischen Namen (*Karkafaios*; *]etartispo[*). Dennoch erreichte das Handwerk in Latium nicht jene künstlerische Höhe, die es in Etrurien gewonnen hatte. So blieb auch der Wirkungskreis der Handwerker Latiums im Vergleich zu dem der etruskischen Handwerker beschränkt.

Im 6. Jahrhundert öffneten in Südetrurien – in erster Linie in Caere und Veji – Architektenschulen und Ateliers zur Herstellung von Tonplatten und Stirnziegeln, die als Witterungsschutz der Holzteile monumentaler Bauten dienten und in Murlo und Acquarossa mit feinen, bemalten Reliefs versehen wurden (Camporeale 2003, Taf. 16–17, 153). Aus Etrurien kamen auch reliefierte und bemalte Tonplatten nach Cisterna di Latina, Velletri und Rom (Capitolium und Forum Boarium, zweite Hälfte des 6. Jahrhunderts). Der Tonschmuck der *regia* (Ende des 6. Jahrhunderts) entspricht stilistisch und inhaltlich demjenigen der Paläste von Murlo und Acquarossa wie auch den Produkten aus Werkstätten im griechischen Kampanien.

Verschiedene Typen von Stirnziegeln aus Latium vom frühen 6. Jahrhundert hatten ihren Ursprung in den griechischen Kolonien Kampaniens und Siziliens (Selinus) und in weiterer Folge im griechischen Mutterland und Kleinasien. In Rom standen Verkleidungsplatten stilistisch den Platten von Veji und Caere sehr nahe, die ihrerseits im kleinasiatisch-griechischen Stil ausgeführt wurden (540–530). Sie erforderten Spezialisten und Werkstätten zur Tonbearbeitung, die man sich an Ort und Stelle vorstellen kann.

Lebensgroße Ton-Statuen verzierten den Dachfirst, z.B. am Portonaccio-Tempel von Veji und am Palast von Murlo (Camporeale 2003, Abb. 29 und Taf. 53), nach einer Sitte, die man aus dem griechischen Kulturkreis übernahm, aber in Mittelitalien veränderte – bei den griechischen Tempeln, wie demjenigen von Prinias auf Kreta aus dem späten 7. Jahrhundert, waren die Statuen an der Vorderfront und nicht am First untergebracht. Die knapp unterlebensgroßen Tonstatuen einer Minerva und eines Herkules aus Veji und zwei weitere aus Rom (bei Sant'Omobono) entsprechen typologisch den griechischen Göttern Athena und Herakles. Sie wurden in der Tradition der Tonbearbeitung Vejis ausgeführt, die stilistisch der Kunstschule von Caere nahe stand.

Diese Statuen und die Verkleidungsplatten monumentaler Bauten bestätigen die literarische Überlieferung, wonach Rom enge Verbindungen zu den etruskischen Kunstzentren pflegte, wenngleich Motive wie Gelage und Wagenrennen auch im griechischen Kleinasien vorhanden sind und direkt von dort stammen könnten. Rom soll bei dem angesehenen Bildhauer Vulca in Veji ein Viergespann aus Ton für die Dachbekrönung des Iupiter-Tempels auf dem Kapitol bestellt haben (Plinius, Naturalis historia 28,4; 16; 35,44; 158). Von diesem Werk fehlt jede archäologische Spur.

Der starke griechische und etruskische Einfluss auf Kunst und Architektur in Latium (Lavinium) und Rom setzt voraus, dass etruskische und griechische Handwerker in Rom lebten: Am Diana-Tempel auf dem Aventin sollen Anfang des 5. Jahrhunderts auch griechische Künstler gearbeitet haben (Plinius, Naturalis historia 35,45; 154), die wahrscheinlich aus Rhegion (heute Reggio Calabria) kamen. Etruskische Handwerker (*fabri*), die zusammen mit römischen Bauhelfern tätig waren, sind literarisch erwähnt (Livius 1,56,1).

Lokaler Handel und Verkehrswege

Etrusker und Latiner lebten jahrhundertelang unweit der sabellischen Hirtenvölker, mit denen sie wohl Waren wie Bauholz, Vieh und Viehprodukte (Milch, Käse, Fleisch, Wolle, Leder) tauschten, von welchen sich aber keine archäologischen Spuren erhalten haben. Die schon in vorgeschichtlicher Zeit bestehende Salzstraße (*via salaria*) ermöglichte den Transport des im Landesinneren begehrten Salzes von der Tibermündung in die Bergregionen des Apennin. Auch neue Denkformen und geistiges Kulturgut wurden wechselseitig ausgetauscht: Sabinische Grabformen – kleine Hügelgräber mit Steinringen als Abgrenzung in Tivoli – weisen auf die Übernahme sozialer und religiöser Vorstellungen der Sabiner hin (s. S. 34).

Fernhandel

Mit der Zeit verbesserten sich die technischen Möglichkeiten in der Landwirtschaft und im Handwerk. In Mittelitalien wuchs die Produktion von Lebensmitteln, die haltbarer und daher transportfähiger gemacht wurden; Handwerker schufen Gegenstände, die man wegen ihrer Fremdartigkeit oder besseren Qualität begehrte und dem Besitzer Prestige brachten. Der Export dieser Waren führte zum Ausbau eines Handelsnetzes. Hier muss man zwischen lokalem Handel und Fernhandel unterscheiden; beide konnten auf dem Land- und auf dem Seeweg erfolgen, erforderten aber unterschiedliche Strukturen.

Latium erwies sich als ein guter Absatzmarkt für etruskische Ware, wie feine Gefäße aus Bucchero, die für Caere typische rote Keramik und etruskokorinthische Keramik aus Südetrurien zeigen, die nach Rom (Esquilin, Grab 125 u. a. m.), Castel di Decima und Osteria dell'Osa kamen. Umgekehrt lassen sich Waren, die typisch für Latium sind, außerhalb Latiums kaum nachweisen. Selbst die Überlieferung, die sonst so viele Einzelheiten der Frühgeschichte Roms kennt, schreibt den Königen von Rom keine Handelstätigkeit zu.

Eng mit dem lokalen Handel verbunden war das Anlegen neuer bzw. der Ausbau alter Wege und Straßen. Sie sollten nicht nur Siedlungen verbinden, sondern auch den Verkehr durch die Siedlungen erleichtern: In Acqua Acetosa-Laurentina wurde in der ersten Hälfte des 6. Jahrhunderts ein schon vorhandener Weg mit Steinen aus Tuff gepflastert, wohl zum Schutz der Reisenden vor dem Schlamm in den Wintermonaten und vor dem Staub im Sommer. Bevor Rom im 3. Jahrhundert mit der Errichtung eines eigenen Straßennetzes in Etrurien begann, hatten die Etrusker Straßen zwischen ihren Siedlungen angelegt; einige davon, deren Trasse aus dem Tuffgestein herausgebrochen wurden, erweisen sich als eine große technische Leistung. Staatliche Maßnahmen zum Bau und zur Sicherung der Wege sind daher in Etrurien schon im 6. Jahrhundert anzunehmen.

Mit der Zeit dürften in Etrurien und Latium Umschlagplätze entstanden sein, an denen Rohstoffe und fertige, lokale und aus dem Ausland importierte Waren und Produkte angeboten wurden. Ware aus Latium wurde kaum in ferne Länder exportiert. Vielmehr brachte der Fernhandel korinthische Keramik und Wein von der Insel Chios nach Rom, wie chiotische Amphoren zeigen (Esquilin, Grab 125). Kleine Gegenstände aus Ägypten sind auf dem Forum Boarium in Rom und in Osteria dell'Osa (Grab 62) gefunden worden.

In Etrurien weisen Schiffchen aus Bronze auf Fernhandel hin, die im 7. Jahrhundert auf Sardinien hergestellt und in Vulci und Vetulonia gefunden wurden (Camporeale 2003, Taf. 37).

Etruskische Amphoren zum Transport von Wein, Öl und Getreide sowie Trinkgeschirr wurden etwa ab der Mitte des 7. Jahrhunderts in den Mittelmeerraum, besonders nach Südfrankreich, exportiert: Etrusker hatten schon damals Fernhandelsbeziehungen mit den Kelten Südfrankreichs. Luxusgegenstände, darunter Schmuck und Schuhe aus Etrurien, kamen im 6. Jahrhundert auf dem Landweg zu den Kelten in Süddeutschland – exemplarisch seien eine Halskette aus der Heuneburg (keltischer Fürstensitz an der oberen Donau, Kreis Sigmaringen), deren Dekor im etruskischen Chiusi ein Vorbild hat, sowie die spitzen Schuhe aus dem Grab von Eberdingen-Hochdorf bei Stuttgart genannt. Der Weg ging über die Alpen durch die Schweiz, wie die Verbreitungskarte der Exportware aus Italien zeigt. Noch im 5. Jahrhundert exportierte Vulci die in den keltischen Fürstenhöfen Süddeutschlands beliebten Schnabelkannen.

Der Fernhandel war wohl voller Risiken für die Händler, welche die Alpen nur mit Hilfe von einheimischen Trägern überqueren konnten. Lag das Ziel des Handels weit entfernt von der Heimat, legte man an Zwischenstationen Magazine oder Niederlassungen an, wie es die Etrusker und die Griechen in Südfrankreich und in Etrurien taten, welche im 6. Jahrhundert in Gravisca, dem Hafen von Tarquinia, eine Niederlassung einrichteten. Nach dem Zusammenbruch des phönikischen Handels im 6. Jahrhundert verfügten in erster Linie die Griechen über eine leistungsfähige Organisation des Handwerks und des Handels.

Fernhandel bedeutete für die Etrusker auch Seehandel: In einem Wrack des frühen 6. Jahrhunderts, das bei der Insel Giglio (im Tyrrhenischen Meer etwa auf der Höhe von Vulci) entdeckt wurde, fanden sich auch Blei- und Kupferbarren, die für den Export aus Etrurien gedacht waren. Andererseits zeigt sich aufgrund der Handelszeichen, dass gerade der Handel von Gefäßen fest in griechischer Hand war.

Etruskische Schiffe waren im 7. Jahrhundert seetüchtiger als in der Villanova-Zeit, denn sie hatten nun einen Segelmast und einen runden Rumpf mit Kiel. Der spitzwinkelig vorspringende Bug war von den griechischen und altorientalischen Kriegsschiffen übernommen worden. Eigenartig ist der keilförmig spitze Rammsporn, den ein tönernes Schiffsmodell aus Artimino (Ende des 7. Jahrhunderts) und eine Vase aus Vulci (Anfang des 6. Jahrhunderts) zeigt. Solche Frachtschiffe mit einem Rammsporn, der zum Leckschlagen feindlicher Schiffe diente, konnten auch kämpfen; dies war notwendig in einer Zeit, in der es noch keine eindeutige Trennung von Handel und Piraterie gab (Homer, Odyssee 3,72; 9,253; Thukydides 1,8 ff.). Ein Rammsporn brachte Vorteile: Er konnte gegen Piraten wie auch zur eigenen Seeräuberei eingesetzt werden.

Gewalttätigkeit auf See wurde in Caere auf einem Gefäß des Malers Aristonothos (Mitte des 6. Jahrhunderts) mit der Darstellung einer Seeschlacht wiedergegeben. Auch die antike Überlieferung berichtet von der etruskischen Seeräuberei und Seeherrschaft, sie bringt jedoch keine eindeutigen chronologischen Anhaltspunkte.

Der Bau und die Wartung eines Schiffes waren kostspielig; man benötigte schon damals eine ganze Reihe von Spezialisten, von den Schiffsbaumeistern bis zu den Steuermännern. Schiffe waren also teuer, der Seehandel voller Risiken, die Ware kostbar. Mitte des 6. Jahrhunderts erlitt ein Schiff bei Cap d'Antibes in Südfrankreich Schiffbruch, die Ladung – fast ausschließlich etruskische Ware – ging zum Teil verloren, ein Teil davon blieb auf dem Meeresgrund erhalten.

Die Schifffahrt selbst erforderte Infrastruktureinrichtungen wie Anlegeplätze, Schiffswerften und Unterkünfte für die Rudermannschaft. Umgekehrt konnte man mit erfolgreichem Seehandel das Vermögen steigern: Sostratos von der griechischen Insel Ägina, der im Mittelmeer Handel trieb und auch nach Etrurien kam, wurde dadurch sehr reich (Herodot 4,152,3). Im „Grab des Schiffes" von Caere (Ende des 7. Jahrhunderts) ließ der reiche Besitzer vermutlich sein eigenes Schiff darstellen.

Schiffsmodelle aus der Region entlang des Tiber zeigen, dass man in Latium den Flussweg für den Transport von Waren in das Landesinnere benützte. Die Flussfahrt brauchte jedoch nicht eine so aufwändige Vorbereitung wie die Schifffahrt auf hoher See, die bei den Latinern im 7. Jahrhundert nicht nachgewiesen ist. Rom selbst baute seine Kriegsflotte erst im 3. Jahrhundert auf.

Wohnbehausungen Eine sichere Behausung zählt zu den Grundbedürfnissen der Menschen und kann, je nach den sozialen und wirtschaftlichen Verhältnissen, sehr unterschiedlich aussehen. Die meisten Hütten und Häuser Etruriens und Latium bestanden aus vergänglichem Material und sind daher nicht erhalten, Bauten aus festem Material wurden im Laufe der Jahrhunderte oft umgebaut. Erhalten haben sich aber die Ende des 6. Jahrhunderts zerstörte Siedlung beim Bach Acquarossa sowie Tarquinia und Roselle, die man in der Spätantike verließ.

Neben einfachen Hütten, die vor Kälte und Nässe gerade noch schützten, gab es im 7. und 6. Jahrhundert in Mittelitalien auch Häuser mit mehreren Räumen, ähnlich wie zahlreiche Gräber von Caere und Tarquinia, und Fundamenten aus festem Material, mit einem Sockel aus Tuffblöcken, welche den Lehmsockeln der älteren Bauten technisch überlegen waren (Veji Macchiagrande, ab der Mitte des 7. Jahrhunderts), und mit Tonplatten, die die Holzteile schützten (Murlo, Acquarossa, Rom usw.). Mehrere Häuser der Siedlung auf dem Plateau von Acquarossa aus dem 6. Jahrhundert bestehen aus zwei bis drei Räumen. In San Giovenale, zwischen Tarquinia und der modernen Stadt Viterbo, wurden um 600 v. Chr. die ovalen Hütten eines Dorfes aus dem 9. bis 8. Jahrhundert durch rechteckige Ein- bis Dreizimmerwohnungen ersetzt, die entlang einer schmalen gepflasterten Straße angelegt wurden. Die Grundmauern aus bis zu 1 m hohen Tuffblöcken stellen eine echte Neuerung dar. Der Überbau aus mit Lehm abgedichtetem Schilfrohr und Reisigholz entspricht hingegen traditioneller Technik. Kanäle zwischen den Häusern gewährleisteten den Abfluss von Regen und Abwässern.

Ähnlich wie in Etrurien – Vulci und Veji – erhielt sich in Lavinium und Ardea im 6. Jahrhundert der alte Stadtplan: Die neuen Häuser entstanden innerhalb der Siedlung entlang alter Straßen. Das Siedlungsareal von Lavinium wurde durch eine Mauer geschützt und bekam Abwässerungskanäle, Brunnen, große Bauten aus beständigem Material und eine Steinarchitektur; ähnliche Anlagen errichtete man in Ficana und Rom. In Satricum wurden im 6. Jahrhundert Bauten auf der Akropolis nach einem einheitlichen Plan errichtet. Neben den einfachen Hütten entstanden auch Häuser aus festem Material, die für eine breite Schicht der Bevölkerung gedacht waren.

c) Religion und politische Gemeinschaft

Ab dem 7. Jahrhundert machten sich Neuerungen auch im Bereich der Religion bemerkbar. Ihre ursprüngliche Aufgabe, nämlich dem Menschen Schutz zu versprechen, Trost vor Unheil, Armut und Tod zu spenden sowie eine Erklärung für unverstandene Naturvorgänge zu bieten, blieb naturgemäß erhalten. Neue Vorstellungen traten jedoch im Bereich der Theologie, der Organisation von Kulten und ganz allgemein im Bereich der Verfahren, mit denen man eine Situation verbessern konnte, hinzu. Sie führten im Laufe der Zeit zum Ausbau der Religion zu einem politischen Instrument des Gemeinschaftslebens.

Zur Theologie gehört die Erweiterung der Götterwelt. Griechische Götter (mit sprachlich etruskisierten Namen) und ihre Kulte wurden spätestens im 6. Jahrhundert in die etruskische Götterwelt aufgenommen: Der Apollon- und Hera-Kult sind Anfang des 6. Jahrhunderts in Gravisca, dem Hafen von Tarquinia, bezeugt. Auf einem aus Gravisca stammenden Steinanker vom Ende des 6. Jahrhunderts ist die Weihung des Händlers Sostratos an Apollon eingraviert (Pallottino 1988, Taf. 21). Es dürfte sich um den schon genannten, von Herodot (4,152,3) erwähnten Sostratos handeln. Der Apollon-Kult ist auch in Pyrgi und Caere inschriftlich belegt; eine überlebensgroße Statue des Gottes schmückte das Dach eines Tempels von Veji. Apollon war für fast alle Bereiche des öffentlichen Lebens zuständig und wirkte auch in den privaten Bereich hinein.

Erweiterung der Götterwelt

Diese Erweiterung bedeutet, dass man eine höhere Anzahl von Natur- und Lebensbereichen unter göttlichen Schutz stellte. Unter dem griechischen Einfluss wurden die Götter Etruriens und Latiums, die bereits im

8. Jahrhundert als voll individualisierte Wesen betrachtet worden waren, im 6. Jahrhundert als Menschen dargestellt, wie die etwas unterlebensgroßen Tonstatuen von Minerva und Herkules (in der griechischen Ikonographie der Athena und des Herakles) aus Veji zeigen. Die Ähnlichkeit von Göttern und Menschen hatte mit aristokratischer Gesinnung zu tun. Denn die Geschichte der Götter, der Mythos, lieferte die Modelle für die Selbstdarstellung der Aristokraten, die bei den Göttern auch die Legitimation ihrer Herrschaft suchten (s. S. 73 f.): Im ersten Viertel des 7. Jahrhunderts wurden Machtinsignien – ein Beil, ein Schild und ein gefaltetes Blasinstrument (*lituus*) aus Bronze – in einem heiligen Bezirk von Tarquinia vergraben. Die Organisation der Götterwelt ist nicht selten ein Spiegelbild der archaischen staatlichen Organisation der Menschen, die sich ihrerseits von der politischen Organisation der Götterwelt abhängig weiß und sich dadurch legitimiert.

Den Göttern weihte man kostbare Gegenstände. In Etrurien schrieb der Weihende bereits Anfang des 7. Jahrhunderts nicht selten seinen Namen darauf. Eine schriftlich fixierte Weihung hatte verpflichtenden Charakter auch für den Gott, es war ein Vertrag, den der Mensch mit dem Gott schloss und der ewige Gültigkeit für beide Seiten haben sollte.

Orte der Götterverehrung

Ab dem 7. Jahrhundert wurden auch für die Götter größere und vornehmere Unterkünfte errichtet: Depots für Weihgeschenke, wie jene auf dem Quirinal und dem Kapitol in Rom reichten nicht mehr allein aus. Kultstätten wurden vergrößert und verschönert. Darin zeigen sich wahrscheinlich neue Formen der Gottesverehrung und neue religiöse Vorstellungen, etwa dass die Distanz zwischen dem Durchschnittsmenschen und der Gottheit nun als kleiner empfunden wurde. Die prunkvolle Ausgestaltung der Gotteshäuser entsprach dabei jenen gestiegenen Ansprüchen, die der Adel auch für sich selbst stellte. Sicher waren auch die technischen Möglichkeiten im Bauwesen einfach besser geworden. Die Geschichte der Tempel illustriert sehr gut die sich unter etruskischem und griechischem Einfluss ändernden Bauformen.

Der älteste monumentale Tempel Etruriens entstand in Veji in den ersten Jahrzehnten des 6. Jahrhunderts an der Stelle, wo sich wahrscheinlich die Akropolis der Stadt befand. Der Tempel – ein rechteckiger Raum – war mit reliefierten und bemalten Tonplatten geschmückt: Krieger mit Wagen und zu Fuß spiegelten die Ideologie adeliger Auftraggeber, die sich unter göttlichen Schutz stellten.

In Latium wurde Satricum ab dem Ende des 8. Jahrhunderts zu einem religiösen Mittelpunkt, als eine Opfergrube und ein Depot für Weihgaben eingerichtet wurden: Mit der Zeit sammelten sich hier unzählige Weihgeschenke, Kleinplastik aus Ton und Bronze, Gefäße usw. an. Das Votivdepot wurde ab der zweiten Hälfte des 6. Jahrhunderts innerhalb von fünfzig Jahren zweimal umgestaltet, ein festes Mauerwerk gab nun der Anlage ein repräsentatives Aussehen, zu dem kostbare reliefierte und bemalte Tonplatten (Ende des 6. bis Anfang des 5. Jahrhunderts) beitrugen. Kultempfängerin war eine inschriftlich genannte, sonst nicht allzu bekannte Gottheit namens Mater Matuta. Eine lateinische und eine etruskische Inschrift nennen Weihungen (s. S. 78) und weisen auch auf die überregionale Attraktivität des Heiligtums von Satricum, das auch von Etruskern aufgesucht wurde. Große Anlagen für den Götterkult ersetzten im 6. Jahrhundert auch in Gabii und Lavinium, Palestrina und Rom ältere kleinere Bauten.

In Rom entstand Ende des 7. Jahrhunderts oder einige Jahre später auf dem Rindermarkt bei Sant'Omobono ein Heiligtum (10,30 m im Quadrat) und wurde mit reliefierten Tonplatten versehen. Es lag unweit der Tiberfurt, also am Weg von und nach Etrurien und wurde wahrscheinlich von Reisenden aufgesucht, wie einheimische, etruskische und griechisch-euböische Keramik aus dem Weihdepot des Tempels und im Tempelareal sowie eine etruskische Inschrift auf einem Bucchero-Teller (ET La 2.4) nahe legen. Um 575 v. Chr. oder (der Befund ist umstritten) um 540–530 wurde an der Stelle der Kultstätte ein Tempel von etwa 13 m × 11 m Grundfläche errichtet. Auch dieser war mit reliefierten Tonplatten verziert; die Wagenprozessionen illustrieren wohl die kriegerische Tätigkeit des Adels, welche sich unter göttlichen Schutz stellte. Wieder war eine etruskische Inschrift auf einem Elfenbeinlöwen (ET La 2.3) unter den Weihgaben, wohl ein Zeichen seiner Internationalität.

Kulte sind ein Zeichen dafür, dass der Mensch das Wohlwollen einer Gottheit gewinnen will und deren wohltätiges Eingreifen für sich beansprucht. Weihinschriften und die Darstellung von Kulthandlungen dienten dem Verewigen der Aktion; die Gottheit soll dauerhaft an den Bittsteller und seine frommen Handlungen erinnert werden: Die 17 phallischen Kriegerfigürchen, die auf dem Deckel der Bronzeamphore von Bisenzio in Inneretrurien (Ende des 8. Jahrhunderts; s. S. 38) um ein Tier tanzen, stellen eine solche, in Bronze verewigte Kulthandlung dar.

Kulte und Rituale

In Etrurien und in Latium finden sich – von den Tempeln als Wohnhäuser des Gottes abgesehen – verschiedenste Formen von Kulten und Ritualen. In Pisa wurde ein großer Erdhügel (30 m Durchmesser) aus dem 7. Jahrhundert mit einer Opfergrube, einem Altar, einem (Opfer-)Messer, mit Bratspießen und einem Dreizack gefunden (Camporeale 2000, Taf. 313). Bei dem Erdhügel befanden sich mehrere Gräber, die wegen der Nähe zum Kultplatz dort angelegt worden sein dürften.

Relativ früh verbreitet war in Latium (Lavinium, Tusculum und Rom) wie in Etrurien (Tarquinia: letztes Viertel des 6. Jahrhunderts: ET Ta 3.2) der griechische **Dioskuren**-Kult – die älteste Weihinschrift aus Latium etwa nach der Mitte des 6. Jahrhunderts war den Dioskuren gewidmet (s. S. 95).

Dioskuren
Die göttlichen Zwillinge Kastor und Polydeukes, die Söhne des Göttervaters Zeus, galten als Helfer in Seenot (Homer. Hymnus 33) und in Schlachten sowie als Beschützer der Reiterei, die in Rom und in Latium (Cisterna di Latina u. a. m.) immer wieder dargestellt wurde. Ihr Kult gelangte aus den griechischen Kolonien Süditaliens nach Latium und Etrurien. Die Dioskuren dürften allerdings auf eine vorindoeuropäische Stufe zurückgehen, so dass in Etrurien die Kenntnis eines unabhängig von den Griechen helfenden göttlichen Zwillingspaares anzunehmen ist. Dafür spricht in erster Linie die ältere Bezeichnung der Dioskuren im Griechischen als *Tindaridai* (IG V, 1 305.919.937); die Form *Tindar* ist mit dem etruskischen Wort *tinthur* in Verbindung gebracht worden, das die Bedeutung „Sprössling des Tinia" (= Wettergott wie der griechische Zeus) hat. Die alte griechische Form *Tindaridai* (= Söhne des Tinia = Söhne des Zeus) – häufiger *Tyndaridai* (= Söhne des Tyndareos) – dürfte auf eine vorgriechische Stufe zurückgehen.

Die frühgeschichtliche Entwicklung Etruriens und Latiums

Am Rande der Nekropole von Lavinium (10.–7. Jahrhundert) befand sich ein archaisches Hügelgrab (7. Jahrhundert), das man im 4. Jahrhundert, in der Blütezeit der Siedlung, erweiterte und in eine Kultstätte des Aeneas, des Ahnherrn der Römer, umgestaltete, wie wir schon sahen (s. S. 72).

In Ritualen wurden ab dem 7. Jahrhundert auch kostbare Gegenstände verwendet: Zusammen mit den bereits erwähnten Statuen und Weihinschriften wurden Opfermesser (lat. *sacena*), Krummstab (lat. *lituus*) und Räuchergefäße ('Wagen' von Bisenzio) benutzt, die in der bisherigen liturgischen Ausstattung kaum eingesetzt worden waren.

Priesterschaft — Personen, die sich der Pflege der Kontakte mit den Überirdischen widmeten, gab es schon in der Frühzeit. Ob und inwieweit Priester und weltliche Herrscher in der Antike getrennte Aufgaben hatten, lässt sich nicht ohne weiteres feststellen, denn die Grenzen zwischen den beiden Bereichen waren nicht so scharf gezogen, wie sie es in unseren modernen westlichen Gesellschaften sind: Auf einer Tonplatte aus Caere ist ein Machthaber dargestellt, der mit seinen Insignien – Klappstuhl, Zepter und rote Schuhe – vor der Statue einer Göttin sitzt. Thefarie Velianas, der Herrscher von Caere, weihte Ende des 6. Jahrhunderts einen „heiligen Ort" der punischen Göttin Astarte (s. S. 141). Gruppen, die sich hauptberuflich mit dem Religiösen beschäftigten, um den Ausbau und die Errichtung von Heiligtümern bemühten, den Willen der Götter erkunden und die Götter durch Opfer und Riten wohlwollend stimmen sollten, gehörten daher der Oberschicht an. Eine solche Priesterschaft kann erst dann entstanden sein, als andere Mitglieder der Gesellschaft den Unterhalt dieser Experten für die Welt der Götter und Geister bestreiten konnten.

Religiöse Aufgaben — Auch in Etrurien war eine solche Priesterschaft für den Umbau der älteren Kultstätten, die nun größer und reich dekoriert gestaltet wurden, für die Errichtung neuer Tempel, die Übernahme griechischer Götter und ihre Integration in die etruskische Götterwelt, für die Organisation von Kulten und Ritualen mit den dazugehörigen Geräten sowie wahrscheinlich für die Ausarbeitung einer frühen Version der Lehre des mythischen Tages (s. S. 96) verantwortlich. Als am Beginn des 5. Jahrhunderts der Opferkalender von Capua niedergeschrieben wurde, hatten die dort beschriebenen Opferrituale eine lange Entwicklung hinter sich, wie der **etruskische Kalender** selbst und das detaillierte und streng normierte Vorgehen bei den Zeremonien nahe legen, die man nun vor Änderungen bewahren wollte.

E | Der etruskische Kalender

Der früheste Kalender Etruriens und Latiums war ein etruskischer (Mond-)Kalender, wie der Terminus *Itus* für die Monatsmitte zeigt (Varro, De lingua latina 6,28; Macrobius, Saturae 1,15,14–17): Die lateinische Wiedergabe des Wortes mit dem harten Konsonanten <t> (statt des lateinischen *Idus)* sichert seinen etruskischen Ursprung – die etruskische Sprache kennt keine weichen Konsonanten. Auch dürften die lateinischen Namen der Monate September bis Dezember, welche die Monate nach einem alten zehnmonatigen (Mond-)Kalender benennen, Übersetzungslehnwörter aus dem Etruskischen sein. Ebenso könnte der Name des Monats April (lat. *Aprilis*) eine etruskische Entlehnung aus einer verkürzten griechischen Form des Namens des Liebesgöttin Aphrodite sein: Der Monat April wird in der Überlieferung als der Monat der Aphrodite bezeichnet, phonetisch ist gr. [ph] > etr. [p] regulär.

Stadt und Staat: Entstehung und Entwicklung

Hüter und Ausführende von Kulten und Riten waren in Etrurien die Leberbeschauer, die allerdings erst ab dem 4. Jahrhundert bildlich dargestellt wurden: In dieser Zeit hatten sie eine eigene Tracht und dies spricht dafür, dass sie bereits formal organisiert waren. Wir wissen nicht, wie diese Organisation aufgebaut war, denn etruskische Priesterkollegien sind erst in der römischen Kaiserzeit nachgewiesen.

In Latium wirkten gegen Ende des 7. Jahrhunderts die alten Priesterkollegien weiter (s. S. 44 ff.). Am besten sind wir über die Lage in Rom unterrichtet. Hier wurde das urtümliche Ritual der Fetialen ausgebaut, denen die religiösen Formen zwischenstaatlicher Beziehungen der latinischen Gemeinschaften, also Kriegserklärungen, Waffenstillstandsabkommen, Friedensschlüsse und Verträge oblagen. Die Einhaltung mündlicher Abkommen wurde religiös sanktioniert.

Für wichtige Opfer im Interesse der Gemeinschaft war der *rex* („König") zuständig, welcher ursprünglich auch die weltliche Herrschaft ausübte. Nach dessen Vertreibung aus Rom Ende des 6. Jahrhunderts (s. S. 150) übernahm der *rex sacrorum* oder *rex sacrificulus* („Opferkönig"), dessen Amt damals wohl eigens dazu geschaffen wurde, die Opferpflichten, damit die Götter keine Nachteile durch das Ende der Königsherrschaft hätten. In republikanischer Zeit stand er der Priesterhierarchie vor (Festus 198, 30 L.) und hatte bei Festmählern (Servius, Ad Aeneidem 2,2; Gellius, Noctes atticae, 10,15,21) den ersten Rang, dennoch war seine Tätigkeit der Kontrolle des Oberpriesters, des *pontifex maximus* unterworfen. Zu seinem Amtsbereich gehörten die Einhaltung des Kalenders und die Ankündigung der monatlichen Feste (Varro, De lingua latina 6,13; 4,28; Macrobius, Saturnalia 1,15,19). Der ursprüngliche **römische Kalender** war in einer Zeit starken etruskischen Einflusses entstanden, wie das etruskische Wort *itus*, das die Monatsmitte bezeichnet, zeigt.

> **Der römische Kalender**
> Der ursprüngliche Kalender Roms dürfte ein Jahr von 304 Tagen in zehn Monaten gewesen sein, wie die Monatsnamen Juli (lat. *quinctilis* = „der Fünfte") bis Dezember zeigen. Die Überlieferung schrieb die Reform des Kalenders und die Schaffung eines lunisolaren Kalenders von zwölf Monaten mit insgesamt 354 Tagen und einem Drittel (29,53 Tage mal 12 Monate) dem aus dem Sabinerland stammenden König Numa zu (Livius 1,19,6; Cicero, De legibus 2,12): Er soll zwei weitere Monate hinzugesetzt und durch das Einfügen von Schaltmonaten das Mondjahr mit dem Sonnenjahr von 365 Tagen in Übereinstimmung gebracht haben. Doch dieser so genannte Kalender von Numa dürfte nicht vor der Mitte des 5. Jahrhunderts ausgearbeitet worden sein.

Priester aus Latium schufen wohl das Amt des Herolds (lat. *calator*), der die Aufgabe hatte, durch lautes Rufen (lat. *calare*) die Ankunft des Oberpriesters zu verkünden. Die Einrichtung wurde in Etrurien übernommen: Ein *kalatur* ist wahrscheinlich in der ersten Hälfte des 7. Jahrhunderts in Tarquinia (ET Ta 2.3: *kala-[*) und sicher im dritten Viertel des 7. Jahrhunderts in Caere belegt (ET Cr 2.31: *kalaturus*).

Im letzten Viertel des 7. Jahrhunderts entstand an der Heiligen Straße (*via sacra*) unweit des archaischen Vesta-Tempels (Plutarch, Numa 14,1) und des Hauses der Vesta-Priesterinnen, an der Stelle älterer Hütten ein neuartiger Bau, das Amtsgebäude des *rex*, die *regia* (Festus 347, 12 L.):

Das Amtsgebäude des „Königs" in Rom (*regia*)

Die frühgeschichtliche Entwicklung Etruriens und Latiums

Eine lateinische Inschrift aus diesem Areal, die vermutlich aus der Mitte bis dem letzten Viertel des 6. Jahrhunderts stammt, nennt einen „König" (CIL I². 4,2830). Die Ausgrabungen ergaben technische Verbesserungen gegenüber der früheren einfachen Hütte: Das Haus reiht sich in den baulichen Aufschwung, der sich in Rom im 6. Jahrhundert auch sonst feststellen lässt. Bereits der ältere Bau besaß einen Hof, Steinfundamente, einen Tuffsockel, Seitenwände aus Trockenlehmziegeln und eine Holzdachkonstruktion. Im 6. Jahrhundert wurde die Anlage durch Brand zerstört und der Nachfolgebau (um 580–570; 2. Phase) vergrößert. In der 3. und 4. Phase Mitte des 6. Jahrhunderts wurde die *regia* erneut erweitert und verschönert.

In diesem Amtsgebäude wohnte in republikanischer Zeit der Oberpriester (*pontifex maximus*: Cicero, Ad Atticum 10,3). Man kann heute nicht leicht ermitteln, welchen Einfluss er auf die Politik Roms tatsächlich hatte. Seine Macht wird allerdings nicht zuletzt angesichts der räumlichen Nähe zum Sitz des Senats nicht gering gewesen sein.

Verwendung der Schrift in Etrurien

In Etrurien war die Schrift von der ersten Hälfte des 7. Jahrhunderts an, anders als in Griechenland, eng mit der Religion verbunden, worauf die zahlreichen Weihinschriften aus Veji, Caere und Tarquinia hinweisen. Denn eine Folge der neuen Errungenschaft war, dass der fromme Adelige sich in Weihinschriften an die Gottheit, von der er Schutz und Hilfe erwartet, direkt wendete. Der Name des Stifters der Weihgaben sollte im Bewusstsein der Gottheit (und der Mitmenschen) verewigt werden, gleichsam ein weiteres Zeichen des neuen Selbstbewusstseins der Oberschicht. Weihinschriften vornehmer Etrusker sind in Rom belegt; sie sind im 6. Jahrhundert sogar zahlreicher (6:2) als die lateinischen: Erwähnenswert ist eine Weihinschrift vom Gelände des Mater Matuta-Tempels bei Sant'Omobono auf dem Forum Boarium (ET La 2.3: vor der Mitte des 6. Jahrhunderts). Sie nennt den wahrscheinlich aus Tarquinia oder aus Sulcis auf Sardinien stammenden Araz Silqetenas Spurianas, welcher den Namen auf einem kostbaren Elfenbeinlöwen hatte eingravieren lassen (Pallottino 1993, Abb. 17).

Die schriftliche Fixierung eines Geschenkes an die Gottheit bedeutete, dass sich diese an der Weihgabe erfreuen und an den Stifter erinnern sollte, solange die Inschrift lesbar war. Die Texte hatten somit eine Art juristischen Charakter und zielten mit der frühen Formel *do ut des* („ich gebe, damit du gibst") auf die Verpflichtung zu einer Gegengabe ab. Auch später hatten die meisten längeren etruskischen Texte einen religiösen Inhalt – der älteste davon ist der Opferkalender auf der Tontafel von Capua (Anfang des 5. Jahrhunderts). Ebenso hingen die zahlreichen Grabinschriften mit den Jenseitsvorstellungen zusammen: Sie sollten den Namen und damit die Identität des Verstorbenen verewigen, wohl als Voraussetzung für ein ewiges Leben.

Die Bindung an die Religion erklärt auch den relativ einheitlich genormten Charakter der Schrift und der Sprache der Etrusker, gleichsam verbindende Elemente der etruskischen Städte – darin zeigte sich ein deutlicher Gegensatz zu den griechischen Städten, in denen es sehr unterschiedliche Alphabete und Dialekte gab.

Verwendung der Schrift in Latium

In Zusammenhang mit der Religion wurde die Schrift in Latium, anders als in Etrurien, erst im 6. Jahrhundert und generell nicht oft verwendet, zu-

Stadt und Staat: Entstehung und Entwicklung

mindest nicht auf dauerhaften Schriftträgern. Die älteste Weihinschrift Latiums (um 600) ist nicht auf Latein, sondern in etruskischer Sprache verfasst: Der Familienname eines etruskischen Weihenden in Satricum (*Velchaina*: ET La 3.1) weist auf Caere als seinen Herkunftsort hin. Eine der ältesten lateinischen Weihinschriften aus Latium (zwischen dem 6. und dem 5. Jahrhundert: CIL I^2,4,2833) stammt aus der Nähe von Lavinium und ist „den Dioskuren, den Söhnen (des Zeus)" (*castorei:podlouqueique/qurois*) gewidmet. Die Inschrift ist auf einem Bronzeplättchen eingraviert (30 cm × 5 cm), das an einem Gegenstand befestigt war. Die Buchstabenformen ahmen griechisch-archaische Vorbilder nach; aber die Verwendung des Buchstabens <C> anstatt des griechischen <K> und die Verbindung der Namen der beiden Dioskuren Castor und Pollux durch die Verbindungspartikel *-que* ist lateinisch.

Die Inschrift auf dem so genannten *lapis niger* („schwarzer Stein"; CIL I^2,4,1) auf dem Forum in Rom dürfte die schriftliche Fixierung eines Kultgesetzes gewesen sein. Sie ist auf einem abgebrochenen Tuffstein (47 cm × 52 cm) aus der Umgebung von Veji eingraviert. Genannt werden der König (*recei*), (s)ein Herold (*calator*), die Volksversammlung (*comitia*), das göttliche Recht (*fas*) und vielleicht ein Zugtier (*iouxmenta*). Man hat die Inschrift ins 6. Jahrhundert, in die Mitte des 6. Jahrhunderts oder auf die ersten Jahrzehnte des 4. Jahrhunderts datiert. Die unterschiedlichen Datierungen ergeben sich aus dem Grabungsbefund, der keineswegs gesichert ist: Die Scherben korinthischer Keramik, die man unweit vom „schwarzen Stein" fand und worauf letzten Endes die Datierung der Inschrift ins 6. Jahrhundert beruht, sind größtenteils Aufschüttungsmaterial. Andererseits dürfte sich aber auch aufgrund der Überlegung, dass das veientische Tuffgestein Rom erst Anfang des 4. Jahrhunderts zugänglich wurde, als Rom Veji eroberte, eine spätere Datierung der Inschrift nicht beweisen.

Eng verbunden mit der Bestrebung des Menschen, die eigenen Lebensverhältnisse immer besser zu gestalten, war in der Antike der Versuch, das Schicksal der Gemeinschaft gegebenenfalls zu korrigieren. Voraussetzung dafür war die Notwendigkeit, die Zukunft rechtzeitig in Erfahrung zu bringen. Dies erfolgte in erster Linie durch das Orakel. *Pfiffig* definiert das Orakel als „Ausspruch einer göttlichen Macht über zukünftiges Geschehen oder über den göttlichen Willen selbst; in der institutionalisierten Form ist es die Auskunft an einem bestimmten Ort in festgelegten Formen auf eine konkrete Frage".

Orakelwesen

Zu den uns überlieferten Methoden gehörten in erster Linie die Leber- und die Blitzbeobachtung bei den Etruskern sowie der Vogelflug bei den Römern. Wahrsager und Vollstrecker des göttlichen Willens waren in Etrurien besonders ausgebildete Männer, die **Leberbeschauer** und die **Blitzdeuter**. Die Leberschau war in Männerhand und wurde von Mitgliedern der etruskischen Aristokratie gepflegt und innerhalb der Familien weiter tradiert (Cicero, Ad familiares 6,6; Tacitus, Annales 11,15). Der im 2. Jahrhundert v. Chr. lebende Komödiendichter Plautus erwähnte (Miles gloriosus, 693) eine „Leberbeschauerin" (*haruspica*) in spöttischem Sinn, sonst aber gibt es keine Nachrichten über Frauen, die in Etrurien die Leberschau und die Wahrsagerei ausgeübt hätten; allerdings steht bei Livius (1,34,9), dass Tanachvil, die Gattin des Tarquinius Priscus, „wie die Etrusker allgemein, eine mit überirdischen Erscheinungen vertraute Frau" war.

Leberbeschauer und Blitzdeuter
Der etruskische Leberbeschauer war der *netsvis* (ET Um 1.7), lat. *haruspex* (Cicero, De divinatione 1,14 [24]; 2,53 [109]). Dieses Wort bildet sich aus lat. *haru*, „Eingeweide", in engerem Sinn „Leber", und lat. *specio*, „sehen". Zuständig für die Beobachtung und die Interpretation der Blitze war der *trutnvt* (ET Um 1.7), lat. *fulguriator* (Cicero, De divinatione 2,53 [109]). Weitere Namen für Priester sind im Etruskischen nicht eindeutig belegt.

Überirdische Wesen sollen den Etruskern eine heilige Lehre offenbart haben, damit sie den Willen der Götter erkennen und erfüllen konnten. Träger der Offenbarung waren der Kulturheros **Tages** und die Nymphe Vegoia (etr. Vecui, Vecuvia). Als Bindeglied zwischen Mensch und Gottheit soll Tages hilfreiche gemeinschaftliche Einrichtungen gestiftet und den Weg zum Heil der Menschen gezeigt haben.

Tages
Nach Cicero (De divinatione 2,23 [50]) wurde Tages, ein Kind mit der Weisheit eines greisen Mannes, unweit von Tarquinia von einem Bauer Namens Tarchon aus einer Ackerfurche herausgepflügt. Auf das Geschrei des Bauern hin lief ganz Etrurien zusammen. Tages fing an zu reden (oder zu singen), man schrieb seine Lehre auf, welche die Römer „Etruskische Disziplin" nannten (*Etrusca disciplina*): Sie enthielt die Richtlinien für die Leberschau, für die Blitzdeutung und für Rituale, welche die Gründung von Städten mit Tempeln und Mauern, das Jenseits und das Menschenschicksal betrafen. Der etruskische Text ist nicht erhalten, wohl aber sind Teile davon in lateinischen Übersetzungen aus dem 1. Jahrhundert v. Chr. auf uns gekommen. Die schriftliche Fassung mit ihrem normativen Charakter entstammt der republikanischen Zeit. Einige Grundgedanken mögen jedoch auf eine frühe, nicht näher definierbare Periode zurückgehen. Tages dürfte auf dem Deckel einer Bronzekiste aus Palestrina (3. Jahrhundert: Pfiffig 1975, Abb. 4) bei der Verkündung seiner Lehre dargestellt sein.

Darstellungen der Leberschau – auf einer Urne aus Volterra und auf einem Spiegel – sind vor dem 4. Jahrhundert nicht bekannt. Aber die Lehre des Tages dürfte auf frühere, nicht näher bestimmbare Zeiten zurückgehen: Sie setzt nämlich die Vorstellung voraus, dass sich der Mensch durch Befolgung von Normen bei der Gründung von Städten, bei der Organisation des Zusammenlebens usw. in die göttliche Weltordnung einordnet. Diese Normen waren verpflichtend und beruhten auf der Annahme, dass menschliche Handlungen im Universum Folgen haben. Solche Vorstellungen gehörten einer mythischen Stufe der Geistesgeschichte an und sind daher sehr urtümlich.

Ebenso urtümlich dürfte die rhythmische, das Auswendiglernen erleichternde Abfassung des Textes von Tages gewesen sein – Tages „sang" nach Censorinus, De die natali 4,13, aber nach Cicero, De divinatione 2,23 [50] sprach er –, was für eine Entstehungszeit vor der Einführung der Schrift spricht. Allerdings sollen die Vertreter der Völker Etruriens die Lehre „aufgeschrieben" haben (Censorinus, De die natali 4,13); man muss daher mit unterschiedlichen Bearbeitungen der Tages-Sage im Laufe der Zeit rechnen.

Stiftungen etruskischer Machthaber an griechische Götter kamen in Olympia, Delphi, Ägina, Lindos auf Rhodos und auf der Akropolis von Athen ans Licht: Dort lagen die vertrauenswürdigsten Heiligtümer des Mittelmeerraumes, in Delphi und Olympia die erfahrensten Orakelstätten Griechenlands. Gefunden wurden kostbare Bronzegegenstände wie Weihrauchständer, Dreifüße, Weinsiebe usw., die ab dem Ende des 6. Jahrhunderts zu datieren sind. Eine Inschrift aus Delphi (Anfang des 5. Jahrhunderts) nennt eine Weihung der Tyrrhener an Apollon (Fouilles de Delphes III,4,1954, Nr.124–129).

Nach Strabo (5,2,3 C 220, ohne chronologische Anhaltspunkte) soll Caere ein eigenes Schatzhaus in Delphi errichtet haben, wohl zur Unterbringung wertvoller Geschenke für den delphischen Apollon: Pausanias (2. Jahrhundert n.Chr.), Autor einer *Beschreibung Griechenlands*, erwähnt in seiner detaillierten Schilderung von Delphi jenes Schatzhaus nicht; ein solcher Bau konnte bis jetzt nicht identifiziert werden.

3. Die Stadtstaaten der Etrusker und der Latiner

Neue Formen der Gesellschaft, der Wirtschaft und der Politik entstanden in Etrurien und Latium ab dem 7. Jahrhundert – wann genau und infolge welcher Entwicklungsstufen ist nicht restlos geklärt. Dieser Prozess der sozialen Entwicklung verstärkte sich im Laufe des 7. und des 6. Jahrhunderts immer mehr: Er führte einerseits zur Etablierung einer Aristokratie, andererseits zur Bildung einer wirtschaftlich kräftigen Mittelschicht.

Neue Formen des Zusammenlebens

Die Landwirtschaft, die Errichtung von Großbauten, der Betrieb von Werkstätten sowie die Schifffahrt zu Handelszwecken und die Verteidigung des Landes setzen Land- und Feldmesser, Baufachleute, Künstler (Kunstmaler und Töpfer, Ziselierer, Goldschmiede usw.), Reeder und Navigatoren sowie Heeresanführer voraus. Diese Berufsgruppen verrichteten immer wiederkehrende Aufgaben, die eine spezialisierte Ausbildung erforderten: Sie wurden mit der Zeit zu vollzeitbeschäftigten Spezialisten. Die Handwerker konnten daher nur leben, wenn sie ihre Ware verkauften und sich vom Erlös die notwendigen Lebensmittel – d.h. agrarische Produkte – beschaffen konnten; sie wurden also von anderen ernährt, während sie dafür mit ihren handwerklichen Produkten deren Bedürfnisse erfüllten.

Die Pflege der Beziehungen zu den Göttern, von denen man sich existenziell abhängig fühlte, wurde ebenfalls Fachleuten anvertraut, die man in die tägliche Politik mit einbezog: „Heilige" Personen leiteten kultische Handlungen, die man nun nach straffem Zeremoniell regelte – denn von den Göttern hing der Lauf der Jahreszeiten ab und von diesen wiederum die Ernte, Lebensgrundlage der Gemeinde.

Ab dem 7. Jahrhundert ist also eine Arbeits- und Aufgabenteilung erkennbar, die den Aufbau der Gesellschaft und eine soziale Differenzierung vorantrieb. In der verstärkten Spezialisierung, in der Entwicklung mancher Tätigkeiten zu echten Berufen und in der Übernahme der Schrift seitens einer breiteren Schicht der Bevölkerung lag der Unterschied zur vorangegangenen Epoche. Die hohe Anzahl der etruskischen Inschriften ab dem

7. Jahrhundert und die Tatsache, dass solche im 6. Jahrhundert nicht nur auf kostbare, sondern auch auf einfache Gegenstände geschrieben wurden, zeigen, dass in Etrurien innerhalb kurzer Zeit eine breite Schicht der Bevölkerung schreiben und lesen lernte. Die vielleicht durch die Religion vermittelte Kenntnis der Schrift blieb also nicht ausschließlich nur Vorrecht einer kleinen Oberschicht und trug zur Ausbildung des Standesbewusstseins einer neuen Mittelschicht wesentlich bei.

Mit der Zeit, etwa ab dem 7. oder 6. Jahrhundert wurde eine Rechtsprechung notwendig, welche die täglichen Reibereien zu schlichten vermochte. Die neuen Einrichtungen machten eine Führungsschicht immer mehr unentbehrlich. Diese verankerte ihre Machtposition auf Dauer, institutionalisierte ihre Herrschaft und schuf so einen regelrechten Verwaltungsapparat mit unpersönlichen Ämtern. Ihre Privilegien schützte sie, indem sie auch die Gunst der überirdischen Mächte suchte und deren Verehrung pflegte, worauf in Etrurien ab Beginn des 7. Jahrhunderts die zahlreichen Weihinschriften hinweisen. Sie musste von nun an auch auf die Gefahren aus dem Ausland reagieren – und diese Gefahren gingen in Mittelitalien konkret von den Italikern der bergigen Regionen des Apennin aus –, was auch die Aufstellung eines ständig einsatzbereiten Heeres notwendig machte; dies führte wiederum zu einer neuen und vom Vermögen abhängigen sozialen Gliederung der Bevölkerung. Hier waren bereits Voraussetzungen zu einer staatlichen oder zumindest einer staatsähnlichen Organisation geschaffen.

Erst die Bildung dauerhafter Herrschaftseinrichtungen garantiert die Durchführung immer wiederkehrender Aufgaben und signalisiert das Hervortreten staatlicher Strukturen. Die Forschung bezeichnet Siedlungen, in denen die Verteidigung, der Frieden und die Verteilung der Ressourcen von eigens dafür geschaffenen und ausschließlich zuständigen Organen garantiert wurden, mit dem aus der griechischen Geschichte entlehnten, etwas unscharfen Terminus „Polis" (plur. „Poleis") und im Deutschen als „Stadtstaaten", obwohl diese Siedlungen nicht wie mittelalterliche Städte, sondern wie größere Dörfer aussahen.

Die neue Organisation entstand erst mit dem Zusammenwachsen der Siedlung, ging letzten Endes nicht vom Adel, sondern von den neu hervorgetretenen sozialen Schichten der Gemeinde aus, wenngleich sich manche adeligen Geschlechter ein Machtmonopol reservierten.

In Etrurien und in Latium entwickelte sich das Siedlungswesen teilweise parallel, doch nicht überall gleichzeitig: In Latium sowie in Inneretrurien (Chiusi, Arezzo, Cortona, Perugia usw.) fand eine solche Entwicklung erst im Laufe des 6. Jahrhunderts statt, also einige Jahrzehnte später als in Südetrurien. Eine genaue Zeitangabe hängt von der Datierung der archäologischen Reste ab, die für das 8. bis 6. Jahrhundert sehr ungenau ist und daher keine verbindliche Aussage ermöglicht.

Die Entwicklung zur Staatlichkeit ist in Mittelitalien als mediterranes Phänomen zu sehen, denn sie erfolgte dort nicht viel später als im griechischen Raum, mit dem Mittelitalien über Kampanien seit dem 8. Jahrhundert in enger Verbindung stand: Da die Gesellschaften in beiden Kulturkreisen ähnliche Probleme wie Bevölkerungszunahme, Ernährung, Verteidigung usw. zu bewältigen hatten, die schon früher aufgetaucht waren, als die Griechen nach Italien kamen, entwickelten sie ähnliche Überlebens-

a) Die Siedlungen Etruriens und Latiums

Eine Berechnung der Siedlungsfläche der Städte Etruriens und Latiums im 7.–6. Jahrhundert hat zu unterschiedlichen, kaum brauchbaren Ergebnissen geführt, denn die Messungen beruhen teilweise auf Streufunden. Die Fläche von Veji schwankt bei den verschiedenen Untersuchungen zwischen 190 und 242 ha, jene von Tarquinia zwischen 120 und 150 ha, die von Caere zwischen 120 und 150 ha, jene von Vulci zwischen 150 und 180 ha usw. Eine Ausnahme bildet Roselle, dessen Mauerring Ende des 7. Jahrhunderts entstand und eine Länge von etwa 3 km hatte: Die ummauerte Fläche betrug in Roselle demnach etwa 60 ha, es bleibt allerdings offen, ob die Fläche des Plateaus von Anfang an vollständig besiedelt war. Die Siedlungen Latiums waren im 6. Jahrhundert nicht so ausgedehnt wie die etruskischen: Ficana und Gabii dürften 10 bis 15 ha umfasst haben, Fidenae etwa 45 ha; Castel di Decima war mit ca. 100 ha etwa genauso groß wie Volterra.

Bestimmung der Siedlungsfläche

Die territorialen Grenzen der etruskischen Stadtstaaten können auch anhand kultureller Eigentümlichkeiten nachgewiesen werden, etwa durch unterschiedliche Schrift oder eigene Typologie der Gräber – so sind Kammergräber vom Caeretaner Typus auch weit im Landesinneren, unweit von San Giovenale, belegt. Die urkundlich genannten Grenzen der mittelalterlichen Diözesen scheinen oft ebenfalls mit denen der etruskischen Stadtstaaten übereinzustimmen, die im 1. Jahrhundert v. Chr. nach der juristischen Vereinheitlichung Italiens römische Munizipien oder Kolonien geworden waren. Auf dem Gebiet der historischen Geographie hat die Etruskologie zweifellos einen großen Nachholbedarf.

Die Etrusker selbst hatten um die Mitte des 7. Jahrhunderts in ihrem Sprachschatz das Wort *spura* (ET Fa 3.1). Die zahlreichen, meist jüngeren Belege ergeben die Bedeutung „Gemeinschaft" im Sinne von „Stadtstaat". Wenn es im Laufe der Zeit zu keiner Bedeutungsverschiebung gekommen war, so bezeichnete *spura* im 7. Jahrhundert einen räumlichen Bereich, in dem man politische Tätigkeit durchführte; eine *spura* konnte bewegliche Güter besitzen. Das Phänomen „Stadt" war also den Etruskern damals durchaus bewusst. Erst im 4. Jahrhundert (ET Ta 1 170) ist das Wort *methlum* (lat. *urbs*) belegt und im 3. Jahrhundert *cilth,* der religiöse Mittelpunkt der Siedlung (lat. *arx*).

Politische Terminologie

Wenngleich man mit Bedeutungsverschiebungen rechnen muss, dürfte das etruskische *spura* mit dem sabellischen *touta*, mit dem lateinischen *civitas* und mit dem griechischen Wort *polis* sinnverwandt gewesen sein. Die Feststellung, dass die etruskischen, sabellischen und lateinischen Termini völlig unterschiedlich sind, zeigt, dass die Gemeinschaften und ihre jeweiligen Einrichtungen selbständige Entwicklungen durchgemacht hatten.

Dass der Staatsbegriff *spura* sich nicht allein auf die Bürger, sondern auch auf ein klar begrenztes Staatsgebiet bezog, zeigt die von Fiesole etwa

10 km Luftlinie entfernte Fundstelle der Inschrift von Antella südwestlich von Florenz (4. Jahrhundert; ET Fs 8.2–8.5): Die in einen Felsen gehauene Inschrift trägt das etruskische Wort *tular*, „Grenze", mit dem näheren Hinweis *spural*, „des Stadtstaates". Die „städtische" Grenze fiel hier nicht mit der Stadtmauer und auch nicht mit den Grenzen des Siedlungsgebietes zusammen. Die Inschrift bezieht sich auf das städtische Territorium.

Namen etruskischer Städte

Etruskische Städtenamen sind inschriftlich belegt: *Kysra* (lat. *Caere*, heute Cerveteri), *Tarchna* (lat. *Tarquinia*, heute Tarquinia), *Velsna* (lat. *Volsinii*, heute Bolsena), *Velcl* (lat. *Volci*, heute Vulci), *Vatlun* (lat. *Vetulonii*, heute Vetulonia), *Pupluna* (lat. *Populonii*, heute Populonia), *Velathri* (lat. *Volaterrae*, heute Volterra), *Clevsi* (lat. *Clusium*, heute Chiusi), *Curtun* (lat. und heute Cortona) usw. Nach Ortsnamen gebildete Personennamen sind im Etruskischen ebenfalls bezeugt; sie wurden als Beinamen verwendet (*velznach* = „der aus Volsinii"). Bezeichnungen für die Siedlungsgemeinschaften sind nur auf Latein nachgewiesen (z. B. *Tarquinienses* für die Bewohner von Tarquinia).

Religiöse Grundlagen des etruskischen Städtewesens

Die etruskischen Machthaber stellten ihre Städte unter göttlichen Schutz und arbeiteten präzise Richtlinien und Regeln für das planmäßige Anlegen einer neuen Stadt aus, wie der Gebrauch eines Vermessungsgerätes, der *groma* (s. S. 83), und die genaue Himmelsorientierung bei der Gründung der Siedlung bei Marzabotto zeigen. Auf die religiösen Grundlagen des etruskischen Städtewesens weisen auch Stadtgründungsrituale hin, die in den Ritualbüchern der Etrusker beschrieben (Festus 358, 21 f. L.) und angeblich göttlichen Ursprungs waren (Cicero, De divinatione 2,50 [23]): Es war das göttliche Wesen Tages (s. S. 96), welches dem Bauern Tarchon die Lehrbücher der „etruskischen Disziplin" gegeben haben soll, gleichsam ein Hinweis auf einen tatsächlichen oder beanspruchten Vorrang Tarquinias unter den etruskischen Städten. Unter griechischem Einfluss wurde Tarchon zum Gründer von Tarquinia (Strabo 5,2,2 C 219) und anderer etruskischen Städte, etwa Pisa und Mantua (Servius, Ad Aeneidem 10,179; 198).

Städte Latiums

Zu den bedeutendsten Städten Latiums im 7. und 6. Jahrhundert zählten Palestrina, Castel di Decima, Acqua Acetosa-Laurentina, Ardea und Lavinium. Satricum bietet ein deutliches Bild einer latinischen Siedlung, die im 6. Jahrhundert hervortrat und bis zum Beginn des 4. Jahrhunderts zunehmend besiedelt wurde, ehe sie im Jahre 377 v. Chr. von den Volskern eingenommen, 346 v. Chr. von den Latinern und Rom verwüstet und im 2. Jahrhundert verlassen wurde. Das Areal der späteren Stadt (etwa 60 ha) war ursprünglich nicht vollständig bewohnt und der Burgberg (*arx*), der bis zum 6. Jahrhundert unbewohnt blieb und als Fluchtburg diente, wurde in jener Zeit ebenfalls befestigt. Straßen mit mehreren Abzweigungen und Kreuzungen befanden sich außerhalb des durch einen Erdwall befestigten Areals; der Erdwall hatte nur zwei Zugänge, wohl zur besseren Kontrolle wandernder Viehhirten, Händler und Reisender; eine einzige Straße durchquerte die Siedlung und führte geradeaus zum Burgberg. Im 6. Jahrhundert wurden die Hütten auf dem Burgberg mit Häusern aus Trockenziegeln und mit Steinsockel ersetzt, die Siedlung breitete sich in Richtung eines dem Burgberg benachbarten Hügels aus, der ebenfalls durch einen Erdwall befestigt war und eine Fläche von etwa 4 ha umschloss.

Der Name „Roma" entspricht der etruskischen Form *Ruma*, die sich von einem im 6. oder 5. Jahrhundert in Volsini-Orvieto belegten etruskischen Gentilnamen *Rumelna* einwandfrei ableiten lässt. Es ist umstritten, ob der Stadtnamen etruskisch oder indoeuropäisch ist. Der ursprüngliche Name des Tiber soll *Rumon* gewesen sein (Servius, Ad Aeneidem 8,63; 90), Rom wäre daher „die Stadt am Tiber"; es ist allerdings wahrscheinlicher, dass *Rumon* später als „Roma" entstand.

Der Name Roms

Die Größe Roms und der Verlauf seiner Grenzen im 7. und 6. Jahrhundert ist in der Forschung umstritten. Für die Berechnung werden zum einen die Namen der Wahlbezirke (lat. *tribus*) herangezogen, zum anderen die Überlieferung. Diese gibt die Grenzen an, welche die als historisch geltenden Könige fixiert haben sollen. Als Grundlage für die Feststellung der Grenzen können die städtischen Bezirke Roms dienen, die in republikanischer Zeit von urtümlichen Prozessionen berührt wurden: Die Prozession der Argäer (lat. *Argei*) ging von der Subura zum Esquilin, zum Quirinal und zum Palatin (Varro, De lingua latina 5,45). Die vier städtischen Bezirke, die sie berührte, dürften mit den vier Territorialbezirken übereinstimmen, die Servius Tullius (Mitte des 6. Jahrhunderts) eingerichtet haben soll. Die Prozession fand jährlich am 16. und 17. März statt und ist wahrscheinlich in Zusammenhang mit einer Zeremonie zur Entsühnung des Stadtgebietes zu sehen. Ein archäologischer Befund, der einen eindeutigen Hinweis auf die Grenze Roms liefert, ist ein Ende des 7. Jahrhunderts auf dem heutigen Monte Mario im nordwestlichen Teil von Rom entstandenes befestigtes Dorf mit Gräbern, die typologisch denjenigen von Veji nahe stehen. Um 600 dürfte die Grenze des römischen Gebietes am rechten Ufer des Tiber verlaufen sein.

Die Grenzen Roms im 7.–6. Jahrhundert

Die Städte der Latiner hatten wie die griechischen Städte ihre Gründungssagen: Aeneas soll Lavinium, Ardeias Ardea, Coras Cora und Romulus Rom gegründet haben. Auch ganze Völkerschaften werden als Gründer latinischer Städte genannt, z. B. werden Gabii den Sikulern und Anania in Südlatium den Hernikern zugeschrieben. Das Modell der Stadtentstehung als Akt eines eponymen Gründers wurde aus dem griechischen Kulturbereich übernommen und ist wohl in den meisten Fällen erst ab dem 4. Jahrhundert entstanden, indem man vielfach aus dem Namen der Stadt einen gleichnamigen Gründer erfand.

Städtische Ideologie bei den Latinern

b) Soziale und politische Ordnung in den Stadtstaaten Etruriens und Latiums

Die Stadtmauer von Roselle und die Wasserstollen von Veji sind Großbauten, die wie die monumental ausgestalteten Sakralbauten von Veji, Rom und Satricum nicht das Ergebnis privater Unternehmungen waren. Bei der Errichtung von Großbauten wie etwa einer Stadtmauer oder einem Tempel für gemeinschaftliche Kulte ist ein planender Wille sowie eine militärische und religiöse Organisation vorauszusetzen, die von weiten Teilen der Gemeinschaft anerkannt werden, denn viele Menschen müssen zur Mitarbeit verpflichtet werden: Solche Werke dienten nämlich nicht nur dem Adel, sondern der ganzen Gemeinde und waren möglich gewesen, weil man die

Bevölkerung miteinbezogen hatte. Die Mobilisierung von einer großen Anzahl von Arbeitskräften muss nicht unbedingt unter Zwang geschehen, sie kann durchaus freiwillig erfolgt sein, sie erforderte jedoch Personen, welche die notwendigen psychologischen und wirtschaftlichen Mittel hatten, die Gemeinde dazu zu bewegen. Ob jene Machthaber über eine überwiegend sakrale Legitimation als Abkömmlinge oder Beauftragte der Götter verfügten oder ihre Autorität auf faktische Überlegenheit stützten (z. B. militärische Leistungen, Reichtum oder große Gefolgschaft), lässt sich nicht entscheiden, denn beides ist universalgeschichtlich belegt: Die Herrscherinsignien – ein Beil zusammen mit einem Schild und einem gefalteten Blasinstrument –, die im ersten Viertel des 7. Jahrhunderts in der umgebauten Sakralanlage von Tarquinia vergraben wurden, zeigen, dass Politik nicht weit entfernt von Frömmigkeit war.

Aufbau der Gesellschaft — Zur Schaffung der zahlreichen Infrastruktureinrichtungen, welche die Bedürfnisse und die erhöhten Ansprüche nicht nur einzelner Machthaber, sondern auch der Mittelschicht befriedigten, trug im 7. und im 6. Jahrhundert in Etrurien die Gemeinschaft selbst bei. Ursprünglich betrieb die Oberschicht, welche die nötigen Investitionsmittel hatte, Handwerk und Handel. Im Laufe der Zeit wurden Maurer und Zimmerer, Töpfer, Gießer und Maler, Ruderer und Matrosen selbst aktiv, ab dem 6. Jahrhundert betrieben sie eigene Werkstätten und bauten weitreichende Handelsnetze auf, wie das Aufkommen lokaler Töpfereien und der Export etruskischer Ware nahe legen.

Änderungen vollzogen sich in verschiedenen Bereichen und besonders im Bereich des Militärwesens. Im 7. Jahrhundert sind Hopliten in Etrurien, in der zweiten Hälfte des 6. Jahrhunderts sind sie in Rom bildlich nachgewiesen. Ab dem 6. Jahrhundert gab es in Latium (und in Veji) keine Grabausstattungen mehr und Waffen wurden auch in den Gräbern Etruriens – von wenigen Sonderfällen abgesehen – nur mehr bildlich dargestellt. Dies legt den Gedanken nahe, dass man mit der Konsolidierung der innenpolitischen Verhältnisse, d. h. des Friedens in der Gemeinde, die Waffen auch im Jenseits nicht mehr für nötig hielt oder dass mit der notwendig gewordenen Bewaffnung der weniger vermögenden Nichtadeligen die Weiterverwendung von Waffen Verstorbener für die Gesamtgemeinde lebenswichtig geworden war. König Servius Tullius soll die Voraussetzung für die Aufstellung eines regulären Heeres geschaffen haben, indem er in Rom schon im 6. Jahrhundert die Bevölkerung nach Vermögensklassen einteilte – ein Zeichen für den starken militärischen Charakter der Reformen (s. S. 79).

Die ausführliche Überlieferung zu Frührom nennt „die Masse", „die Menge", die **plebs**. Sie war nicht mit den Sklaven identisch, stellte aber keine einheitliche soziale Schicht dar. Wer ursprünglich zu dieser Bevölkerungsgruppe gehörte, ist schwer zu sagen, am wahrscheinlichsten bestand sie aus reichen und weniger vermögenden Bauern, deren triste Lage zur Zeit der mittleren Republik (366–134 v. Chr.) sich auf die frühe Zeit rückprojizieren lässt. Im 6. Jahrhundert soll König Servius Tullius den besitzlosen Bewohnern Roms, der *plebs,* Land zugewiesen haben (Livius 1,46,1; Dionys von Halikarnass 4,27,6).

Die Stadtstaaten der Etrusker und der Latiner

plebs
Zur *plebs* gehörten wohl ursprünglich u. a. Händler und Handwerker aus dem Ausland, Kriegsgefangene, aber auch verarmte Einheimische, die in den Reihen der Gefolgschaft des Adels keinen Platz gefunden hatten. Im Unterschied zu den Gefolgschaften, die aufgrund ihres Gehorsams gegenüber einem Schutzherrn einer Sippe gehörten, ohne jedoch Mitglieder der Sippe zu sein, war die *plebs* von der gentilizischen Organisation ausgeschlossen (Livius 10,8,9). Erst im Laufe der frühen Republik begann in Rom der Kampf der *plebs* gegen den Adel: Es wurden soziale, wirtschaftliche und politische Forderungen gestellt.

Die Fakten zeigen, dass im 6. Jahrhundert das Gesellschaftsleben Etruriens und Latiums nicht mehr ausschließlich von der Aristokratie bestimmt wurde. Denn nachdem diese vor allem im 7. Jahrhundert Prunk demonstriert hatte, machten sich allmählich nicht-adelige Nachahmungen aristokratischer Luxusbauten bemerkbar: Im 6. Jahrhundert entstanden in Ficana kleinere Hütten aus festem Material für die Dorfbewohner. In Caere und Volsinii-Orvieto wurden ab der Mitte des 6. Jahrhunderts neue, völlig gleich in ihrer äußeren Form gestaltete und an Beigaben sehr bescheidene Kammergräber errichtet (Pallottino 1988, Taf. 107). Die im Vergleich zu den Gräbern des 7. Jahrhunderts sehr geringe Größe der einzelnen Gräber lässt auf die Vorstellung schließen, dass die Grabinhaber gleichrangig behandelt werden sollten; dafür sprechen auch die Namen der Grabbesitzer, die auf den Tragbalken der Eingangstür in ähnlicher Art und Weise eingraviert wurden.

Politische Ansprüche der Nichtadeligen

Die Einschränkung der Größe privater Grabbauten signalisiert ein antiaristokratisches Streben nach Gleichheit unter den freien Bürgern der Stadt. Eine staatliche oder staatsähnliche Organisation der gesamten Siedlungsgemeinschaft beschränkte den Einsatz des Privatvermögens; sie bestand nun aus einem weiteren Personenkreis und nicht nur aus wenigen Adeligen. Diese antiaristokratische Tendenz geht entweder auf ein demokratisches Streben vor allem der Mittelschicht nach Gleichstellung mit dem Adel zurück oder auf die egalisierende Entmachtung des Adels durch einen starken Machthaber, sei er als König, oberster Amtsinhaber, *zilath* (s. S. 152) oder als Usurpator (Tyrann) in die Position des Stadtherrschers gelangt. Oder aber es gab eine gesetzliche Beschränkung der luxuriösen Gestaltung von Gräbern: Gräberluxus tritt seit den ersten Jahrzehnten des 6. Jahrhunderts (580–570) zurück – die Grabbeigaben in Latium, in Rom und im etruskischen Veji wurden bescheidener oder sie verschwanden gänzlich. Gesetze gegen den Gräberluxus der Aristokratie sind etwa zur selben Zeit in Athen und anderen griechischen Orten (Keos, Delphi) bezeugt.

Die politische Beteiligung der Nichtadeligen ließ regelmäßige Versammlungen notwendig werden. Zu den in der Forschung am meisten diskutierten Baumaßnahmen auf dem Forum in Rom gehört ein Platz, in dessen Nähe man die Inschrift des *lapis niger* fand. Hier entstand ein unbebautes und gepflastertes Areal, welches die Forschung als Ort der Zusammenkünfte der Bürgerschaft, als *comitium*, deutet und daher als Beweis für das Hervortreten staatlicher Einrichtungen unter dem König Tarquinius Priscus (616–574) betrachtet. Die unsichere Datierung des archäologischen Befundes – sie schwankt zwischen dem Ende des 7. Jahrhunderts, 575 und der Mitte des 6. Jahrhunderts – ermöglicht keine sichere Zuweisung eines Versammlungsplatzes an einen bestimmten König.

IV. Die frühgeschichtliche Entwicklung Etruriens und Latiums

Die starken Veränderungen im Sozialgefüge führten zu Änderungen auch innerhalb des Adels, der seine persönliche Macht ausbaute und dafür auch Mitglieder der neuen, selbstbewussten Schichten heranzog. Terrakotta-Friese aus Etrurien und Latium (7.–6. Jahrhundert) und Reliefs vornehmer Wagen (Monteleone di Spoleto, 6. Jahrhundert) zeigen jeweils eine Person von hohem Rang, die hoch auf einem Wagen steht, und schwer bewaffnete Krieger, die zu Fuß oder zu Pferd folgen.

Geschlechter und Gefolgschaft

Machthaber sammelten auch Männer um sich, die bereit waren, sich in ihren Schutz zu begeben und ihnen Gehorsam, Ergebenheit und Treue zu halten, also zu Gefolgsmännern zu werden. Gefolgsleute sind in fast allen aristokratischen Gesellschaften nachweisbar. Über die wechselseitigen Pflichten und Rechte von Gefolgsmann und seinem Schutzherrn in der Frühzeit sind wir kaum unterrichtet, denn diese gehören in den Bereich der persönlichen Beziehungen, die in den Quellen kaum beschrieben sind. Das Verhältnis zwischen den beiden Seiten war rein persönlich und durch Gewohnheitsrecht fixiert.

Gefolgsleute standen dem Gefolgsherrn bei Angriffen wie bei der Verteidigung zur Verfügung, wobei es für sie schließlich auch um die eigene Existenz und um den Gewinn von Beute ging. Gemeinsame kriegerische Unternehmungen gewährleisteten den Zusammenhalt solcher privater Interessengemeinschaften. Den Gefolgsleuten sicherten ihrerseits die Gefolgsherren Ruhm und Prestigegüter, darunter den Besitz von Grund und Boden, kostbare Verbrauchs- und Kulturgüter sowie wichtige Aufgaben innerhalb der Gefolgschaft. Einiges spricht dafür, dass sich auch der Adel in den Städten Etruriens eine persönliche Macht aufbaute: Die Krieger auf dem Krug von Tragliatella (Caere, um 630), die auf ihren Schilden dasselbe Wappentier, ein Wildschwein, führen, kämpften für eine Person oder für eine Sippe, die dieses Tier in ihren Wappen hatte (s. S. 79).

Leibwächter, Gefährten und Klienten

Zur Gefolgschaft eines Adeligen gehörten im republikanischen Rom Leibwächter (lat. *satellites*), Gefährten (lat. *sodales*) und Klienten (lat. *clientes*). Die Grenzen zwischen den Gruppen dürften in der Frühzeit in vielen Fällen sehr fließend gewesen sein.

Leibwächter bildeten ein Korps von bewaffneten Männern, konnten auch für militärische Unternehmen herangezogen werden und dienten in erster Linie dem persönlichen Schutz des Gefolgsherrn. Die Einführung von Leibwächtern in Rom schreibt Livius (1,49,2) dem König Tarquinius Superbus zu. Er erwähnt *satellites* auch in Zusammenhang mit Porsenna (2,12,8), dem König von Chiusi (Ende des 6. Jahrhunderts). Das lateinische Wort *satelles* „Leibwächter, Trabant" dürfte aus dem etruskischen *zathlath* (ET Vs 7.25) „Begleiter" entlehnt worden sein, das allerdings nicht vor dem 4. Jahrhundert belegt ist. Die Bedeutung ergibt sich aus der etruskischen Inschrift *zathlath Aithas*, „Begleiter des Hades" (ET Vs 7.25; Hades ist der griechische Unterweltgott), die neben einer Schlange auf einer stark beschädigten Grabmalerei des späten 4. Jahrhunderts aus der Umgebung von Volsinii/Orvieto angebracht wurde (Grab Golini II; Steingräber 1985, Nr. 33); die Schlange als Symbol des sich erneuernden Lebens weist auf das Jenseits hin.

Der etruskische *zathlath/satelles* hatte nach *Rix* auch die Aufgabe, „neben seiner Funktion im Ritual …, die zum Tode Verurteilten mit dem

Beil zu erschlagen, nicht anders als ursprünglich auch sein Nachfolger im republikanischen Rom, der *lictor*, der Begleiter und Leibwächter des Konsuls". Der *satelles* wurde demnach (im 4. Jahrhundert) auch für offizielle Aufgaben herangezogen.

Gefährten (lat. *sodales*), die sich um Machthaber scharen, sind in Latium ab dem Ende des 6. Jahrhunderts belegt: Um 510 v. Chr. weihten die Gefährten von Valesios Poplios im Heiligtum der Mater Matuta von Satricum dem Kriegsgott Mars einen wohl erbeuteten Gegenstand zu Ehren ihres Gefolgsherrn und verewigten das Geschenk, das nicht erhalten ist, in der Weihinschrift. Die Inschrift lautet: [...] ieisteterai( )popliosio( )ualesiosio/suodales( )mamartei; die Übersetzung lautet wahrscheinlich: „Die Kameraden des Poplios Valesios weihten (dies) dem Mars."

Die Forschung nimmt an, dass es sich um Publius Valerius Publicola, einen der ersten Männer Roms nach dem Sturz des Königtums (Ende des 6. Jahrhunderts), oder um seinen Sohn handelte. Er könnte allerdings ebenso ein historisch sonst unbekannter Mann gleichen Namens gewesen sein. Offen bleibt die Frage nach der Rolle der Anhänger bzw. nach dem historischen Kontext der Weihung.

Auch das **Klientelwesen** tritt weltweit in aristokratischen Gesellschaften auf: Der Sabiner Attius Clausus (lat. Appius Claudius) soll sich im 6. Jahrhundert mit seinen Verwandten, Freunden und etwa 5000 wehrfähigen Klienten in Rom niedergelassen haben, da in seiner sabinischen Heimat die Gegenpartei die Oberhand gewonnen hatte (Livius 2,16,4; Dionys von Halikarnass 5,40,3). Diese Klienten hatten freiwillig den Weg in die Verbannung und in eine ungewisse Zukunft gewählt, weil sie sich des Schutzes ihres Patrons sicher waren. Alsbald zählten die Claudier zu den bedeutenden Patrizierfamilien im frührepublikanischen Rom und gingen in die Überlieferung auch wegen ihrer feindlichen Einstellung gegenüber den Plebejern ein.

Klientelwesen

Klienten rekrutierten sich aus den Reihen der ärmeren, freien Mitbewohner, die sich aus sozialen Gründen in die Gefolgschaft bzw. Schutzherrschaft eines *patronus* begeben hatten. Die Forschung leitet das Wort *cliens* und *clientela* vom lat. *cluere*, „auf jemand hören", „gehorchen" oder von *clinare*, „anlehnen" ab, womit ein Abhängigkeitsverhältnis der Gefolgsmänner von ihrem jeweiligen Schutzherrn (*patronus*) zum Ausdruck gebracht worden sei.

Eine weitere Bedeutung des Begriffs könnte „genannt werden = einen Namen tragen" gewesen sein. Daraus würde sich ergeben, dass die *clientes* nicht diejenigen wären, die ihrem *patronus* blind gehorchen mussten, sondern diejenigen, die sich nach ihrem *patronus* benannten und so um ihn herum seine *gens* aufbauten. Ein solcher Fall tritt ein, wenn innerhalb eines Geschlechtes ein Mitglied an Bedeutung gewann, sein Name zum Namen des Geschlechtes wurde und seine direkte Nachkommenschaft den Namen perpetuierte; denn dann gerieten die Familienangehörigen in die Abhängigkeit jener Verwandten, die an Ansehen und Macht gewonnen hatten, und wurden deren Klienten. Im Laufe der Generationen verlor die verwandtschaftliche Komponente ihren dominanten Charakter für die frührömische *clientela* und es entstanden soziale Beziehungen, die zwar die alten Strukturen der Gegenseitigkeit bewahrten, in ihrer personellen Zusammensetzung jedoch das Produkt einer freien Zuordnung der Menschen waren.

IV. Die frühgeschichtliche Entwicklung Etruriens und Latiums

Ein Fallbeispiel für persönliche Verbundenheit: Mamurke Tursikina

Die zahlreichen etruskischen Schenkungsinschriften sind Zeichen besonderer Verbundenheit einer Person einer anderen gegenüber. Eine der älteren (um 650–640) etruskischen Widmungen (ET Cl 2.3) befindet sich auf einer goldenen Spange aus Castelluccio di Pienza bei Chiusi in Inneretrurien. Sie lautet: *mi arathia velavesnas zamathi/mamurke mulvenike tursikina*, „Ich bin (die Spange? der Gegenstand?) von Arnth Velavesna/mich schenkte Mamurke Tursikina". Arnth und Mamurke sind Personennamen, Velavesna und Tursikina die Familiennamen der beiden Personen.

Die Form Mamurke (= lat. Marcus, sabell. Mamerce) für den Personennamen ist bis jetzt nur in etruskischen Inschriften Kampaniens belegt (ET Cm 2.24; 2.36) – im etruskischen Mutterland ist der Name Marce reichlich bezeugt. Der Familienname Tursikina bedeutet „der Etrusker"; Mamurke trug also einen aus dem Beinamen gebildeten Familiennamen, welcher auf sein Herkunftsland Etrurien (und nicht auf einen Ahnherrn) hinweist. Mamurke dürfte niederer Abstammung gewesen sein, denn er führte nur einen Personennamen, keinen Familiennamen, als er in Kontakt mit Umbrern Mittelitaliens oder Sabellern Kampaniens trat und den Beinamen „der Etrusker" erhielt – in Etrurien hätte ein solcher Beiname nicht viel Sinn gemacht. Nach Etrurien gekommen (oder in die Heimat zurückgekehrt), dürfte Mamurke „der Etrusker", Vertrauensperson des Etruskers Arnth Velavesna geworden sein; möglicherweise nahm ihn dieser in seine Gefolgschaft auf und belohnte ihn mit Gütern des täglichen Bedarfs und mit Aufgaben von Prestige. Jedenfalls stieg Tursikina sozial auf, wie sein zum Gentilnamen umgewandelter Beiname zeigt, und wurde reich – so konnte er seinem Freund (und Beschützer?) Velavesna die oben erwähnte kostbare Spange zukommen lassen.

Das Gentilnamensystem

In den älteren etruskischen Inschriften (ab Anfang des 7. Jahrhunderts) wurden die einzelnen Individuen mit dem Personennamen und dem Namen des Vaters (Patronymikon) benannt. Etwa ab dem letzten Drittel des 7. Jahrhunderts trat im Grenzgebiet zum italischen Sprachgebiet eine Änderung in diesem System auf: Das Patronymikon wurde nicht mehr nach jeder Generation geändert, sondern den nächsten Generationen weitergegeben. Bereits nach einer Generation war der zweite Name nicht mehr der Name des Vaters, sondern der eines Vorfahren und definierte die Zugehörigkeit zu einer Familie (Gentilname). Jener Vorfahre wurde zum namengebenden Ahnherrn der Familie. Der gemeinsame Name, der Gentilname, drückte die bewusste Zusammengehörigkeit der Familienmitglieder aus und grenzte sie von anderen Familien ab, was den etwa gleichzeitigen Hügelgräbern etruskischer Adelsfamilien entspricht.

Die Anzahl der Gentilnamen ist in Etrurien bereits im 6. Jahrhundert sehr hoch, denn bei einer hohen Anzahl von Bewohnern brauchte man eine hohe Anzahl von Familiennamen, um die Individuen zu unterscheiden. Das Gentilnamensystem bot große praktische Vorteile gegenüber dem Patronymsystem, das bei jeder Generation einen Namenwechsel innerhalb der Familie mit sich brachte. Man kann daraus schließen, dass in Etrurien die ganze (freie) Bevölkerung und nicht nur wenige (aristokratische) Gruppen in das neue Namensystem einbezogen wurden, und dass also Einnamigkeit Personen von niedrigem sozialem Status bzw. die unfreie Bevölkerung kennzeichnete, die keinen Ahnherrn hatte. Auch Fremde konnten das Bürgerrecht einer etruskischen Stadt erwerben: Zweigliedrige Namenformeln auf Inschriften, bestehend aus einem etruskischen Individualnamen und einem nichtetruskischen Gentilnamen, kennzeichnen die Aufnahme von Ausländern in die Bürgerschaft.

Den Doppelnamen kann man wohl als eine Art Bürgerrecht ansehen. Fremde erhielten ihn, wenn sie formell in den Bürgerverband einer etruskischen Stadt aufgenommen wurden. Gleichzeitig stellte das Gentilnamensystem ab der Mitte des 7. Jahrhunderts eine praktische Methode für eine geordnete Erfassung der freien Bevölkerung dar.

Auch in Latium dürfte im Laufe des 7. Jahrhunderts die freie Bevölkerung durch das zweigliedrige Gentilnamensystem erfasst worden sein. Anders als in Etrurien fehlen in Latium Grabinschriften des 7. und 6. Jahrhunderts; lateinische Inschriften mit Personennamen sind erst ab dem 3. Jahrhundert erhalten. Für die Zeit davor stehen die literarische Überlieferung und die Konsullisten zur Verfügung. Erstere, sofern man sie für historisch hält, legt die Einführung der doppelten Namengebung in Rom ab dem Ende des 7. Jahrhunderts nahe.

Wie etruskische und latinische Siedlungen in der Frühzeit organisiert waren, wissen wir nicht – wie in allen frühen Gesellschaften gab es wahrscheinlich einen Anführer, einen Ältestenrat und eine Heeresversammlung, die das Leben der Gemeinde regelten. Ab dem 7. Jahrhundert lassen sich in den antiken Städten Mittelitaliens Einzel- oder Gruppenherrschaften, d. h. monarchische oder republikanische Verfassungen unterscheiden – griechisch gesprochen: Monarchien (oder Tyranneis) einerseits, Aristokratien oder Oligarchien andererseits. Insbesondere bei Wandervölkern treten häufig Adelsherrschaften auf – und die Latiner sowie die Tursa/Etrusker waren ja einst Wandervölker gewesen. Denn wenn die Anführer den Stamm erfolgreich zum Ziel führten, behielten sie die daraus erwachsenen Privilegien auch nach der Sesshaftwerdung und vererbten sie an ihre Nachkommenschaft weiter (s. S. 69).

Adelsherrschaften

Mit der Zeit trat eine privilegierte Gruppe, der Adel, hervor. Mitglieder des Adels saßen im Ältestenrat und in der Heeresversammlung früher Gesellschaften. Ihre Macht stützte sich auf ihre soziale Stellung als Besitzer der Grundstücke, die ihnen bei der Landnahme zugeteilt worden waren. Zu den Privilegien des Adels gehörte der Einfluss auf die Götter. Der Adel verstand sich häufig als Heilträger wie auch als Heilvermittler: So gehörten die etruskischen Leberbeschauer adeligen Familien an.

Aristokratische Herrschaftsformen prägten die frühe Gesellschaft der Etrusker und der Latiner, wie „Paläste" und Prunkgräber zeigen. In Rom bildete das Patriziat, anders als in Athen, wo es keine rechtlichen Unterschiede zwischen Adel und normalen Bürgern gab, einen geschlossenen Stand: Noch im 3. Jahrhundert v. Chr., also nach den Ständekämpfen, gab es in Rom lediglich 20 Geschlechter, aus denen sich die Amtsträger rekrutierten.

Aus den Reihen des Adels kamen die einflussreichsten Männer. Man wird einen charismatischen, vom Adel gewählten Anführer annehmen dürfen, welcher militärische und politische Entscheidungen traf, die Beziehungen zu den überirdischen Mächten pflegte (ohne ein amtlicher Priester zu sein) und sich an das Gewohnheitsrecht hielt. Aus der politischen Kontrolle des Einzelherrschers und aus der Regelung seiner Nachfolge erwuchs im

Einzelherrschaften

IV. Die frühgeschichtliche Entwicklung Etruriens und Latiums

Laufe der Zeit die immer stärkere Macht des Adels. Ausdruck der politischen Macht des Einzelherrschers sind die Machtinsignien. Damit demonstrieren herrschende Gruppen ihre Macht gegenüber den Beherrschten: Im 6. Jahrhundert wurde auf den Tonplatten des Palastes von Murlo ein weltlicher oder göttlicher Herrscher mit seinem Familienkreis und der Dienerschaft dargestellt: Er sitzt auf einem Klappstuhl und hält einen krummen (Priester-)stab in der Hand, eine Person hinter ihm hält wahrscheinlich seine Lanze (Camporeale 2003, Taf. 16a).

Die Quellen erwähnen Könige in den etruskischen und latinischen Städten, sie ermöglichen kaum eine detaillierte Beschreibung ihrer Befugnisse. Könige dürften politische und militärische Funktionen gehabt haben, die Aufgaben lagen im Bereich der Verteidigung und der Kriegführung wie auch der Daseinsvorsorge. Sie könnten institutionalisierte Könige und ebenso populäre Usurpatoren („Tyrannen") gewesen sein.

Offen bleibt die Frage nach der Entstehung des Königtums in Etrurien und Latium: Es könnte sich ein einheimischer tüchtiger Organisator zu einem charismatischen Anführer emporgeschwungen haben, der Gefolgsleute um sich scharte, ein Erbfolgesystem einrichtete und somit eine Institution geschaffen hätte, die dem Königtum in universalgeschichtlichem Sinn entspricht. Oder das Königtum entwickelte sich aus einer verwandtschaftlich organisierten Gesellschaft. Der König könnte aber auch, wie der ägyptische Pharao, durch Riten und Opfer die Verantwortung für das Wohlwollen der Götter gegenüber der Gemeinschaft erzwungen haben.

Königtum in Etrurien — Direkter Hinweis auf das Amt des Königs in Etrurien ist eine frühkaiserzeitliche Inschrift, die einen König der Caeretaner (*rex Caeritum*) nennt, sich aber auf eine nicht näher definierbare Vergangenheit bezieht. Ebenso direkte Hinweise auf das Amt sind die seltsamen lateinischen Redewendungen „königliche Blitze" (*fulmina regalia*) des Etruskers Aulus Caecina (bei Seneca, Naturales quaestiones 2,49,2; Servius, Ad Aeneidem 2,649) und „königliche Eingeweide" (*regalia exta*: Festus 366, 14 L.), welche Lehnübersetzungen aus dem Etruskischen sein dürften. Die Überlieferung nennt Könige etruskischer Städte ohne chronologische Anhaltspunkte: Ob und wann die Könige Latinos, Arimnestos und Mezentius von Caere, Propertius, Morrius, Vel Vibe, Tolumne und ein weiterer ungenannter Herrscher von Veji (Livius 5,1,3) bis zu den Ahnherren des Maecenas aus Arretium Könige etruskischer Städte waren, wissen wir nicht. In Clusium war Ende des 6. Jahrhunderts Porsenna König, in Caere und wahrscheinlich in Tarquinia war damals das Königtum bereits abgeschafft. Könige, die ursprünglich an der Spitze etruskischer Städte standen, hießen im Etruskischen nach Servius (Ad Aeneidem 2,278; 8,65) *lucumones*.

Als Personenname ist Lucumo in der griechisch-römischen Überlieferung belegt: Lucumo hieß ein König (Servius, Ad Aeneidem 5,560), ein künftiger König (Livius 1,34), ein Stadtvorsteher (Livius 5,33,1; Dionys von Halikarnass 13,10,1) und ein Heeresführer (Dionys von Halikarnass 2,37,2). Im Etruskischen ist er nur indirekt – *lauchumnethi*, „im Haus des Lucumo" bzw. „des Königs" – bezeugt (ET LL IX, f2). Das Wort ist aus dem umbrischen *luc-mo* entlehnt; linguistische Eigentümlichkeiten sprechen für ein relativ hohes Alter der Übernahme. Nach *Cristofani* handelt es sich bei Lucumo um einen Personennamen, der als Herrschertitel verwendet wurde. Der Hinweis des Livius (1,34), dass Lucumo, der Sohn des Korinthers Demaratos (s. S. 125f.), von Tarquinia nach Rom auswanderte, weil er keine Ämterlaufbahn einschlagen konnte, legt den Gedanken nahe, dass in Tarquinia Ende des 7. Jahrhunderts eine Verfassungsänderung schon stattgefunden hatte. Die Nachricht könnte ebenso ein Anachronismus sein, ab dem Ende des 7. Jahrhunderts ist jedoch im etruskischen Kulturbereich Norditaliens ein *zilath* bezeugt (s. S. 152), was immer das Wort bedeutet haben mag.

Die Macht der etruskischen Könige dürfte von einem Rat eingeschränkt worden sein. Detaillierte Angaben über Einzelherrschaften in Etrurien haben wir nicht, aber die Organisation der Götterwelt ist eine verklärte Wiedergabe der irdischen Gesellschaftsordnung und spiegelt daher die politische Organisation in Etrurien in einer frühen, nicht näher definierbaren Zeit wider: In der Götterwelt konnte der oberste Gott Tinia seine verheerenden Blitze ohne Zustimmung von geheimnisvollen Gottheiten, den so genannten „Verhüllten Göttern", nicht schleudern (Caecina bei Seneca, Naturales quaestiones 2,41,1); neben Tinia durften auch acht weitere Götter und Göttinnen die Blitze schleudern. Ein Ratsgremium schränkte also die Macht des einflussreichsten Mannes in der Gemeinschaft ein. Es liegt nahe, dass ein solcher König ein *primus inter pares* war. Andererseits gingen die Insignien der etruskischen Könige, darunter das Beil mit Rutenbündel (s. S. 113), der Klappstuhl (*sella curulis*) und der Thron, welche im 7. Jahrhundert in etruskischen Gräbern mit besonders reicher Ausstattung gefunden wurden, von Etrurien auf die Könige von Rom (Florus, Epitome de Tito Livio 1,1,5; Servius, Ad Aeneidem 8,506) und später auf die republikanischen Beamten Roms (Livius 1,8; Dionys von Halikarnass 3,61) über und wurden Versinnbildlichung ihrer uneingeschränkten Befehls- und Herrschaftsgewalt.

Die etruskischen Könige hatten kultische Aufgaben, worauf die Begriffe „königliche Blitze" und „königliche Eingeweide" hinweisen, die sich auf die Blitzkunde und die Leberschau zu beziehen scheinen. Auch wurde der etruskische König mit Tinia/Iupiter gleichgesetzt, wie die Zeremonie des Triumphs zeigt (s. S. 110), die Rom aus Etrurien übernommen haben soll (Dionys von Halikarnass 3,62,2): Denn der römische Beamte schritt in der Tracht des Tinia/Iupiter (Goldkrone und Purpurgewand) zum Kapitol um seinen Sieg zu feiern. Auf die Verflechtung zwischen dem sakralen und dem weltlichen Bereich weist zudem die Lehre des Tages (s. S. 96), die sich auf weltliche Aufgaben wie die Regeln zur Gründung einer Stadt bezog.

Weitere Funktionen des etruskischen Königs ergeben sich aus seinen Machtinsignien: Das Beil mit dem Rutenbündel (*fasces*) (s. S. 113) versinnbildlicht die königliche Strafgewalt gegen Schuldige und weist auf seine Verantwortlichkeit für die öffentliche Ordnung und auf die Rechtsprechung hin: Die Männer, die Beil und Rutenbündel trugen, bei den Römern *lictores* genannt, waren ferner die Vertreter der einzelnen Städte Etruriens im Gefolge eines von den etruskischen Städten gewählten gesamtetruskischen Königs (Livius 1,8,3).

Die Latiner führten die Institution des Königtums auf ihrer Wanderung nach Italien ein, wie es das uralte indoeuropäische Wort *rex* (= König) be-

Königtum in Latium

weist. Der König war während der Wanderung entweder einer von mehreren Anführern, etwa ein Oberführer, oder der einzige Anführer, der das Vertrauen der Stammesmitglieder genoss. Seine Hauptaufgabe war es, den Stamm sicher ans Ziel zu führen. Als erfolgreicher militärischer Anführer musste der König auch ein Experte von Kulten und Riten sein, die den Blick in die Zukunft ermöglichten.

Wie in Rom, so waren ursprünglich auch in den Latinerstädten Könige an der Macht, denn der Diktator und der „Opferkönig" (*rex sacrorum*) dürften Nachfolger eines *rex* mit politischen und religiösen Funktionen gewesen sein: In republikanischer Zeit stand nämlich an der Spitze von Lanuvium, Aricia, Nomentum und Tusculum jeweils ein jährlich gewählter Magistrat, der *dictator*, welcher die militärische Befehlsgewalt (*imperium*) innehatte. Für religiöse Belange war ein inschriftlich genannter Opferkönig in Rom, Lanuvium (CIL XIV 2089), Tusculum (CIL XIV 2634) und Bovillae zuständig. Die Entwicklung von monarchischen zu republikanischen Formen dürfte in den Städten Latiums ähnlich vor sich gegangen sein.

Königtum in Rom

Der König ist im 6. Jahrhundert in Rom zweimal inschriftlich belegt (Inschrift des *lapis niger* und Gefäßfragment vom Forum, s. S. 3; 94). Weitere Hinweise auf das Königtum und seine politischen Funktionen sind eine Stelle im römischen Kalender (*quando rex comitiavit*) sowie die in republikanischer Zeit bekannten Ämter des Zwischenkönigs (*interrex*) und des Diktators. Beide hatten während ihrer Amtszeit die volle Amtsgewalt inne, und dies in einer Zeit, in der die Beamtengewalt von zwei Magistraten mit gleichen Befugnissen getragen war. Auf das hohe Alter der Diktatur weist die Tatsache hin, dass der Diktator die militärischen Machtbefugnisse auch innerhalb der heiligen Grenze des *pomerium* behielt; seine Befugnisse gehen also auf eine Zeit *vor* der klaren Abgrenzung des Friedensraumes vom Gebiet außerhalb zurück.

Das römische Strafrecht kannte das Verbrechen des „Strebens nach der Gewaltherrschaft" (*regnum appetere*). Auch wurde jährlich am 24. Februar das Fest des *regifugium* (= „Flucht des Königs" aus lat. *fugere*, oder „den König in die Flucht schlagen" aus lat. *fugare*) gefeiert, die an die Flucht oder an die Vertreibung des Königs Tarquinius Superbus aus Rom erinnern sollte. Und schließlich bedeuteten „königliche Blitze", dass der Gemeinde die Gefahr einer Gewaltherrschaft drohte (Seneca, Naturales quaestiones 2,49,2).

Die Funktionen des republikanischen Opferkönigs (*rex sacrificulus* oder *rex sacrorum*) und die Feier des **Triumphes** lassen auf die entsprechenden religiösen Pflichten des *rex* in der Königszeit schließen: Während des Triumphes, den Rom aus Etrurien übernommen haben soll, identifizierte sich der römische Triumphator mit Iupiter.

Politisch gesehen konnte der Opferkönig keine Ämterlaufbahn einschlagen (Livius 40,42; Dionys von Halikarnass 4,74,4), d.h. keine politischen Aufgaben übernehmen. Das Verbot einer politischen Tätigkeit und das priesterliche Amt des Opferkönigs dürften aus der Abschaffung der Königsherrschaft entstanden sein. Beim Opferkönig blieb ursprünglich die sakrale Macht bestehen, sie wurde aber vom Oberpriester (*pontifex maximus*), dem Haupt des Priesterkollegiums der *pontifices*, im Laufe der Zeit immer mehr ausgehöhlt, denn Letzterer und nicht der Opferkönig spielte in der republikanischen Epoche eine immer stärkere politische Rolle. Diese Profanierung der Religion darf nicht als rein mittelitalisches Phänomen angesehen werden, sondern steht in Zusammenhang mit gleichartigen Vorgängen im griechischen Raum.

Triumph
Das lateinische Wort *triumphus* ist vom griechischen *thríambos* abgeleitet. Ob direkt oder durch etruskische Vermittlung (gr. *thríambos* > etr. **triumpe* > lat. *triump(h)us*) ist umstritten, denn sprachlich ist beides möglich und im Etruskischen ist das Wort nicht belegt. Der Triumph war in Rom eine Siegesfeier mit religiösem Aspekt. Dabei begab sich der siegreiche Feldherr, begleitet von den Liktoren und seinen Soldaten, zum Iupiter-Tempel auf dem Kapitol. Der Triumphator in der Tracht der etruskischen Könige (Dionys von Halikarnass 3,61,1) und mit dem Viergespann wie Iupiter (Livius 10,7,10; Florus, Epitome de Tito Livio 1,55) verkörperte also den siegreichen Gott; er war die Epiphanie des Iupiter und gleichsam die kultische Darstellung des etruskischen Tinia. Sein mit Rötel gefärbtes Gesicht wirkte wie eine Maske und deutete auf die Verwandlung des Menschen zum Gott hin, als habe Iupiter selbst in Gestalt des Feldherrn den Sieg erkämpft.

Die Monarchie wurde in Rom nach der Vertreibung des letzten Königs Tarquinius Superbus Ende des 6. Jahrhunderts abgeschafft. Wir wissen aber nicht, wie und wann dies in den anderen Städten Latiums und in Etrurien geschah. Nach der Beseitigung des Königtums ging in Etrurien und in Latium (und Rom) die politische Macht auf vermutlich jährlich wechselnde, kollegiale Amtsträger über, die für die Verteidigung gegen äußere Feinde, für den Erhalt des inneren Friedens und die Verteilung der Ressourcen zuständig waren. Diese Persönlichkeiten hatten dabei die für die Leitung des eigenen Aufgabenbereiches erforderliche Erfahrung selbst erworben, die Gemeinschaft stattete sie mit der notwendigen Autorität aus. Es war der Adel, der die militärischen, kultischen und politischen hohen und niedrigen Ämter besetzte. Die römische Überlieferung, die teilweise erst im 2. Jahrhundert v. Chr. entstand, aber wohl auf das 4. Jahrhundert zurückgeht, kennt in Etrurien „Vorsteher", „Anführer" (*principes*: Livius 4,23; 5,1,7; 6,2,2; 10,13,3) bzw. „Mächtige" (Dionys von Halikarnass 3,59,4: gr. *dynatoi*), die an der Spitze der etruskischen Stadtstaaten standen und militärische und politische Entscheidungen trafen.

Gruppenherrschaften

Die Überlieferung nennt auch Aristokraten an der Spitze latinischer Städte: In Aricia wirkte gegen Ende des 6. Jahrhunderts Turnus Herdonius (Livius 1,50ff.; Dionys von Halikarnass 4,45 f.), in Tusculum Octavius Mamilius (Livius 1,49; 2,15; Dionys von Halikarnass 4,45), Anhänger und Schwiegersohn des letzten Königs von Rom, des Tarquinius Superbus; Octavius soll ein fähiger militärischer Anführer und „einer der wenigen Fachleute für politische Angelegenheiten" gewesen sein (Dionys von Halikarnass 4,45,2).

Die epigraphisch belegten städtischen Amtsträger Etruriens und Latiums gehörten der Aristokratie an und lassen erkennen, dass sich mit der Verankerung herausragender Gruppen im politischen Leben Oligarchien bildeten. Die Verfassung blieb in Etrurien und Latium auch später oligarchisch. Politische Umsturzversuche mit sozialem Hintergrund erfolgten in Rom erst ab dem 5. Jahrhundert, in Etrurien entstanden Revolten der unteren sozialen Schicht im 3. Jahrhundert: im Jahre 302 v. Chr. in Arezzo (Livius 10,3,5) und 264 v. Chr. in Volsinii-Orvieto (Zonaras, etwa 1075–1150 n. Chr., 8,7,4 ff.); sie waren von kurzer Dauer.

Rechtsprechung   Mit dem Anwachsen und engeren Zusammenleben der Bevölkerung und mit der sozialen Differenzierung, die sich ab dem 7. Jahrhundert nachweisen lässt, stieg in der Praxis auch die Gefahr interner Konflikte, da die natürlichen Ressourcen durch die Zunahme der Bevölkerung immer knapper wurden: Es ging wohl in erster Linie um wirtschaftliche Interessen, etwa die Nutzung von Wohnraum, Brunnen und Feldern, Weiden und Wäldern usw. Man wird in der Annahme nicht fehlgehen, dass noch im 7. und 6. Jahrhundert Verletzungen des (ungeschriebenen) Gewohnheitsrechtes durch Selbsthilfe der betroffenen Familie vergolten wurden (Blutrache). Denn Relikte dieses frühen Zustandes haben sich bis in spätere Zeit erhalten, als es in Rom bereits eine legitimierte und von der gesamten Siedlungsgemeinschaft anerkannte, d. h. eine staatliche Jurisdiktion gab. Aus der römischen Königszeit bringen Livius und Dionys von Halikarnass zahlreiche Beispiele von außergerichtlicher Rache und Wiedergutmachung, und da die Beilegung von Rechtsstreitigkeiten zur Zeit dieser Autoren Sache des Staates war, dürften sie damit die tatsächlichen Verhältnisse früherer Zeit wiedergeben. Diese stehen im Gegensatz zur Lage in Athen, wo im 7. Jahrhundert die Gesetze Drakons die Blutrache einschränkten.

In Gesellschaften mit relativ starker Arbeitsteilung wie jene Etruriens und Latiums im 7. und 6. Jahrhundert erforderte die Sicherstellung der inneren 'öffentlichen' Ordnung alsbald eine neuartige Organisation des Gemeinwesens und neue Regeln zur friedlichen Beendigung von Streitfällen, nachdem die vorstaatlichen Usancen gewalttätiger Selbsthilfe der einzelnen Familien (Blutrache) Angst und Unsicherheit innerhalb der Siedlungsgemeinschaft erzeugten und immer wieder Menschenleben kosteten. Man musste nun ein gerecht erscheinendes, möglichst gewaltloses Verfahren erfinden, da die bisherigen sozialen vorstaatlichen Konventionen in den eng zusammenlebenden Siedlungsgemeinschaften nicht mehr ausreichen. Dies gab Mächtigen und Prestigesuchenden wiederum Gelegenheit, sich als Schiedsrichter und Friedensstifter zu profilieren. Die Maßnahme brachte dem Volk Vorteile, das unter dem vom Adel angewendeten Gewohnheitsrecht am meisten zu leiden hatte.

Mangels einer literarischen Überlieferung reicht der archäologische Befund nicht aus, um Aussagen über Maßnahmen zur Erhaltung der inneren Ordnung in einer frühgeschichtlichen Gesellschaft zu treffen. Für die etruskischen und latinischen Städte können von der Gemeinschaft anerkannte Rechtsprecher sowie Gerichtssitzungen und ungeschriebenes Gewohnheitsrecht postuliert werden, wenngleich in Latium, anders als in Etrurien, keine Bildquellen vorhanden sind; in Rom ist das gültige Gemeinschaftsrecht, das erst im 5. Jahrhundert entstand, auf den so genannten Zwölf Tafeln verzeichnet worden, aber geschriebenes Recht setzt eine bereits existierende öffentliche Rechtsprechung voraus und die (mindestens teilweise erfolgte) Überwindung des Gewohnheitsrechtes; solange es nur dieses gab, brauchte man keine Niederschrift.

Im 7. Jahrhundert wurde in Etrurien das Beil nicht mehr als Waffe verwendet, es dürfte vielmehr Symbol für die rechtliche Gewalt zur Verhängung der Todesstrafe gewesen sein, wie sie durch ein Beil im Rutenbündel (*fasces*) in Vetulonia und im republikanischen Rom zum Ausdruck gebracht wurde. Die Nachricht, wonach die Bewohner von Vetulonia das Rutenbündel erfunden hätten (Silius Italicus, Punica 8,483), wird durch ein in Eisen gegossenes Modell eines Doppelbeiles mit Rutenbündel aus Vetulonia aus der zweiten Hälfte des 7. Jahrhunderts bestätigt (Pallottino 1992, Taf. 51); ein verkleinertes Doppelbeil aus Ton stammt aus einem Grab von Sarteano bei Chiusi (letztes Viertel des 7. Jahrhunderts).

Die vor den höchsten Amtsträgern einer getragenen Rutenbündel (in Rom von so genannten Liktoren) dürften das Kennzeichen für die Befugnis zur Aufrechterhaltung der öffentlichen Ordnung sein: Der Amtsinhaber konnte Verstöße durch Auspeitschung mit dem Rutenbündel und Enthauptung mit dem Beil ahnden. Das Beil als Kennzeichen staatlicher Rechtspflege zeigt, dass im 7. Jahrhundert in Etrurien vorstaatliche Rechtsformen wie Blutrache, Selbsthilfe und Rechtswesen der Sippe eingeschränkt wurden. Diese Symbole der Richterfunktion waren also Ausdruck einer entwickelten Form des Gemeinschaftslebens; das Gewohnheitsrecht der einzelnen Familien und Sippen wandelte sich in eine von der gesamten Siedlungsgemeinschaft anerkannte Rechtspflege.

Im 6. Jahrhundert wurden also die Bewohner einer Stadt von einzelnen Angehörigen eines Verwandtschaftsverbandes zu Mitgliedern fester Gruppierungen, in welchen die Angehörigen privilegierter Gruppen alsbald eine Ämterlaufbahn (*cursus honorum*) einschlagen konnten. Damit beginnt die eigentliche Staatsrechtlichkeit.

Die etruskischen Stadtstaaten dürften auch später keine schriftliche Gesetzgebung entwickelt haben; dies bedeutet, dass ihre Rechtsordnung nicht auf geschriebenem Recht beruhte und in weiterer Folge, dass sie gewohnheitsrechtliche Züge beibehielt, welche durchaus sehr ausgefeilt gewesen sein können, wie es etwa die Texte auf dem Steincippus von Perugia, der Bronzetafel von Cortona, der Bronzelamelle von Tarquinia und dem Bleitäfelchen von Pech Maho nahe legen (3. Jahrhundert). Diese Texte haben privatrechtlichen Charakter.

c) Zwischenstaatliche Beziehungen: Bündnissysteme und völkerrechtliche Regelungen der Latiner und der Etrusker

Nach Livius gab es bei den Latinern im 6. Jahrhundert mehrere Gemeinschaften (lat. ***populi***: Livius 2,18,3; 8,13,10; Cincius bei Festus 276, 20 L.), die nach einzelnen Siedlungen benannt wurden und sich wohl schon früh gebildet hatten. Auch in Etrurien gab es im 5. Jahrhundert „Bürgerschaften" (lat. ***populi***: Livius 9,32,1).

Ursprünglich bildeten die Latiner eine religiöse Vereinigung im Rahmen des alten Kultes des Iupiter Latiaris auf dem Albaner Berg (s. S. 50); wahrscheinlich bildeten sie auch einen mehr oder weniger losen politischen Verband mit ethnischen Wurzeln, um wichtige gemeinschaftliche Ziele zu erreichen.

Der Latinerbund und seine ursprüngliche Rolle

IV. Die frühgeschichtliche Entwicklung Etruriens und Latiums

E
populus (pl. *populi*)
Der Begriff *populus* stammt aus dem Militärwesen und bezeichnete wahrscheinlich ursprünglich das Heeresaufgebot einer einzelnen Siedlung bzw. die bewaffnete Gefolgschaft eines Anführers. Ein *populus* könnte aber auch eine Kriegervereinigung innerhalb einer Siedlung gewesen sein, welche im Laufe der Zeit wohl auch politische Verantwortung übernommen und somit entscheidend zur Ausbildung autonomer innerstaatlicher Organisationsformen beigetragen hat. Man wird sich dann einen *populus* als eine gehobene Schicht innerhalb der Gemeinschaft vorstellen.

Wie andere Gruppenverbände brachten auch später die latinischen Völkerschaften ihre Bindung weiterhin durch gemeinsame Feierlichkeiten auf dem Albaner Berg zum Ausdruck – im 4. Jahrhundert fanden die Versammlungen des Latinerbundes jedes Jahr gleich nach dem Amtsantritt der Konsuln statt, gleichzeitige wurden religiöse Feste gefeiert (*feriae latinae*: Livius 1,31,3–4). An diesen sollen bereits in der zweiten Hälfte des 6. Jahrhunderts, zur Zeit des Tarquinius Superbus, Vertreter von 47 latinischen Städten teilgenommen haben (s. S. 51). Zu diesem Zeitpunkt schlossen die Feierlichkeiten auch die Teilnahme an einem rituellen Festbankett ein, bei dem das Fleisch eines feierlich geopferten Stieres verzehrt wurde (Dionys von Halikarnass 4,49,2–3). Im 6. Jahrhundert gab es in Latium mehrere föderative Heiligtümer, darunter Lavinium am Fuße der Albaner Berge (Dionys von Halikarnass 3,34; 3,51; 4,45; 5,61; Cincius bei Festus 276, 21 L.), die auf unterschiedliche, vielleicht konkurrierende religiöse und politische Vereinigungen hinweisen.

Der Latinerbund als politische Vereinigung

Bei geschlossenen Stammesverbänden mit politischen Funktionen liegt meistens eine höherstehende politische Organisation vor: Solche Bündnissysteme hatten den Zweck, eine regional begrenzte Vorherrschaft zu errichten, um sich besser vor auswärtigen Feinden schützen zu können. Latiner und Etrusker lebten unter den Druck der italischen Gebirgsstämme, wie die ältesten Erdwälle, die in Latium ins 9. Jahrhundert zurückreichen, nahe legen (s. S. 37 f.), die wahrscheinlich nicht nur als Schutz vor Nachbarn, sondern auch vor weiter entfernt lebenden äußeren Feinden gedacht waren.

Die latinischen Gemeinschaften waren in der Frühzeit auf zwei Ebenen politisch organisiert: zum einen innerhalb ihrer Siedlungsgemeinschaft, zum anderen innerhalb einer föderativen Vereinigung, eines Bundes mit gemeinschaftlichen religiösen und politischen Aufgaben. Selbstverständlich schränkten die Verpflichtungen gegenüber allen übrigen Angehörigen des Bundes die politische Unabhängigkeit der einzelnen Mitglieder ein (Livius 2,14,6). Die moderne Bezeichnung der föderativen Vereinigung lautet gemäß der Überlieferung lat. *nomen latinum* (Livius 2,22,7), griech. *koinón* (Dionys von Halikarnass 4,45,3; 5,52,2; 6,18,1; 19,4), im Deutschen meist „Latinerbund" oder „latinische Konföderation".

Über den Latinerbund sind wir relativ gut unterrichtet, wenngleich die Überlieferung über seine Mitglieder, über die Rolle Roms usw. unscharf ist, so dass es darüber auch in der Forschung widersprüchliche Ansichten gibt. Schwierigkeiten ergeben sich in Zusammenhang mit der Glaubwürdigkeit der Nachrichten und ihrer chronologischen Einordnung, denn die Überlieferung neigt dazu, die Vormacht Roms in Latium nach seinem Sieg über die

Latiner (338 v. Chr.) entweder in einen zeitlosen Kontext zu stellen oder sie auf die Königszeit rückzuprojizieren.

Der Latinerbund ist erst für das 6. Jahrhundert literarisch bezeugt. Damals hielt man die Versammlungen des Bundes, an denen Vertreter von acht (Cato FRH 2,28), von dreißig (Livius 2,18,3) oder von 29 (Dionys von Halikarnass 6,61,3) Städten teilnahmen, im heiligen Hain der Diana bei den Ferentinischen Quellen unweit von Aricia (lat. *ad caput Ferentinae*: Cincius bei Festus 276, 21 L.) auf den Albaner Bergen ab (Livius 1,50,1; 51,9; 52,5; 2,38,1; Dionys von Halikarnass 3,34,3.51,3; 4,45,3; 5,50, 2.61,1). Das Heiligtum war von Egerius Baebius, dem Diktator Tusculums (heute Frascati), geweiht worden. Dies legt nahe, dass damals Aricia und Tusculum eine starke Stellung innerhalb der Latinerstädte hatten.

Nach der Überlieferung, die teilweise auch Gemeinplätze enthält, dienten die Versammlungen (lat. *concilium/-a*: Livius 1,50,4; 51,45.9; 52,1) dazu, Streitigkeiten zu schlichten und Kriegsaktivitäten zu organisieren (Dionys von Halikarnass 5,50,2.3; 61,2).

Nachrichten, welche auf eine starke Stellung des Bundes hinweisen, sind durchaus glaubwürdig, etwa, dass in diesen Versammlungen institutionelle Änderungen innerhalb anderer konföderierter Städte einschließlich Rom angeregt werden konnten: So ersuchte der Bund im Jahre 500 v. Chr. Rom, die vertriebenen Tarquinier wieder aufzunehmen und das Königtum einzuführen (Dionys von Halikarnass 5,52,5). Die Bundesversammlung fungierte auch als Gerichtshof, vor dem die Bewohner einer föderierten Stadt ihre eigenmächtigen Handlungen rechtfertigen sollten: Als im Jahre 498 v. Chr. die Römer den Etruskern im Krieg gegen die Latinerstadt Aricia halfen, wurden sie von den Vertretern der Latinerstädte aufgefordert, sich dem Bundesgerichtshof zu stellen und einem Gerichtsverfahren zu unterziehen (Dionys von Halikarnass 5,61,5). Der Bund konnte schließlich jene Mitglieder aus der Vereinigung ausschließen, die ihren Verpflichtungen nicht nachkamen (Dionys von Halikarnass 5,61,2).

Der Latinerbund dürfte in großen Zügen der Struktur anderer antiker Konföderationen entsprochen haben. Es gab auch im Latinerbund Vertreter jeder angehörigen Stadt (Livius 1,50,1; 51,9; 52,5; 2,38,1; Dionys von Halikarnass 4,45,5; 5,61,1) sowie das Amt eines militärischen Oberbefehlshabers, das nach einem Rotationsprinzip wechselnd besetzt wurde (Cincius bei Festus 276, 23ff. L.). Wie bei anderen Bündnissen war seit dem Ende des 6. Jahrhunderts der „Kommandant" (*dictator latinus*: Cato, Origines 2,21 [53]; *dux*: Livius 2,19,10) des Bundesheeres ein bevollmächtigter General, der von den Befehlshabern der Truppenkontingente der einzelnen Mitgliedstaaten (*praetores*: Livius 9,16,17) im Aufgebot des Bundes gewählt wurde (Cincius bei Festus 276, 28f. L.).

Die Organisation des Latinerbundes

In Etrurien gab es im 5. Jahrhundert zwölf „Bürgerschaften" (lat. *populi*: Livius 9,32,1; etrusk. *rasna*). Sie bildeten das *nomen etruscum* (Livius 9,41,6; 7,17,6; 5,22,8), im Deutschen „Etruskerbund" genannt. Die etruskische Bezeichnung einer föderativen Organisation der Etrusker ist nicht überliefert. In der Überlieferung ist die Rede von einzelnen Bürgerschaften (Livius 4,58,10; 10,10,11.14,3) bzw. von „zwölf Völkern" (Livius 1,8,3; 4,23,5; 5,1,5), „zwölf Städten" (Livius 5,33,9; Dionys von Halikarnass 3,61,2; 9,18,2), „zwölf Fürstentümern" (Dionys von Halikarnass 6,75,3) oder, ganz allgemein, von einer „Vereinigung" (Strabo 5,2,2 C 219).

Der Etruskerbund

IV. Die frühgeschichtliche Entwicklung Etruriens und Latiums

Nach der Überlieferung hatte der Stammvater der Etrusker, Tyrrhenos, in Etrurien zwölf Städte gegründet. Die Etrusker hatten damals „ein einziges Oberhaupt" – sie waren zu einem „Verband" von zwölf Städten zusammengeschlossen. Im Zuge von Kämpfen mit ihren Nachbarn habe sich diese Vereinigung aufgelöst; dies habe zur Zersplitterung des Landes und in weiterer Folge zur Bildung kleinerer politischer Einheiten, nämlich der einzelnen etruskischen Städte (Strabo 5,2,2 C 219), geführt. Diese Erzählung ist sehr allgemein und wohl unhistorisch. In Etrurien dürfte sich dennoch schon in frühgeschichtlicher Zeit eine überregionale Gemeinschaft gebildet haben.

Die Unterteilung in zwölf etruskische Stadtstaaten der Etrusker entspricht der Zwölfzahl der Mitglieder in anderen zwischenstaatlichen Vereinigungen in Italien, etwa dem Brettier- und dem Samnitenbund; sie entspricht auch der delphisch-pyläischen Amphiktyonie in Griechenland, dem ionischen Städtebund in Kleinasien und dem Bund der israelitischen Stämme. Eine solche Unterteilung könnte auf die religiöse und kosmische Bedeutung des Sonnenumlaufes (= 1 Jahr) zurückgehen, der durch die 12 Umläufe des Mondes (= 12 Monate) unterteilt wird; damit konnte ein Mitglied (sei es Stamm oder Stadt) für einen Monat (= Mondumlauf) den Bund leiten oder den Kult des Bundes betreuen.

Die Versammlungen beim Heiligtum des Voltumna — Zwischen 434 und 389 v. Chr. kamen die Mitglieder eines Bundes von zwölf selbständigen Stadtstaaten (Livius 5,1,5; Dionys von Halikarnass 6,75,3; Strabo 5,2,2 C 219) zu „Versammlungen" beim Heiligtum des Gottes Voltumna (lat. auch Vortumnus: Livius 4,23,5; 25,7; 61,2; 6,17,6; 6,2,2), des „höchsten Gottes der Etrusker" zusammen (Varro, De lingua latina 5,46). Für ein hohes Alter des Kultes spricht einerseits die lateinische Bezeichnung des Heiligtums als *fanum*, was einen abgeschlossenen heiligen Bezirk unter freiem Himmel bezeichnete (s. S. 47), andererseits die Tatsache, dass der Gott Tinia (gr. Zeus, lat. Iupiter) mit dem Beinamen Vertumna ursprünglich als Naturgottheit verehrt wurde. Wo sich das Vertumna-Heiligtum befand, schreibt Livius – unsere einzige Quelle – nicht; archäologisch ist das Heiligtum bislang nicht nachgewiesen. Vertumnus wurde auf jeden Fall in Volsinii verehrt (Properz 4,2,3), ehe er nach der Eroberung der Stadt durch die Römer im Jahre 264 v. Chr. nach Rom überführt wurde.

Die Etruskerbünde in Nord- und Süditalien — Das Modell eines Bundes von zwölf Stadtstaaten (*populi*) haben die Etrusker angeblich auch auf die von ihnen in Besitz genommenen Gebiete in Nord- (Livius 5,33,9) und Süditalien (Strabo 5,4,3 C 242) übertragen. Strabo gibt keinen Anhaltspunkt für die Datierung der Bildung des Bundes, nennt aber Capua die Hauptstadt des Bundes in Süditalien. In Norditalien waren Felsina (heute Bologna), Adria, Spina, Mantua und die Stadt bei Marzabotto etruskisch gewesen; es wird jedoch nicht gesagt, ob sie zum Bund gehörten. Die Nachrichten müssen sich allerdings auf die Zeit vor der Mitte des 5. Jahrhunderts beziehen, ehe die Kelten den Etruskerstädten in Norditalien und die Sabeller denen in Süditalien ein Ende bereiteten. Weitere Hinweise auf diese Bündnisse haben wir nicht.

Völkerrechtliche Regelungen — Zwischen den Bürgern der einzelnen etruskischen und latinischen Städte dürfte es privatrechtlich fundierte Beziehungen gegeben haben. Die Verbreitung gleicher Gentilnamen in ganz Etrurien zeigt, dass die Bürger unterschiedlicher Städte miteinander Ehen schließen konnten. Diese weit reichende Mobilität der Personen innerhalb Etruriens zeigt sich auch in der Anwesenheit von Ausländern – Latinern, Griechen, Ligurern, Kelten usw. – in Etrurien: Ein etruskischer 'Personalausweis' auf einem kostbaren Elfenbeinplättchen stammt aus Karthago (*mi puinel karthazie ...*, „ich bin Puini, der Karthager ...", 6. Jahrhundert: ET Af 3.1; s. S. 4) und bezeugt die Formalisierung des Aufenthaltes eines Ausländers, denn der Aufenthalt in Etrurien wurde durch dieses Elfenbeinplättchen bescheinigt. Es gab wahrscheinlich auch Bestimmungen zur gastlichen Aufnahme der jeweiligen Person, etwa eine Form etruskischen Gastrechtes, verbunden mit der Möglichkeit, dass der Gast die Bürgerschaft des neuen Wohnortes erwerben konnte, wie es bei Arnth Praxias der Fall war (s. S. 84).

Auf staatlicher Ebene schlossen Etrusker und Karthager Handelsverträge, Nichtangriffspakte und Militärallianzen ab. Aristoteles (4. Jahrhundert) kennt solche Vereinbarungen (s. Quelle). Die moderne Forschung datiert diese Vereinbarungen ins 6. Jahrhundert v. Chr., wenngleich der Text keinen chronologischen Anhaltspunkt bietet, und möchte sie mit einer bestimmten Stadt, nämlich Caere, und nicht mit allen Etruskern, d. h. etruskischen Städten in Verbindung bringen, wenngleich im antiken Text von „Etruskern" die Rede ist.

Die Vereinbarung zwischen Etruskern und Karthagern
(Aristoteles, Politik 3,9,35 = 1280 a 36)

Denn (bei einem solchen Staatszweck) ergäbe sich, dass (auch) Tyrrhener und Karthager und alle, die untereinander Vereinbarungen geschlossen haben, Bürger gleichsam eines einzigen Staates wären; zwischen ihnen bestehen ja Abmachungen über Einfuhrgüter und zwischenstaatliche Vereinbarungen zum Schutz vor ungerechter Behandlung und geschriebene Verträge über ein militärisches Bündnis. Aber weder sind dafür bei beiden gemeinsame Behörden eingerichtet – sondern bei jeder der Vertragsparteien jeweils eigene Behörden –, noch sorgen sich die Bürger des einen Staates darum, dass die des anderen eine bestimmte Qualität haben; auch sorgen sie sich nicht darum, dass keiner derjenigen, die unter diese Verträge fallen, ungerecht ist und keine schlechte Eigenschaft annimmt, sondern nur darum, dass sie sich untereinander kein Unrecht antun.

Ein inschriftlich belegter Handelsvertrag aus der ersten Hälfte des 5. Jahrhunderts in etruskischer und griechischer Sprache nennt Massalía (etr. Matalia, heute Marseille). Die griechische Kolonie in Südfrankreich war damals Vertragspartner von Etruskern. Diese Inschrift, die auf einem Bleitäfelchen (ET Na 0.1) aus Pech Maho (in Südfrankreich zwischen den Regionen Roussillon und Languedoc) eingraviert ist, nennt vier Personen (Vertragspartner?): den Etrusker Venel, den Latiner Octavius, den Griechen Kyprios und den Iberer Basigerros.

Die privatrechtlichen Bestimmungen der einzelnen Latinerstädte stimmten stark überein: Das gemeinsame „latinische Recht" ermöglichte wechselseitige Eheverbindungen, die Anwendung der lokalen Rechtsbestimmungen in vermögensrechtlichen Fragen sowie die Übernahme der Bürgerschaft einer anderen föderierten Gemeinschaft einfach aufgrund des

Wechsels des Wohnsitzes. Alle Latiner, und daher auch die Römer, erkannten dieselben eherechtlichen und handelsrechtlichen Bestimmungen an sowie übereinstimmende Regelungen im Fall der Umsiedlung des Einzelnen in eine andere Stadt.

V. Die 'Ereignisgeschichte' vom 7. Jahrhundert bis um 500 v. Chr.

Ab der Mitte des 6. Jahrhunderts	Etruskische Präsenz in Südfrankreich
Etwa ab Beginn des 6. Jahrhunderts	Ausbreitung der Etrusker nach Nord- und Süditalien
6. Jahrhundert	Tarquinius Priscus, Servius Tullius und Tarquinius Superbus Könige von Rom
Um 540	Schlacht bei Alalia (Korsika) zwischen den verbündeten Etruskern und Karthagern und den griechischen Phokäern
525	Aristodemos, Tyrann von Kyme, besiegt bei dieser Stadt eine Koalition italischer Völker
Ende des 6. Jahrhunderts	Sturz des Tarquinius Superbus und Abschaffung des Königtums in Rom Lars Porsenna, König von Clusium, in Rom
504	Sieg der Latiner und des Aristodemos von Kyme über Aruns, Sohn des Lars Porsenna bei Aricia
Ende des 6.–Anf. des 5. Jahrhunderts	Thefarie Velianas Herrscher in Caere

Das vorangegangene Kapitel über die Entwicklung Etruriens und Latiums (vom 7. Jahrhundert bis um 500 v. Chr.) beruht auf Kombinationen höchst verschiedenartiger Quellengattungen: sprachliche und archäologische Befunde, religiöse Einrichtungen, geographische Gegebenheiten usw. Dieses Kapitel über die Ereignisse dieser beiden Jahrhunderte hat als hauptsächliche Grundlage die überlieferten Nachrichten aus der Antike, die aus vielen genannten Gründen in ihrem Inhalt und in ihrer Datierung oft fragwürdig sind. Deshalb wird sie von der Darstellung der allgemeinen Entwicklungsprozesse getrennt vorgelegt.

Es gibt keine archäologischen und epigraphischen Hinweise für eine politische Expansion der einzelnen Latinerstädte (ohne Rom) außerhalb Latiums im 7. und im 6. Jahrhundert, wohl eine detaillierte Überlieferung zur Ausbreitungspolitik Roms unter der Herrschaft der letzten drei Könige Tarquinius Priscus, Servius Tullius und Tarquinius Superbus, die im 6. Jahrhundert wirkten und etruskischer Abstammung waren. Eine kulturelle und politische Expansion der Etrusker nach Nord- und Süditalien im 6. Jahrhundert ist hingegen literarisch erwähnt und archäologisch und epigraphisch gut belegt. Etruskisches Kulturgut kam auch nach der Villanova-Zeit in die Gebiete nördlich der Alpen.

1. Kulturelle und politische Expansion der Etrusker (7.–6. Jahrhundert)

Die antike Überlieferung berichtet von einer etruskischen Vorherrschaft in Italien vor jener der Römer (s. Quelle). Dies ist allerdings übertrieben, denn weder die Etrusker als Ganzes noch einzelne etruskische Städte konnten jemals ihre Macht auf ganz Italien ausdehnen. Dennoch verstärkte sich ab der zweiten Hälfte des 7. Jahrhunderts die bereits in der Villanova-Zeit belegte Expansion der etruskischen Kultur auf weite Teile Nord- und Süditaliens, wo es nachträglich zur Bildung eines etruskischen Macht- und Herrschaftsbereiches kam.

Die etruskische Vorherrschaft in Italien
(Livius 5,33,7)

Die Macht der Etrusker erstreckte sich vor der römischen Herrschaft weit über Land und Meer. Welche Bedeutung sie auf dem „Oberen" und dem „Unteren Meer" hatten … beweisen deren Namen; denn das „Untere Meer" nannten die Völker Italiens … das Etruskische Meer, das „Obere Meer" nach Atria, einer Kolonie der Etrusker, das Atriatische Meer; bei den Griechen heißt das eine das Tyrrhenische und das andere das Adriatische Meer.

Es dürfte eine erste Ausbreitungspolitik von Caere und Tarquinia auf Kosten der Nachbargebiete gewesen sein, die Ende des 6. Jahrhunderts zu Auseinandersetzungen mit diesen führte: Denn damals wurden San Giovenale im Grenzbereich zwischen Caere und Tarquinia und Acquarossa im Grenzbereich zwischen Tarquinia und Volsinii gewaltsam zerstört und nicht mehr aufgebaut. Beide Städtchen hatten sich Anfang des Jahrhunderts zu größeren Zentren entwickelt. Acquarossa könnte Tarquinia Konkurrenz gemacht haben und von der größeren Stadt ausgeschaltet worden sein: In den Hütten von Acquarossa fanden sich nämlich Eisenreste und Fragmente von Schmelztiegeln. Diese Metallbearbeitung weist auf eine Verbindung zu dem zwischen Tarquinia und Caere gelegenen Bergbaugebiet von Tolfa hin.

In San Giovenale waren die älteren Urnen (8. Jahrhundert) mit einem Kammhelm wie in Tarquinia gedeckt, die späteren Kammergräber (6. Jahrhundert) waren vom Caeretaner Typ, wohl ein Beweis, dass die Siedlung mit der Zeit in den kulturellen Einflussbereich Caeres gelangt war.

a) Die Etrusker in Nord- und Süditalien

Ab der zweiten Hälfte des 7. Jahrhunderts intensivieren sich die Verbindungen Etruriens zu Norditalien, insbesondere zum Gebiet zwischen dem Apennin und dem Fluss Po: Der Weg führte von der Ebene von Florenz oder von Lucca in Nordetrurien über verschiedene Pässe des Apennin in die südliche Poebene. Hier fanden die Etrusker günstige Absatzmärkte für die eigenen Produkte und eine entgegenkommende Kundschaft – im 6. Jahrhundert glichen diese Handelskontakte den Verlust der Märkte in Südfrankreich durch die Gründung Massalías (um 600) und die wachsende Konkurrenz des attischen Handels aus. Zu Süditalien verstärkten sich die Beziehungen aufgrund der anregenden Kultur der Griechen Kampaniens, die Gruppen aus Etrurien an sich zog. Hinzu kam im 6. Jahrhundert ein gewisses Interesse auch von sabellischer Seite: Sabeller sickerten nämlich immer mehr von den rauen Bergen Kampaniens, wo sie ihre ursprünglichen Sitze hatten, in die fruchtbare Ebene: An der Küste, in Kyme (lat. Cumae, heute Cuma), in Neapolis (heute Napoli) und südlich der Sele-Mündung, hatten ab der Mitte des 8. Jahrhunderts die Griechen blühende Städte. Ein Weg von Südetrurien nach Süditalien führte der Küste entlang zum Golf von Neapel und Salerno; ein anderer bis auf die Höhe von Minturnum, den Fluss Liris (heute Liri-Garigliano) hinauf ins Volturno-Tal, in dem Capua liegt. Ein weiterer Weg führte durch das Tiber-Tal bis auf die Höhe von Tivoli und von hier über Palestrina ins Sacco- und Liri-Tal.

Im Bezug auf Politik und Religion sind Städte zu nennen, die die Etrusker im 6. Jahrhundert in Norditalien gründeten: Gegen Ende des 6. Jahrhunderts war im Tal des Flusses Reno auf dem Weg von der Ebene von Florenz nach Felsina (unweit der heutigen Stadt Marzabotto) eine Stadt gegründet worden, die wahrscheinlich als Stützpunkt für die von Süden kommenden Karawanen diente. Der antike Name ist unbekannt, die Bezeichnung „Misa" ist eine moderne Rekonstruktion. Die rituell nach den Himmelsrichtungen orientierte Siedlung und der Grundriss dieser Stadt, die ein schachbrettartig angelegtes Straßennetz zeigt, spricht für eine bewusste und normierte Einteilung des Raumes, welche die Etrusker im 6. Jahrhundert auch in den Gräberfeldern von Caere und Volsinii-Orvieto anwendeten, in ihren Ritualbüchern niederschrieben und als göttlichen Ursprungs betrachteten. Ab dem Ende des 6. Jahrhunderts war Felsina eine aus dem Zusammenschluss mehrerer Siedlungskerne entstandene etruskische Stadt, welche rege Verbindungen zu den Griechen der etruskischen Hafenstadt Spina sowie zu den benachbarten Venetern unterhielt und die Wege über die Poebene zu den Gebieten nördlich der Alpen kontrollierte. Spina erweist sich aufgrund der etruskischen, griechischen und venetischen Inschriften als eine „internationale" Stadt, in der neben Etruskern auch Griechen und Veneter wohnten.

Die etruskischen Städte Kampaniens konzentrierten sich um den Vesuv, auf die Sarno-Mündung (bei Pompei) und auf das Hinterland von Salerno, im „Pikentinischen Feld" (*ager Picentinus*: Plinius, Naturalis historia 3,9; 70; Strabo 5,4,13 C 251). Neben der Hauptstadt Capua werden auch Nola (Cato, Origines Fg. 2 J.) und Nuceria, Marcina und Surrentum, Suessula, Fratte, Pontecagnano usw. erwähnt. Es sind keine Namen von Gründern überliefert.

Ende des 7. Jahrhunderts ist in Rubiera (bei Reggio Emilia) ein *zilath* fassbar (ET Pa 1.2), also ein hoher etruskischer Amtsträger, wenn das Wort *zilath* bereits die spätere Bedeutung hatte. In Felsina ist das *zilath*-Amt im 5. Jahrhundert dreimal belegt, einmal um die Mitte des Jahrhunderts (ET Fe 1.2), also nicht viel später als in Caere (Ende des 6. Jahrhunderts). Dies zeigt, dass die Neuankömmlinge aus Etrurien die heimische Verfassung und die politischen Strukturen auf ihre neue Heimat übertrugen. In Kampanien sind keine etruskischen Ämter nachgewiesen. Die Verbreitung etruskischer Kulturgüter – bedingt nicht zuletzt durch militärische Überlegenheit – führte letzten Endes zur Herrschaft der Etrusker in Nord- und Süditalien und zur Bildung staatlicher Strukturen.

Das etruskische Alphabet wurde alsbald auch von den Venetern übernommen und an die Bedürfnisse der eigenen Sprache angepasst, wie die zahlreichen venetischen Inschriften zeigen. In Süditalien waren die Etrusker besonders schreibfreudig: Ab Beginn des 6. Jahrhunderts sind 34 Inschriften in Pontecagnano belegt, sein Alphabet kam aus Caere und Veji. Das Alphabet von Fratte (ab dem Ende des 6. Jahrhunderts) zeigt hingegen Verbindungen zum Gebiet von Tarquinia, Vulci und Volsinii-Orvieto. Es zeigt sich, dass mehrere Gebiete Etruriens an der Ausbreitung der Etrusker mitbeteiligt waren.

Etruskische Lebensweise spiegelt sich in zahlreichen Kultursektoren wider: Die Häuser werden bequemer, sie sind aus festem Material und aus mehreren häufig um einen Hof gruppierten Räumen (Marzabotto und Spina, Capua und Pontecagnano), ähnlich wie in Latium und Etrurien (Ficana, Murlo und Acquarossa). Auch im Bereich der Religion orientierte man sich an Etrurien, wie ein Opferverzeichnis aus Capua (Anfang des 5. Jahrhunderts, heute in Berlin) und zahlreiche Darstellungen in Norditalien nachweisen: Das Relief auf einer Grabstele aus Bologna zeigt die Fahrt des Verstorbenen ins Jenseits mit Wagen und geflügelten Pferden. Neu ist der Inhalt und die Sitte Grabstelen zu bebildern, denn die älteren Grabstelen einheimischer Tradition waren anikonisch. Etruskisch ist die Freude an der Darstellung von Ereignissen – ein Etrusker fand den Tod durch keltische Hand (Camporeale 2003, Taf. 110) – und die Lebendigkeit der Ausführung, wenngleich die äußere Form der Stele einheimisch ist. Aus Etrurien wurden auch die Steinbearbeitung und Töpferei für Gefäße von hohem künstlerischem Niveau übernommen.

Solche bedeutenden Kulturkontakte entstanden durch die kontinuierliche Anwesenheit von Händlern und Unternehmern, die sich die wirtschaftlichen Vorteile des Landes zunutze machten. Oft waren die etruskischen Auswanderer reiche Adelige: In Felsina ist um 450–430 v. Chr. ein Mitglied der vornehmen Familie Kaikna (lat. Caecina) von Volterra bezeugt; die Darstellung eines (Kriegs-)Schiffes auf seiner Grabstele könnte darauf hinweisen, dass sich seine Aktivitäten auf dem Meer (Seeraub?), wahrscheinlich über Spina abspielten. Der Etrusker Arnth Petlna (ET Fe 1.2, Mitte des 5. Jahrhunderts) stammte aus dem Gebiet von Vulci oder Tarquinia, machte politische Karriere in Felsina (heute Bologna) und stieg zum höchsten Amt auf; mit ihm lebten in Felsina und Spina Etrusker und etruskisierte Veneter, wie die Personennamen nachweisen (ET Sp 2.4; 2.11; 2.18 u.a.m.).

In Nord- und Süditalien zeigen etruskische Inschriften mit lokaler Klangfarbe sowie lokale Varianten des Etruskischen, dass es zur Bildung sprachlicher Interferenzen gekommen war, wohl ein Zeichen von beginnender Assimilation zwischen den beiden Volksgruppen: Viele von den genannten etruskischen Inschriften aus Fratte bei Salerno, Pontecagnano und Norditalien enthalten Personennamen von Einheimischen, die auf Etruskisch schrieben, aber abstammungsmäßig keine Etrusker waren. Etruskische Einflüsse sind auch nördlich des Po fassbar, wie die Übernahme des Alphabets zeigt.

Die sagenhafte Überlieferung weist auf die Rolle einer vornehmen Persönlichkeit bei der etruskischen Expansion in Norditalien hin und stellt die Gründung einer Stadt nach dem Modell der griechischen Kolonisation und der Gründung Roms dar. Tarchon, der Gründer von Tarquinia, soll Städte in Norditalien gegründet haben, der ebenfalls sagenhafte Ocnus, der Sohn des Gründers von Perusia Aulestes (Servius, Ad Aeneidem 10, 198), habe Felsina und Mantua gegründet.

Etrusker sollen um 800 (Velleius Paterculus 1,7,3) bzw. im Jahre 471 (Cato bei Velleius Paterculus 1,7,3) Capua, die Hauptstadt des etruskischen Zwölfstädtebundes in Kampanien, gegründet haben (Strabo 5,4,3 C 242). Ursprünglich habe diese Stadt den Namen Volturnum getragen (Livius 4,37,1). Der archäologische Befund zeigt, dass die etruskische Ausbreitung Jahrzehnte in Anspruch nahm. Mit der Zeit dürfte allerdings die Erinnerung an die Besetzung der neuen Gebiete im Norden und im Süden der Halbinsel verloren gegangen sein: Späte Autoren wie Velleius und Servius kannten eine Stadtgründungsideologie nach griechischem Modell. Schon im 6. Jahrhundert mussten jedoch die Etrusker in Abwehrkämpfen bestehen, sei es gegen die nach Norditalien vordringenden Kelten, sei es gegen die erstarkenden sabellischen Gebirgsstämme, die nach Kampanien drängten und ihre Städte bedrohten.

Die Ausbreitung der Etrusker nach Kampanien verstärkte die etruskische Präsenz in Latium, denn Latium lag auf dem Weg. Nach Cato (bei Servius, Ad Aeneidem 10,567) war Südlatium teilweise etruskisch. Cato gibt keine zeitliche Angabe an, Ortsnamen wie Tusculum in den Albaner Bergen und Tarracina (in Südlatium) könnten Indizien dafür sein. Besonders Rom lag geographisch günstig für etruskische Handelstätigkeit: Auf dem Tiber konnte man zuerst das etruskische Veji und dann das Meer auch von Inneretrurien leichter erreichen als von den etruskischen Küstenstädten wie Caere und Tarquinia, die 5–6 km im Landesinneren und nicht an einem Fluss lagen. Die Forschung schließt inneretruskische Spannungen als Ursache der Niederlassung von Etruskern in Rom nicht aus.

b) Die Etrusker westlich und nördlich der Alpen

Die etruskische Ausbreitung westlich und nördlich der Alpen erschöpfte sich in der Einfuhr einzelner materieller Güter, die letztlich keine entscheidende Rolle für die Weiterentwicklung der einheimischen Gesellschaften spielten. Es handelte sich um merkantile Bindungen und um gemeinsame Interessen, die freundschaftliche Beziehungen zwischen vornehmen Gruppen stifteten, wie beispielsweise zwischen Griechen und Etruskern und dem frühen keltischen Adel in Burgund und Südwestdeutschland.

Ein zeitlich beschränkter etruskischer Kultureinfluss machte sich im 6. Jahrhundert im heutigen Chiavari an der östlichen Riviera bemerkbar, wie einheimische Gefäßformen, Schmuck und Fibeln zeigen, die stilistisch

Etrusker in Ligurien

den etruskischen nahe stehen. Chiavari dürfte als Stützpunkt für etruskische Fahrten in die Lombardei, nach Piemont und Südfrankreich gedient haben. Der Kultureinfluss war von kurzer Dauer und hinterließ keine Spuren.

Dagegen festigte sich gegen Ende des 6. Jahrhunderts der etruskische Kultureinfluss in Genua: Die ligurische Oberschicht verwendete in dieser Zeit Brunnengräber etruskischer Bauart, etruskisches Symposionsgeschirr und etruskische Schrift und Sprache (ET Li 1.2 u. a. m.); dies setzt die Anwesenheit von sozial hoch gestellten etruskischen Unternehmern voraus. Sie brachten keine politischen Einrichtungen mit sich, die einheimischen Siedlungen entwickelten sich nicht zu selbständigen Städten weiter. Die Etruskisierung der einheimischen Oberschicht Genuas blieb ohne Folgen für die ligurische Gesellschaft und war von kurzer Dauer – sie hielt nur eine oder zwei Generationen an. Ligurien blieb auch in römischer Zeit ein Gebiet ohne größere Siedlungen, seine Bewohner, die Ligurer, wehrten jahrhundertelang jegliche Form römischen Einflusses ab.

Etrusker in Südfrankreich

Etrusker kamen früher als die Griechen nach Südfrankreich, wie etruskische Amphoren und Buccherogefäße zeigen, die in archäologisch tieferen Schichten lagen als die um 600 einsetzende griechische Keramik. Etrusker legten ab der zweiten Hälfte des 7. Jahrhunderts in Südfrankreich Handelsstützpunkte an: Trinkgeschirr und Transportamphoren aus Etrurien sind in großer Zahl zwischen den Alpen und den Pyrenäen nachgewiesen. Etruskische Kaufleute waren hier auf der Suche nach neuen Märkten und kamen der Nachfrage der Einheimischen nach prestigeträchtigen ausländischen Waren entgegen. Etruskische Inschriften zeigen, dass sich Etrusker in Südfrankreich auch als Siedler niederließen und einheimische Frauen ehelichten.

Um 600 gründeten Griechen aus der kleinasiatischen Stadt Phokaia die Stadt Massalía (franz. Marseille) an der Rhône-Mündung (Iustinus 43,3, 4–14) und schufen nachträglich einen eigenen Machtbereich mit Tochtersiedlungen wie Nikaia (heute Nizza), Antipolis (heute Antibes) und Emporion (heute Ampurias); Massalía kontrollierte alsbald den Weg ins Rhône-Tal und durch den Breisgau zu den keltischen Burgen Süddeutschlands (Heuneburg). Trotz des erwähnten Handelsvertrages von Pech Maho (s. S. 117) mussten sich die Etrusker letzten Endes aus Südfrankreich zurückziehen; sie wichen auf Norditalien aus und bauten in der Poebene ihre Handelstätigkeit aus, einerseits mit den Kelten nördlich der Alpen, andererseits mit den Griechen, die sich auf Spina niedergelassen hatten.

Etruskische Einflüsse in den Gebieten nördlich der Alpen

Schon in der frühen Eisenzeit kamen Waffen aus Etrurien in die Gebiete nördlich der Alpen (s. S. 38). Ab dem 6. Jahrhundert intensivierten sich die Verbindungen des etruskischen und keltischen Adels: In der jüngeren archäologischen Schicht der Heuneburg an der oberen Donau fand sich eine einheimische schwarze Keramik, die an etruskisches Bucchero erinnert. Um die Mitte des 6. Jahrhunderts, nach dem letzten Wiederaufbau der einige Jahre zuvor zerstörten Heuneburg, übernahm der keltische Adel gesellschaftliche Institutionen der Etrusker, darunter die Sitte des feierlichen Gelages, wie etruskisches Symposionsgeschirr nahe legt, in erster Linie die sehr beliebten Schnabelkannen. In der Bekleidung macht sich eine neue Mode aus Italien bemerkbar: Reste von Stoff und etruskischen

Schnabelschuhen stammen aus dem Hügelgrab von Hochdorf bei Stuttgart, wohl ein Zeichen der neuen kulturellen Orientierungen. Und schließlich wurde der Unterbau des Tempels von Závist in Böhmen in der Tradition etruskischer Tempelpodien erbaut, was auf die Übernahme auch religiöser Ideen hinweist. Im Ostalpenraum sind im 6. Jahrhundert kulturelle Beziehungen im Bereich der religiösen Vorstellungen und des Handwerks fassbar; sie reichen über Kärnten, Slowenien und die Steiermark hinaus bis nach Ungarn.

2. Die etruskischen Könige von Rom zwischen Überlieferung und Fakten

Rom hat im Laufe der Zeit eine Sonderstellung in der Geschichte des Mittelmeerraumes gewonnen, was sich auch in der antiken Überlieferung und in der Forschung niedergeschlagen hat, wenngleich die Entwicklung seiner materiellen und geistigen Kultur im 7. und 6. Jahrhundert jener der anderen Siedlungen Latiums entsprach.

a) Die Überlieferung

Nach der griechisch-lateinischen Überlieferung – die ausführlichsten Quellen sind Livius (1,34ff.) und Dionys von Halikarnass (3,46,1–48,3) – sollen ab dem Ende des 7. Jahrhunderts in Rom drei Könige etruskischer Abstammung gewirkt haben: Tarquinius Priscus (616–578 v. Chr.), Servius Tullius (578–534 v. Chr.) und Tarquinius Superbus (534–510 v. Chr.). Die Überlieferung schreibt diesen Königen tief greifende Veränderungen in der Staatsorganisation zu.

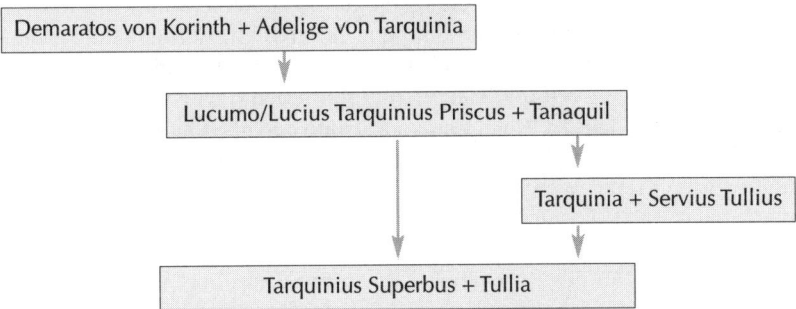

Ohne auf die Einzelheiten der Überlieferung einzugehen, sollen nun die etruskischen Könige von Rom kurz vorgestellt werden. Im Laufe der Zeit verschwägerten sie sich durch Heirat, was auf den historischen oder fiktiven Versuch hinweist, eine dynastische Abfolge zu rekonstruieren.

Nach der Überlieferung war Lucumo der Sohn des Griechen Demaratos, eines adeligen und reichen Verbannten aus Korinth, und einer adeligen

Tarquinius Priscus – Lucumo (614–578)

Frau aus Tarquinia (Livius 1,34; Dionys von Halikarnass 3,47,1 ff.). Lucumo war ein ehrgeiziger Mann, hatte aber, aufgrund der fremden Abstammung seines Vaters, in seiner Heimatstadt Tarquinia keine politische Laufbahn einschlagen können. Auf Anregung seiner ehrgeizigen adeligen etruskischen Ehefrau Tanachvil (lat. Tanaquilla) zog er zusammen mit ihr von Tarquinia nach Rom, um politische Karriere zu machen; mit ihm gingen seine „Freunde" und sein „Gesinde", also seine Gefolgschaft, die sich freiwillig dazu entschlossen hatte (Dionys von Halikarnass 3,47,2). Nach einer Reise mit zahlreichen Vorzeichen, die Tanaquil zugunsten von Lucumo interpretierte, kamen beide nach Rom; hier gab er als seinen Namen Lucius Tarquinius an (Dionys von Halikarnass 3,48,2).

Der etruskische eingliedrige Name Lucumo weist auf seine Stellung als Nichtbürger von Tarquinia hin, denn er war Sohn eines Ausländers. Der neue Personenname (Lucius) wurde aus seinem ursprünglichen etruskischen Personennamen Lucumo regulär gebildet: Etrusko-lateinische Bilinguen zeigen nämlich, dass man bei Übersetzungen von etruskischen Personennamen fast immer den phonetisch nächstliegenden lateinischen Namen gewählt hat. Der Gentilname Tarquinius bedeutete, dass er aus Tarquinia stammte. Der Beiname „Priscus" (= der „Altehrwürdige") ist eine sekundäre Erfindung, um ihn vom späteren Tarquinius (Superbus) zu unterscheiden, wie schon Dionys von Halikarnass (4,41,4) erkannte.

Tarquinius versprach sich wohl Vorteile davon, wenn er nicht als Fremder erschien, oder er wollte mit seiner etruskischen Vergangenheit brechen. Nach Livius (1,34,11 f.) zeigte sich Tarquinius in Rom als klug, zuvorkommend und großzügig, schloss Freundschaften und kam schließlich im Zuge seines Aufstieges bis an den königlichen Hof. Nach dem Tod des Königs Ancus Marcius habe er die Gunst des Volkes gesucht, das ihn schließlich zum König ernannte; die ebenfalls erforderliche Zustimmung des Senats habe er sich gesichert, indem er hundert neue Senatoren nominierte. In einer Palastrevolution, die von den Söhnen des Ancus Marcius angezettelt worden wäre, sei er durch Meuchelmord umgekommen. Seine Regierungszeit sei von Kriegshandlungen und Bautätigkeit geprägt gewesen: Ihm werden der Bau von Mauern, gepflasterten Straßen, Geschäften, Abflusskanälen und Tempeln und Eroberungskriege in Latium (gegen Apiolae, Collatia usw.) und Südetrurien (gegen Veji und Caere) zugeschrieben (Livius 1,35 ff.; Dionys von Halikarnass 3,49 ff.). Nach seinem Tod kam Servius Tullius an die Macht.

Es ist umstritten, ob Tarquinius Priscus mit einem Cnaeus Tarquinius Romanus identifiziert werden darf, welcher sich als Cneve Tarchunies Rumach (lat. Cnaeus Tarquinius Romanus) im Grab der Familie Saties in Vulci (s. S. 2) unter den dargestellten und namentlich genannten Kämpfern befindet: Cneve Tarchunies Rumach ist vor Marce Camitlnas kauernd dargestellt, der ihn beim Schopf packt – er wird also besiegt. Eine Gleichsetzung ist abzulehnen: Die Tarquinier der römischen Überlieferung haben den Personennamen Lucius, aber niemals Cnaeus. Außerdem weist nichts auf der Wandmalerei auf eine hervorragende Stellung des Cnaeus Tarquinius Romanus hin. Seine Niederlage gegen Marce Camitlnas hätte für den Feind umso größere Bedeutung, wenn er ein König gewesen wäre.

Servius Tullius – Mastarna (578–534) Zu Servius Tullius gibt es zwei Überlieferungen, eine etruskische und eine römische. Die inhaltlich ergiebigste stammt aus der frühen Kaiserzeit.

In einer Rede des Kaisers Claudius (41–54 n. Chr.) an den römischen Senat, die uns auf einer Bronzetafel erhalten blieb, wird auf das Leben des Servius Tullius Bezug genommen (s. Quelle).

> **Kaiser Claudius über Servius Tullius/Mastarna**
> (CIL XIII 1668, Z. 16–24)
>
> Auch zwischen ihn und seinen Sohn oder Enkel (d. h. zwischen Tarquinius Priscus und Tarquinius Superbus) (denn auch darüber sind unsere Gewährsmänner verschiedener Ansicht) schob sich Servius Tullius. Wenn wir unseren Quellen folgen, war er Sohn der Kriegsgefangenen Ocresia, nach etruskischen Quellen war er einst der treueste Kamerad und Begleiter des Caelius Vivenna bei all seinen Schicksalsschlägen.
>
> Nachdem er durch Wechselfälle des Schicksals vertrieben worden (lat. *exactus*) und mit dem gesamten Rest des Heeres des Caelius aus Etrurien marschiert war, besetzte er den Mons Caelius und benannte ihn nach seinem Feldherrn Caelius. Dann änderte er seinen Namen (denn er hieß auf etruskisch Mastarna) und benannte sich so, wie ich erwähnt habe, und übernahm die Herrschaft zum größten Nutzen für den Staat.

Der etruskische Name des Servius Tullius war in lateinischer Form Mastarna. Die um 330 v. Chr. entstandene Wandmalerei im Grab der Familie Saties von Vulci (s. S. 2) zeigt Kampfszenen und einen Mann namens Macstrna (ET Vc 7.25), welcher den nackten und gefesselten Caile Vipina befreit, der im Text von Claudius als Freund des Servius Tullius erwähnt wird. Eine linguistisch vertretbare Trennung Macstr-na ergibt im Lateinischen die Bedeutung „zu einem *magister* gehörig". Der Name könnte auf einen etruskischen Anführer hinweisen, der von den Römern *magister* (*populi*) genannt wurde. Der Titel des Oberbefehlshabers des Fußvolkes im Rom (s. S. 149) wurde in weiterer Folge etruskisiert und als etruskischer Personenname (Macstrna) verwendet, der im Lateinischen Mastarna ergab. Die Wandmalerei bestätigt einerseits die von Kaiser Claudius erwähnte Verwicklung der beiden Kameraden (Mastarna/Servius Tullius/Macstrna und Caelius Vivenna (Vibenna)/Caile Vipina) in Kriegshandlungen, andererseits ihre Freundschaft. Mastarna/Macstrna dürfte ursprünglich ein Gefolgsmann des Anführers Caelius Vibenna/Caile Vipina gewesen sein. Es ist auffällig, dass nur Macstrna und ein gewisser Rasce in den Abbildungen des Vulcenter Grabes einen einzigen Namen tragen. Dies könnte bedeuten, dass Macstrna/Mastarna nicht zu den Bürgern einer etruskischen Stadt zählte und, in weiterer Folge, dass er von niedriger sozialer Stellung war – vielleicht ein Fremder oder Unfreier? –, wenn der etruskische Name nicht ein Beiname ist.

Die Wandmalerei im Grab der Familie Saties zeigt Kämpfe zwischen Angehörigen etruskischer Städte, darunter den Kampf des Avile Vipina gegen einen gewissen Venthical – wohl einen Feind von Vulci: Die Brüder Avile und Caile Vipina waren aus Vulci (Arnobius, Adventus nationes 6,7), ein Avile Vipina ist im 6. Jahrhundert inschriflich bezeugt: Eine Weihinschrift aus der ersten Hälfte oder Mitte des 6. Jahrhunderts aus dem Portonaccio-Tempel von Veji nennt ihn als Stifter: *mine muluv[an]ece avile vipiiennas*, „mich schenkte Avile Vipinas" (ET Ve 3.11).

V. Die 'Ereignisgeschichte' vom 7. Jahrhundert bis um 500 v. Chr.

Etruskische Überlieferung

Die etruskische Überlieferung, die in den Wandgemälden und in der Claudius-Rede fassbar ist, lässt die Bildung eines Herrschaftsbereiches in Rom durch einen etruskischen Anführer sehr deutlich erkennen: Caelius Viv(b)enna/Caile Vipina erlitt in Etrurien eine Niederlage, Mastarna übernahm die Reste des Heeres des Caelius Vibenna (es liegt nahe, dass er selbst kein eigenes Heer hatte), und dies bedeutet, dass er sich zum Heeresführer aufgeschwungen hatte; er wurde dann aus Etrurien vertrieben (lat. *exactus*) und kam nach (oder in die Nähe von) Rom, besetzte den Hügel Coelius mit Waffengewalt und begründete seine Herrschaft über Rom. Die Überlieferung verbindet die Herrschaftsübernahme des Mastarna in Rom mit einer Kriegshandlung, nämlich der Besetzung des Hügels; dieser sei nachträglich nach dem (gefallenen?) Kameraden und Begleiter, dem Feldherrn Caelius, benannt worden. Ähnlich wie Lucumo zu Tarquinius wurde, soll Mastarna seinen etruskischen Namen in Servius Tullius geändert haben; damit unterstreicht die Überlieferung, dass er seine vorrömische Vergangenheit und Herkunft verschleiern und seine neue, römische Identität betonen wollte.

Römische Überlieferung

Nach der römischen Überlieferung (Dionys von Halikarnass 4,1 ff.; Livius 1,39) übernahm Servius Tullius, ein fremder Prinz, die Herrschaft in Rom auf friedliche Art und Weise, nämlich durch das Einheiraten in das Herrscherhaus bzw. durch Adoption. Es gibt zwei Versionen. Nach der einen (wahrscheinlich in Latium ausgearbeiteten) Variante soll Servius Tullius Sohn des Tullus, des Königs der Stadt Corniculum in Latium (Dionys von Halikarnass 4,1 ff.; Livius 1,39,5) und seiner Frau Ocrisia gewesen sein, welche nach der Eroberung von Corniculum durch Tarquinius als Sklavin ins Haus des Königs kam und von Tanaquil befreit wurde; Ocrisia nannte den Sohn Servius, weil er unfrei (aus *servus*, der Unfreie) geboren war. Nach der anderen (wahrscheinlich in Rom ausgearbeiteten) Version wurde Ocrisia, die im Haus des Tarquinius und der Tanaquil lebte, von einem überirdischen Wesen geschwängert (Dionys von Halikarnass 4,2, 1 ff.). Die günstigen Vorzeichen überzeugten Tarquinius, Ocrisia und den Sohn Servius in die Familie aufzunehmen. Später heiratete Servius Tarquinia, eine Tochter des Tarquinius (Dionys von Halikarnass 4,28,1), und wurde mit Hilfe der Tanaquil, die einige Palastintrigen abzuwenden wusste, Nachfolger des Schwiegervaters Tarquinius. Die römische Biographie des Servius Tullius spricht von göttlichen Vorzeichen und enthält Märchenmotive: Der fremde Prinz, geboren als Sohn einer Sklavin, steigt zum höchsten Amt im Staat empor.

Das Motiv dürfte erst nach dem 6. Jahrhundert entstanden sein: Die ursprüngliche Bedeutung von *servus* war nämlich „Hirte" und diese wandelte sich wohl erst im 6. Jahrhundert zur Bedeutung „Sklave". Die Einnamigkeit und die Rolle des Mastarna als Gefolgsmann von Vipina in der etruskischen Überlieferung lassen es als möglich erscheinen, dass er auch in Etrurien einer niederen sozialen Schicht angehört hatte: Der Hinweis von Dionys von Halikarnass (3,65,5), Servius sei „Ausländer und heimatlos", stimmt mit der Überlieferung bei Kaiser Claudius überein, der Mastarna/Servius Tullius in Rom als heimatlosen Ausländer schilderte. Als man in Rom die Gestalt des Königs ausarbeitete, wusste man über seine etruskische Herkunft und über die echten Umstände der Thronbesteigung jedenfalls nicht mehr viel, oder man wollte nichts mehr davon wissen.

Insgesamt lässt die überaus interessante Quellenlage vermuten, dass ein etruskischer Heerführer mit dem Namen oder Beinamen Mastarna (= der Anführer) die Herrschaft über Rom gewann, welche später auf unterschiedliche Weise erklärt und legitimiert werden konnte. Servius Tullius brachte dem Staat „größten Nutzen" (CIL XIII, 1668 Z. 20): Ihm schreibt die antike Überlieferung eine ganze Reihe von Verfassungs- und Bürgerschaftsreformen zu, die sich für die Zukunft Roms als maßgebend erweisen sollten und die ihm die Unterstützung des Volkes gesichert hätten. Er gilt in der Überlieferung als der größte Staatsreformer nach Romulus (Dionys von Halikarnass 4,13) und als bedeutender Bauherr von Stadtmauer und Tempeln.

Servius Tullius wurde angeblich in einem von der Tochter und dem Schwiegersohn Tarquinius organisierten Staatsstreich ermordet, woraufhin Tarquinius sein Nachfolger wurde.

Die antike Überlieferung war sich nicht im Klaren, ob Tarquinius Superbus Sohn oder Enkel des Tarquinius Priscus war (Livius 1,46,4). Dionys von Halikarnass (4,6f.) polemisiert gegen jene Autoren, die Tarquinius Superbus als Sohn des Priscus ansehen, bringt interessante Für und Wider für beide Thesen und kommt zum Ergebnis, dass er Enkel des Priscus war. Hier liefert Dionys von Halikarnass ein gutes Beispiel für antike Quellenkritik.

Tarquinius Superbus (534–10)

Der Autor geht von der Annahme aus, dass Tarquinius Priscus etwa 25 Jahre und Tanaquil etwa 20 Jahre alt waren, als sie von Tarquinia auszogen und im ersten oder im achten Regierungsjahr von Ancus Marcius nach Rom kamen. Da dieser 24 Jahre regierte, war Priscus 41 oder 49 Jahre alt, als er den Thron bestieg. Er muss daher mit 77 oder 85 Jahren nach 36 Jahren Regierung gestorben sein. Tanaquil war damals etwa 75; gemeinsame Kinder müssen demnach mindestens 25 Jahre alt gewesen sein. Servius Tullius regierte 44 Jahre. Wenn nun Tarquinius Superbus der Sohn des Priscus gewesen wäre, müsste er mit 69 Jahren König und mit 94 Jahren vertrieben worden sein: Die Zahl ergibt sich im ersten Fall aus der Summe des Alters eines Sohnes (25 Jahre) und der Regierungszeit des Servius Tullius (44 Jahre), im zweiten Fall kommen zur ersten Summe die Regierungsjahre des Tarquinius Superbus hinzu, nämlich 25. Auch habe Tarquinius Superbus nach seiner Vertreibung aus Rom noch 14 Jahre gelebt. Dionys schließt seine Überlegungen folgerichtig: Da man sich nicht vorstellen kann, dass Tarquinius Superbus mehr als hundertjährig noch in den Krieg für die Wiedergewinnung des Thrones zog, bleibt nur anzunehmen, dass er Enkel des Priscus war.

Nach der Überlieferung entscheidet sich die Zukunft der Stadt bald nach der Besteigung des Thrones: Der neue König habe die politischen Gegner beseitigt und die volksfreundlichen, politischen Initiativen des Servius Tullius rückgängig gemacht. Außenpolitisch sei diese Zeit von Schwierigkeiten mit dem Latinerbund gekennzeichnet gewesen; denn Tarquinius habe versucht, die Vorherrschaft Roms über die Latiner durchzusetzen. Zu seinen Leistungen wird seine Expansionspolitik genannt, darunter die Erweiterung des römischen Herrschaftsgebietes bis Terracina. Er habe auch als großer Bauherr gewirkt; es werden ihm das Anlegen der Mauer und der Abflusskanäle sowie der Bau des Iupiter-Tempels auf dem Kapitol zugeschrieben.

Die Aristokratie soll sich von einer Machtzusammenballung in den Händen einer einzigen Person bedroht gefühlt haben, nachdem Tarquinius schon durch die Ermordung des Servius Tullius und die darauf folgende Machtübernahme den Senat brüskiert hatte. Während Tarquinius Ardea belagerte, sei schließlich die monarchische Verfassung von Aristokraten abgeschafft und Tarquinius gestürzt worden (Dionys von Halikarnass 5,1,1).

b) Meinungen der Forschung zur Frühgeschichte Roms (in Auswahl)

In der Forschung gelten die letzten drei Könige von Rom, Tarquinius Priscus, Servius Tullius und Tarquinius Superbus, die etruskischer Abstammung gewesen sein sollen, als historische Gestalten. Die Rolle, die man ihnen zubilligt, ist von Forscher zu Forscher verschieden, denn ihre Beurteilung hängt von der Schärfe ihrer Quellenkritik ab.

Nach *Alföldi* geht das Bild Frühroms in der antiken Überlieferung auf Fabius Pictor zurück, welcher widersprüchliche Nachrichten ordnete und ergänzte. Auch *Gabba* betrachtet die Berichte von Livius und Dionys von Halikarnass über die Tätigkeiten dieser Könige als ein Produkt der späteren Historiographie. Nach *Pallottino* enthält die Überlieferung einen historischen Kern, sie sei wenigstens in großen Zügen glaubwürdig. *Carandini* schließlich hält die Überlieferung für glaubwürdig: Eine Bestätigung ihres Wahrheitsgehaltes sieht er im archäologischen Material Roms, das er allerdings im Lichte der Überlieferung interpretiert. Methodisch gesehen handelt es sich dabei um einen Zirkelschluss.

Ein Hauptproblem der Forschung ist die Frage, ob sich etruskische Machthaber aus eigener Initiative oder im Auftrag einer etruskischen Stadt in Rom etablierten und eine eigene Herrschaft einrichteten. *Alföldi* brachte 1965 die These einer progressiven, gleichmäßigen Entwicklung Roms von bescheidenen Anfängen zu einer selbständigen Stadt hervor: Im 6. Jahrhundert habe sich Rom unter der Kontrolle etruskischer Städte befunden, die nacheinander ihre Herrschaft auf die Stadt am Tiber ausübten. Erst im 5. Jahrhundert habe sich Rom vor den anderen Städten Latiums politisch profilieren und eigene Wege gehen können. Nach *Kolb* vertraten im 6. Jahrhundert in Rom etruskische Könige die Interessen etruskischer Städte und bauten die Siedlung wegen der günstigen Verkehrslage aus. *Poucet* wiederum meint, die Etrusker hätten im Zuge ihrer Ausbreitungspolitik nach Kampanien den strategisch wichtigen Stützpunkt am Tiber ausgebaut. Anders urteilte *Pallottino*: Rom sei bereits im 6. Jahrhundert eine bedeutende, unabhängige latinische, von etruskischen Königen regierte Stadt gewesen. Nach *Gabba* war im 6. Jahrhundert der griechische Einfluss in Rom tiefgreifender und entscheidender für die politische Entwicklung als der etruskische Einfluss, der auf kultureller Ebene beschränkt und teilweise oberflächlich blieb. Rom als Stadtstaat sei nicht unter den etruskischen Königen, sondern erst zwischen dem 5. und dem 4. Jahrhundert entstanden, im 7. und 6. Jahrhundert sei es nur eine vorstaatliche Gemeinde, eine Interessengemeinschaft mit gentilizischen Gruppen gewesen; diese Gemeinde habe eigene Kulte gepflegt, Ländereien besessen, die Wirtschaft kontrolliert, habe Macht über die niedrigere Schicht ausgeübt und ihre Hauptaufgabe in der Verteidigung gesehen.

c) Kritik und Fakten

Auf eine alte, von der Überlieferung tradierte Verflechtung der Frühgeschichte Roms mit Etrurien weist der Name der Gattin des Lucumo von Tarquinia hin: Tanaquil. Sie bestätigt die Ausarbeitung einer Tradition über das Wirken etruskischer Könige in Rom *vor* der Mitte des 5. Jahrhunderts. Der ab dem 7. Jahrhundert bezeugte etruskische Name Tanachvil lautet nämlich auf Latein Tanaquil(la): Die etruskische Form muss spätestens um 475 im Lateinischen bekannt gewesen sein, denn danach trat im Etruskischen der Schwund der kurzen Binnenvokale auf und etr. Tanachvil wurde zu Tanchvil, welches lat. Tanquil, und nicht Tanaquil, ergeben hätte. Diese Feststellung ist für die Datierung der Erzählung (oder eines Kernes davon) sowie für die Verbindung Roms zu Etrurien sehr aufschlussreich, wenngleich sie die Historizität der Fakten nicht beweist. Regulär ist auch die Bildung des Gentilnamens Tarquinius, „der aus Tarquinia". Eine solche Form kann nur außerhalb von Tarquinia, in unserem Fall wohl in Rom, gebildet worden sein; die sprachliche Bildung Tarquinius (< etr. *Tarchuna* mit lat. Suffix -ijo-) folgt den Regeln der lateinischen Sprache.

Die Überlieferung

Andererseits enthält die Überlieferung Gemeinplätze, Dubletten und Verfälschungen, Tendenzen und Allgemeinheiten. Dubletten ergeben sich aus der Namensgleichheit der beiden Tarquinier, die auch der antiken Überlieferung Schwierigkeiten bereitete. So weisen die Autoren den Entschluss zum Bau und die Errichtung des Iupiter-Tempels beiden Tarquiniern zu, dem Priscus (Livius 1,38,7; Dionys von Halikarnass 3,69,1) und dem Superbus (Livius 1,53,3). Auch der Bericht der Erbauung dieses Tempels enthält eine Dublette: Tarquinius Priscus habe für den Baubeginn Beutegelder aus der Stadt Apiolae verwendet (Valerius Antias FRH 15 F 12; Livius 1,35,7–8), Tarquinius Superbus habe die bei der Erstürmung von Pometia erbeuteten Gelder in eben jenen Tempel investiert (Cicero, De republica 2,24; Livius 1,53,3; Dionys von Halikarnass 4,59,1). Apiolae entspricht dem lateinischen Pometia; die Orte sind also identisch, das Ereignis wurde von den Autoren, wahrscheinlich von Fabius Pictor, verdoppelt. Auch dürfte die Angabe der Kosten von 40 Talenten (1 *talentum* = 27 kg Gold oder Silber) für das Bauvorhaben (Livius 1,55,9) auf Fabius Pictor zurückgehen, der sie nach den Kosten der Athena-Statue des Phidias für den Parthenon von Athen errechnet hatte.

Zu den Gemeinplätzen gehören die Nachrichten, dass sich Tarquinius in Rom Freunde machte und die Gunst des Volkes und eine Anhängerschaft suchte (Livius 1,34–35); trivial ist die Feststellung, dass er wegen seiner Freundlichkeit und Großzügigkeit an den Hof gelangte: Denn er verkehrte ohnehin in adeligen Kreisen, war er doch selbst väterlicher- und mütterlicherseits vornehmer Abstammung und seine Gattin Tanaquil ebenfalls adelig. Inkonsequent ist die Feststellung, dass Tarquinius Priscus mit einem großen Gefolge von Tarquinia nach Rom kam, denn das hat mit der fehlenden Anerkennung seitens der Mitbürger, der angeblichen Ursache seines Auszuges aus der Heimatstadt, nichts zu tun.

Ätiologisch ist die Nachricht, dass die „Frevelstraße" (*vicus sceleratus*) in Rom der Tatort einer frevelhaften Handlung war: Tullia, Ehefrau des Tarquinius und Tochter des Servius Tullius, sei hier mit ihrem Wagen über die Leiche des ermordeten Vaters gefahren (Livius 1,48,7). In Wahrheit hat wohl der Name der Straße die Phantasie der Autoren (Fabius Pictor?) beflügelt und zur Erfindung der Erzählung von der verbrecherischen Art, wie Tarquinius Superbus zum Thron kam (Livius 1,46–48; Dionys von Halikarnass 4,28–39), beigetragen.

Unhistorisch ist die Wahrsagekunst (*divinatio*), die Tanaquil beherrscht haben soll, wie es „die Etrusker allgemein" tun (Livius 1,34,9): Denn diese Gabe war in Etrurien fest in Männerhand. Eigenartig bis anachronistisch erscheint auch das politische Engagement der Tanaquil, ihre Autorität und ihr Handeln zugunsten eines verwandten Mannes. Wir wissen nichts über den Wirkungskreis einer adeligen Etruskerin im 6. Jahrhundert, denn wir kennen eben nur Tanaquil. Das überlieferte Bild der politisch engagierten Tanaquil unterscheidet sich jedoch kaum vom Bild der tatkräftigen und politisch engagierten Frauen der spätrömischen Republik wie Servilia, Clodia, Fulvia und Livia.

Wahrscheinlich anachronistisch ist die Bemerkung von Livius (1,35,6), dass Tarquinius Priscus sich die weitere Zustimmung des Senats sicherte, indem er hundert neue Senatoren nominierte; denn Livius selbst hatte in Rom die Erweiterung des Senats durch Anhänger Caesars und Oktavians erlebt.

Die Beschreibung von Eroberungskriegen, Palastrevolutionen, Frauenintrigen und Mordanschlägen in Zusammenhang mit Machtübertragung und -übernahme, Machtvakuum und -wechsel in der Zeit der etruskischen Könige zielte auf die Sensationsgier der Leser und verfehlte die Wirkung sicher nicht. Höflichkeit und Milde, Bautätigkeit und Frömmigkeit gehören zum „Standardprogramm" jedes Politikers in jeder Zeit. So soll Servius Tullius die Göttin Fortuna besonders verehrt haben, wie die Errichtung zweier Fortuna-Tempel nachweist, die er auf dem Forum Boarium und am Tiber erbauen ließ (Dionys von Halikarnass 4,27,7), wohl um die politische Ideologie zu unterstützen, wonach bestimmte Herrscher Günstlinge der Götter und daher von Vorteil für die Gemeinschaft seien. Die Parallele zur Person von Peisistratos, den Athena beschützte, lässt vermuten, dass die Gestalt des Servius als Verehrer der Göttin Fortuna künstlich ausgearbeitet wurde. Auch ist es nicht nachgewiesen, ob die Reste von Fundamenten eines archaischen Tempels, die auf dem Forum Boarium ans Licht kamen, dem zugeschriebenen Fortuna-Tempel angehören, den Servius errichtet haben soll (s. S. 135).

Die echten Züge der Persönlichkeit des Tarquinius Superbus bleiben hinter der negativen Charakterisierung seiner Person und seiner Zeit verborgen, die teilweise aus der hellenistischen Geschichtsschreibung übernommen wurde. Diese negative Sicht diente später vor allem dazu, die Ablehnung Roms gegenüber monarchischen Institutionen historisch zu rechtfertigen: Tarquinius wird als schlecht, verkommen und „hochmütig" (lat. *superbus*) geschildert und als Urheber ungesetzlicher Machenschaften, als Willkürherrscher und echter Tyrann dargestellt. Selbst seinem Sohn Sextus werden ruchlose, niederträchtige Handlungen nachgesagt (Livius 1,60,2: Mord und Raub): die Überlistung der Stadt Gabii und die Vergewaltigung der Lucretia (Livius 1,58; Dionys von Halikarnass 4,65), der Tochter und Ehefrau vornehmer Römer.

Baumaßnahmen, welche die Überlieferung den einzelnen Königen zuschreibt – Geschäftslokale und Laubengänge auf dem Forum, die Stadtmauer, Abwasserungskanäle, gepflasterte Straßen, eine Pferderennbahn und der Baubeginn des Iupiter-Tempels auf dem Kapitol – lassen sich archäologisch gar nicht oder nicht verbindlich nachweisen.

Die archäologische Hinterlassenschaft

Dennoch entstanden im 6. Jahrhundert auf dem Forum, auf dem Palatin und an seinen Abhängen bei den Scalae Caci einige Gebäude, die mit bemalten Tonplatten verziert waren. Auch das Areal der Hütten beim Haus des Opferkönigs (*regia*), die von einer Überschwemmung zerstört worden waren, wurde jetzt planiert, die Hütten wurden durch einen Bau mit Ziegeldach ersetzt, diesem folgte um 580 v. Chr. nach einem Brand ein Gebäude mit architektonischen und bemalten Tonplatten. Auf dem Forum, unweit vom Antoninus Pius- und Faustina-Tempel (2. Jahrhundert n. Chr.), kamen Reste von rechteckigen Wohnhäusern ans Licht, die ab dem zweiten Viertel des 6. Jahrhunderts dreimal erneuert wurden. Wie in Ficana bestand in Rom das Mauerwerk aus Lehmziegeln oder aus Lehm mit Reisig, das Dach war mit Dachziegeln bedeckt, die Wände mit bemaltem Stuck verziert.

Ob diese Bauten Häuser des Adels oder öffentliche Gebäude waren, lässt sich nicht eindeutig entscheiden. Die althistorische Forschung hegt daher großen Zweifel an der Möglichkeit einer Auswertung dieser und anderer Reste von Bauten. Ähnliche Skepsis hegt sie hinsichtlich der hohen Datierung des Mauerringes Roms: Ein Teil des Erdwalls (der so genannten Aggermauer, beim heutigen Hauptbahnhof Roms gelegen) ist archaisch, eine zweite Phase ist aufgrund des Fundes attischer Keramik nach dem Ende des 5. Jahrhunderts zu datieren; der Abschnitt am Fuße des Kapitols bei der Kirche Sant'Omobono gehört wohl ins 4. Jahrhundert. Dieser archäologische Befund widerspricht der Überlieferung, wonach die erstmals von Romulus angelegte Mauer Roms von den anderen Königen erweitert und verstärkt worden sei. Dennoch ist eine solche Schutzmaßnahme durchaus realistisch; Rom könnte durch einen Erdwall mit vorgelagertem Graben nur dort befestigt gewesen sein, wo es notwendig war, ähnlich wie andere latinische und wie etruskische Städte (Tarquinia, Veji), in denen Erdwälle nur dort erbaut wurden, wo das Gelände ungeschützt war.

Es kommen weitere Überlegungen hinzu: Von den angeblich von Tarquinius Superbus hinzugefügten Türmen sind keine archäologischen Spuren erhalten. Die Feststellung, dass Gräber (am Quirinalhang) aus der Zeit um 500 später innerhalb der Mauer lagen, und das im Zwölf-Tafel-Gesetz (um 450) verankerte Gebot, dass Tote außerhalb der Mauer bestattet werden mussten, zeigen, dass die Mauern erst später angelegt wurden. Auch die Aussage des Livius (3,29,8–9), wonach „gegen Ende des Jahres" (458–457) „Wölfe auf dem Kapitol gesehen wurden, die von den Hunden verjagt wurden", widersprechen der These einer umlaufenden Mauer vor dem 4. Jahrhundert. Schließlich erwähnt Livius (6,32,1) den Bau einer Mauer aus festen Quadern (*saxum quadratum*) in Rom erst für das Jahr 378. Die

Tatsache, dass schon im 6. Jahrhundert in Lavinium ein geschlossener, 3 m hoher und bis 2,20 m breiter Mauerring in Cappellaccio-Tuff existierte, besagt nicht, dass es auch in Rom eine ähnlich frühe Mauer gegeben haben muss.

Der Iupiter-Tempel Sehr umstritten ist der archäologische Befund des Iupiter-Tempels, den Tarquinius Priscus auf dem Kapitol für die Götterdreiheit Iupiter, Iuno und Minerva begonnen haben soll (Dionys von Halikarnass 3,69,1) und von Tarquinius Superbus beendet wurde (Livius 1,55). Ebenso umstritten ist die Interpretation des archäologischen Befundes. Ein Weihdepot, architektonische Terrakotten (ab dem zweiten Viertel des 6. Jahrhunderts) und eine Plattform (*podium*) aus Cappellaccio-Tuff von etwa 53 m x 62 m x 6 m, die Ende des 6. Jahrhunderts datiert wurde, kamen auf dem Kapitol ans Licht und wurden mit den Resten des frühesten Iupiter-Tempels in Verbindung gebracht, des späteren religiösen Mittelpunktes Roms. Sie führten zur These, der Tempel sei dreizellig gewesen und habe eine monumentale Vorhalle mit drei Säulenreihen gehabt; Säulen waren auch an den Seiten der Anlage, nicht jedoch an seiner Rückseite angebracht.

Die Diskussion dreht sich um zwei Hauptfragen, diejenige der echten Dimension des Baues und diejenige des Zeitpunktes der Errichtung der Anlage. Es wurde bemerkt, dass die dreifache, das Dach tragende Säulenreihe in der ausladenden Vorhalle das Gewicht eines so großen Daches kaum ohne Einsturzgefahr hätte tragen können. Auch fehlen gesicherte stratigraphische Untersuchungen wie auch sonstige Datierungskriterien für die Fundamentmauern und für das dafür verwendete Material.

Wenngleich ein Weihdepot zeigt, dass im 6. Jahrhundert auf dem Kapitol Götter kultisch verehrt wurden, belegt dies nicht zugleich die Existenz eines großen Tempels in der damaligen Zeit. Auch die neuesten Grabungen fanden keine zusammenhängenden Reste von Mauerwerk, so dass die Rekonstruktion des Grundrisses in Frage gestellt werden muss. Die vorhandenen Reste legen vielmehr den Gedanken nahe, dass der Bau des 6. Jahrhunderts von beschränkten Dimensionen war.

Gegen den rekonstruierten Grundriss eines Iupiter-Tempel sind weitere Einwände geltend zu machen: Nach den Quellen sei der Tempel von etruskischen Konstrukteuren (*fabri*) gebaut worden (Livius 1,56,1) und habe drei Kulträume (Zellen) für Iupiter, Iuno und Minerva gehabt (Dionys von Halikarnass 4,61,4), eine Einteilung, die nach Vitruv (De architectura 4,7) etruskisch ist. Dreizellige Tempel entstanden jedoch in Etrurien erst in der ersten Hälfte des 5. Jahrhunderts (Tempel A von Pyrgi) und die Verehrung einer Götter-Dreiheit ist in Etrurien gar nicht belegt. Selbst die griechischen Riesentempel, die für einen Vergleich in Frage kommen, wie die Tempel von Samos (Hera-Tempel, 52 m x 105 m, um 560 v. Chr.) und Ephesos (Artemis-Tempel 55 m x 115 m, um 550 v. Chr.) entstanden erst nach der Regierungszeit des Tarquinius Priscus (616–578 v. Chr.). Der einzige uns bekannte Zeus-Tempel, den man mit den Riesentempeln von Samos und Ephesos vergleichen kann, ist der Tempel für Zeus Olympios in Athen (41 m x 107 m), den Peisitratos und seine Söhne nach 528 v. Chr. errichten ließen, der aber nie fertig wurde und daher kaum Vorbild für den Iupiter-Tempel auf dem Kapitol hätte werden können. Die großen Tempel blieben auch im griechischen Bereich eine Ausnahme.

Der Bau aus dem 6. Jahrhundert, von dem Reste vorhanden sind, war schon damals außerhalb der häuslichen Sphäre, denn man hat auf dem Kapitol keine weiteren Reste gefunden. Er war von wesentlich kleinerem Umfang als der später gebaute Tempel für Iupiter Capitolinus.

Ähnliche Interpretationsprobleme bringen die Reste eines Tempels aus dem 6. Jahrhundert v. Chr. bei der Kirche Sant'Omobono am Forum Boarium, der unter dem Unterbau des republikanischen Doppeltempels für Fortuna und Mater Matuta lag: Man hält jenen archaischen Tempel für einen Doppeltempel für Mater Matuta und Fortuna und schrieb den Bau dem Servius Tullius zu, denn Servius habe einen Mater Matuta-Tempel (Livius 5,19,6) und einen Fortuna-Tempel auf dem Forum Boarium (Dionys von Halikarnass 4,27,7) errichtet. Nach der Zerstörung des archaischen Tempels (Ende des 6. Jahrhunderts) errichtete man zwei Tempel für Fortuna und Mater Matuta auf einem größeren (47,5 m im Quadrat) gemeinsamen Unterbau.

Der Tempel bei Sant'Omobono

Der archäologische Befund des Heiligtums und seine Interpretation sind umstritten, nicht zuletzt, weil es keine zusammenhängenden Mauerreste gibt: Nach einer Ansicht der Forschung soll der archaische Tempel um 580–560 v. Chr. entstanden, um die Mitte des 6. Jahrhunderts durch Brand zerstört, um 530 neu errichtet und gegen Ende des 6. Jahrhunderts wieder zerstört worden sein. Nach anderen Forschern gab es nur eine Anlage, die um die Mitte des 6. Jahrhunderts zu datieren ist.

Die moderne Interpretation der Mauerreste – der archaische Tempel sei ein Doppeltempel für Fortuna und Mater Matuta – widerspricht dem archäologischen Befund und der literarischen Überlieferung. Diese nennt nämlich zwei getrennte Tempel und nicht einen Doppeltempel: Servius Tullius habe zwei Tempel für Fortuna errichten lassen, einen davon auf dem Forum Boarium (Dionys von Halikarnass 4,27,7). Livius (5,19,6) schreibt dem Servius einen Mater Matuta-Tempel zu, den er aber nicht lokalisiert; an anderer Stelle (10,46,14) nennt er einen Tempel der Fortuna, den im Jahre 293 v. Chr. der Consul Spurius Carvilius stiftete und der sich „unweit des Tempels, den der König Servius Tullius dieser Göttin geweiht hatte", befand. Im Jahre 213 v. Chr. seien auf dem Forum Boarium die Tempel der Fortuna und der Mater Matuta abgebrannt (Livius 24,47,16), die im Jahre 212 v. Chr. wieder aufgebaut wurden. Die Ausgräber fanden auf dem Forum Boarium die Reste von nur *einem* Tempel aus dem 6. Jahrhundert; der Bezug der Funde auf einen Doppeltempel ist modern und verrät den (modernen) Versuch, sich der Überlieferung anzupassen. Allerdings schrieben selbst unsere antiken Schriftquellen den späteren Bau der beiden Tempel dem Servius Tullius zu, ohne natürlich zu wissen, dass sich unterhalb des frührepublikanischen Unterbaues nur ein Tempel befand.

Die höchst unscharfe Datierung der archäologischen Reste ermöglicht keine eindeutige Rekonstruktion der Bautätigkeit der einzelnen etruskischen Könige. *F. Prayon* verteilt die Reste der Bauten auf drei Hauptphasen, die der Regierungszeit von Tarquinius Priscus, Servius Tullius und Tarquinius Superbus entsprechen. Diese Zuweisung erscheint eindrucksvoll, täuscht allerdings darüber hinweg, dass – trotz der fragwürdigen literarischen Überlieferung – ihre Übereinstimmung mit dem archäologischen Befund künstlich hergestellt wurde. Die Einteilung der Bauten in drei Phasen suggeriert vielmehr, dass man dafür von der Anzahl der drei überlieferten etruskischen Könige ausgegangen ist.

Die Leistungen der etruskischen Könige

Dennoch enthält die antike Hinterlassenschaft Fakten, die letzten Endes ein Bild der Leistungen der etruskischen Könige von Rom ermöglichen. Historisch bedeutender sind die hinter den Funden stehenden Vorgänge. Im Folgenden werden die gesicherten und die wahrscheinlichen Ergebnisse aus den vorausgegangenen Kapiteln zusammengefasst.

Die Inschriften, die Reste von Gebäuden und die bildlichen Darstellungen zeigen, dass im 6. Jahrhundert in Rom tief greifende Veränderungen und Neuerungen in verschiedenen Bereichen des Gemeinschaftslebens stattfanden. Im Bezug auf Politik und Religion tritt eine Führungsschicht hervor, die sich von der Gemeinschaft durch Häuserbauten – der König durch die *regia* – und durch eine eigene, vielfach bildlich dargestellte Lebensweise abhebt. Dabei spielen Krieg, Gelage und Pferderennen eine große Rolle, ähnlich wie bei den Machthabern in Veji, Murlo, Acquarossa und in den griechischen Städten Süditaliens, Kleinasiens und des Mutterlandes. Der griechische Mythos liefert Ideologien, in denen Kraft und Heldentum gefragt sind: Die Statuen des Hercules und der Minerva und die architektonischen Tonplatten im Giebel der dritten *regia* (Mitte des 6. Jahrhunderts), die Panther und einen Mann mit Stierkopf (Minotaurus?) zeigen, dürften einen großen Eindruck auf den Betrachter gemacht haben. Die dem Menschen überlegene Kraft von Panther und Stier und der Held Hercules dürften auf übermenschliche Kräfte bezogen worden sein, die der *rex* vielleicht durch Opfer an Gottheiten bzw. an Hercules für sich und die Gemeinschaft zu gewinnen suchte.

Der König betrieb großen repräsentativen Aufwand zur Versinnbildlichung seiner (von Natur aus) unsichtbaren Macht durch Herrschaftszeichen: Das Beil mit Rutenbündeln, wohl Symbol für die rechtliche Gewalt (Dionys von Halikarnass 2,29,1), kam nach Rom aus Vetulonia. In Rom war das Tragen vom Beil mit Rutenbündeln an die uneingeschränkte Herrschaftsgewalt (*imperium*) gebunden, die schon in der Königszeit vorhanden war (s. S. 109). Die Etrusker hatten einen Begriff für das griechische Wort *arché* ("Herrschaft"), nämlich *drouna* (TLE[3], 829): Möglicherweise kam auch der Begriffsinhalt von *imperium* zusammen mit den Machtinsignien von Etrurien nach Rom. Eine auf Dauer bestellte Priesterschaft, die neben den alten Bruderschaften wirkte, verwendete die neumodische Schrift für heilige Gesetze, veranlasste wohl auch die Errichtung neuartiger Tempel für die Götter nach griechisch-etruskischem Modell.

Im Bereich der militärischen und politischen Einrichtungen sorgten die etruskischen Könige in erster Linie für die Verteidigung des Stadtgebietes vor Gefolgschaften und beutesuchenden Gruppen durch die Schaffung eines zeitgemäßen Heeres: Die bei Livius überlieferten Angaben über die Bewaffnung der Krieger zur Zeit des Servius Tullius entsprechen der etruskischen Hopliten-Bewaffnung des 6. Jahrhunderts. Die neue Kampftaktik wurde aus Etrurien oder von den Griechen übernommen. Dies setzte eine Erfassung der Wehrfähigen voraus (s. S. 79f.).

Die Schaffung eines Heeres, das seine Soldaten nicht nur aus den Reihen der Aristokratie, sondern (ähnlich wie in Etrurien, s. S. 79) auch aus anderen Schichten der Bevölkerung rekrutierte, war für den Herrscher sicher von Vorteil, ebenso wie die Aufnahme einer Gefolgschaft, die wahrscheinlich die etruskischen Könige nach etruskischem Modell einführten, wie die lateinische Entlehnung aus dem Etruskischen (*satelles* < *zathlath*) nahe legt (s. S. 104).

In Zusammenhang mit der Erfassung der Bürgerschaft für das Militärwesen dürfte auch deren Einteilung nach Kurien erfolgt sein, welche die Überlieferung Servius Tullius zuschreibt; denn ein noch in republikanischer Zeit geltendes Gesetz (*lex curiata de imperio*) verlieh ursprünglich dem König, später den hohen Beamten die uneingeschränkte Herrschaftsgewalt.

Typisch für den neuen Charakter Roms als Stadt sind nun seine Handwerksbetriebe: Es seien exemplarisch der Tonschmuck des Tempels bei Sant'Omobono erwähnt und die Bauten, die im 6. Jahrhundert auf dem Forum (*regia*) und um das Forum von Rom (Tempel bei Sant'Omobono und auf dem Kapitol) entstanden und für deren Bau eine hohe Anzahl von Spezialisten notwendig wurde: Ihre Werkstätten waren technisch in der Lage, auch große Vorratsgefäße und Tonstatuen aus feinem, gereinigtem Ton herzustellen, wie die Statuen der Minerva und des Hercules zeigen. Arbeiter mussten dafür das Gelände vorbereiten, ehe man es benützen konnte, etwa die zahlreichen Senken Roms entwässern und die unregelmäßigen Kuppen der Hügel planieren; Experten mussten Steine brechen und Ziegel brennen für jene Bauten, die aus beständigem Material sein sollten; Töpfer mussten die Häuser der Vornehmen und der Götter mit Tonplatten verzieren und Zimmerleute die Holzteile des Daches damit abdecken, wie es auch in Veji, Caere, Tarquinia, Roselle, Acquarossa, Murlo und im griechischen Kampanien (San Biagio alla Venella) üblich war. Für den Plan und den Schmuck der repräsentativen Bauten haben sich Architekten im Ausland erkundigt oder Spezialisten von dort geholt oder auch die Terrakotta-Ware direkt dort bestellt, wie die Stirnziegel von Sant'Omobono, die aus Caere eingeführt wurden. Der unregelmäßige Grundriss der fünften *regia* von Rom erinnert einerseits an das Haus C von Acquarossa, andererseits an das so genannte Prytaneion von Athen; die Hofgestaltung mit Säulen hat trotz Abweichungen frühere Parallelen in Murlo und im griechischen Lokroi in Süditalien.

Bucchero und Gefäße für die Oberschicht wurden aus dem etruskischen und griechisch-euböischen Kulturbereich eingeführt. Symposiongeschirr, sofern man nicht qualitätsvolle attische Keramik importierte, wurde in lokalen Töpfereien mit der Töpferscheibe hergestellt, die man aus Etrurien oder direkt aus dem griechischen Kulturbereich im 8. Jahrhundert übernommen hatte.

Die landwirtschaftliche Produktivität, die bis ins 7. Jahrhundert nicht allzu hoch war (s. S. 82), erhöhte sich, wie Reste von verschiedenen Getreidesorten zeigen. Die neue Technik der Veredelung von Bäumen und die Weinproduktion kamen aus Etrurien oder dem griechischen Kulturbereich nach Rom und gehörten zu jenen entbehrlichen Produkten, die für die Oberschicht gedacht waren, deren Produktion aber Spezialisten anvertraut wurde, die sich aus anderen sozialen Schichten rekrutierten.

Anders als bei Etruskern und Griechen spielt der Handel bei den Latinern und auch in Rom vorerst kaum eine Rolle, wenn man vom Salzhandel absieht: Rom baute sein Handelsnetz erst im 3. Jahrhundert auf. Die Inschriften zeigen dennoch, dass auch Ausländer nach Rom kamen, wohl ein Zeichen dafür, dass seine Wirtschaftsverhältnisse doch attraktiv waren und die Möglichkeit gegeben war, Ware zu verkaufen und anzukaufen. Selbst die Überlieferung, die sonst so viele Einzelheiten über die Aktivitäten der Könige von Rom kennt, schreibt ihnen keine Handelstätigkeit zu.

Im Bereich der kulturellen Wertvorstellungen zeigte sich eine ausgesprochen offene Haltung dem fremden, etruskischen und griechischen Kulturgut gegenüber, das als Modell für den Lebensstil der Gemeinschaft diente: Wirtschaftsgüter und Technologien wurden, in Anbetracht der Vorteile, die sie brachten, sicher relativ rasch aufgenommen. Aus Prestigegründen übernahm man Kunst- und Architekturrichtungen sowie die Sitte des feierlichen Gelages, des Wettkampfes und die Machtinsignien; diese dienten natürlich dem administrativen Gebrauch. Die Kunst des Schreibens verhalf zu größerem Ansehen und war zugleich sehr nützlich; man lernte auch eine zweite Sprache, wie eine etruskische Inschrift mit lateinischen Interferenzen nahe legt.

Die Inschriften sind auf Latein, das Alphabet wurde im Wesentlichen aus Etrurien übernommen. Der griechische Mythos von Herakles und Athena in Rom wurde wahrscheinlich von den Etruskern vermittelt: Denn die Statuen aus dem Gelände von Sant'Omobono in Rom stehen stilistisch den Tonstatuen des Hercules und der Minerva aus dem Portonaccio-Tempel von Veji nahe. Auch der „Minotaurus" der *regia* stammt aus dem griechischen Kulturbereich, in Griechenland gibt es jedoch keine Parallelen für die Kombination des Menschen mit dem Stier.

Der früheste Bau am Platz der *regia* (um 630), das Kultgesetz auf dem *lapis niger* mit Nennung des *rex*, der Tempel bei Sant'Omobono (um 580), der Verteidigungswall (*agger*, 6. Jahrhundert), das Abkürzungssystem der römischen Vornamen (ab 580) – all diese Gemeinschaftsbauten und -einrichtungen lassen Rom im 6. Jahrhundert als ein Gemeinwesen unter einer festen Herrschaftsordnung erscheinen, so dass wir den Beginn der Staatlichkeit Roms im späten 7. oder im frühen 6. Jahrhundert annehmen und mit den drei überlieferten etruskischen Königen verbinden. So erschließen sich die Anfänge des römischen Staates und des römischen Rechts, die weltgeschichtliche Bedeutung erringen sollten.

3. Der Latinerbund und Rom im 6. Jahrhundert

Es ist in der Forschung umstritten, ob Rom im 6. Jahrhundert eine Vormachtstellung innerhalb des Latinerbundes hatte (s. S. 114). Nach der Überlieferung spielte Rom im 6. Jahrhundert bereits eine Sonderrolle innerhalb des Latinerbundes: Rom wurde zwar als latinische Stadt angesehen, wie die Sage von Romulus und Remus zeigt, es sei aber – anders als die übrigen Latinerstädte – kein gleichwertiges Mitglied eines Latinerbundes gewesen. Vielmehr habe Rom Alba zerstört und sein Erbe als Hegemonialmacht angetreten (Livius 1,32,3; Dionys von Halikarnass 3,34,1 ff.). Servius Tullius habe einen Bündnisvertrag (*foedus*) mit den Latinern geschlossen (Dionys von Halikarnass 4,26,1 ff.), die gemeinsamen Entscheidungen wurden auf einer Bronzestele niedergeschrieben (*lex arae Dianae in Aventino*), welche die Ewigkeit des Vertrages garantieren sollte, und in einem nach dem Vorbild des Artemision von Ephesos eigens erbauten Tempel der Diana auf dem Aventin aufbewahrt, dort wo Dionys von Halikarnass die Inschrift noch sah (4,26,4–5). Dieser Diana-Tempel auf dem Aventin habe das Heiligtum des Latinerbundes im Hain von Aricia ersetzt und wäre gleichsam ein Zeichen des Vorranges von Rom (Livius 1,45,2;3). Die Latiner erkannten die politische und militärische Oberhoheit Roms grundsätzlich an (Livius 1,45,3; Dionys von Halikarnass 4,26,4) und finanzierten das neue Bundesheiligtum mit. Der Vertrag fand seinen formalen Ausdruck in Kultzeremonien und feierlichen Zusammenkünften im dortigen Heiligtum.

Dieser frühe Diana-Tempel auf dem Aventin ist bislang archäologisch nicht nachgewiesen: Auf einem kaiserzeitlichen Stadtplan von Rom findet sich der Grundriss des Diana-Tempels aus augusteischer Zeit. Wir wissen weder, wie der ältere Tempel ausgesehen haben mag, noch, wann er entstanden war. Das ursprüngliche, uralte Diana-Heiligtum, das sich in einem Hain unweit von Aricia auf den Albaner Bergen befand, war ein Altar, jedenfalls war es noch ohne Tempelbau (*ara* im Tempelstatut; *fanum* bei Livius 1,45,2). Es bildete den Ausgangspunkt des erst später belegten Diana-Kultes auf dem römischen Aventin – wahrscheinlich nicht vor 456 v. Chr., als der Aventin per Gesetz den Plebeiern zugewiesen wurde. Das Tempelstatut galt später auch für andere Tempel Roms, religiöser Traditionalismus verbot eine Änderung der altehrwürdigen Bezeichnung *ara*, welche jedoch ein hohes Alter für den erst „später" gebauten Diana-Tempel auf dem Aventin nicht garantiert. Das Diana-Heiligtum von Aricia wurde gegen Ende des 6. Jahrhunderts Mittelpunkt des Bundes: Wenn bereits König Servius Tullius das Heiligtum nach Rom verlegt hätte, würde dies also eine spätere Rückführung nach Aricia bzw. Maßnahmen der Latiner gegen das Hegemonialstreben Roms voraussetzen, wofür wir keine Belege haben.

Man darf wohl annehmen, dass Rom, d. h. seine etruskischen Könige seit dem 6. Jahrhundert aufgrund einer militärischen Überlegenheit nach einer zunächst faktischen, dann rechtlichen Vormachtstellung innerhalb der latinischen Gemeinschaft strebten – eine Entwicklung, die nicht linear verlief und aufgrund der lückenhaften antiken Überlieferung nur schwer nachvollziehbar ist.

4. Aktivitäten von Etruskern, Griechen und Karthagern bis zum Ende des 6. Jahrhunderts

Ende des 6. bis Anfang des 5. Jahrhunderts wurde das politische Leben der griechischen Städte Süditaliens erschüttert, als 510 v. Chr. Kroton das benachbarte Sybaris zerstörte (Herodot 5,42–45; Strabo 6,1,13 C 263; Diodor 12,9,2 ff.). Damit ging ein wichtiger Markt für die Etrusker verloren. In Nordafrika trat Karthago hervor (etwa 540–480 v. Chr.), dessen Beziehungen zur Mutterstadt Tyros in Phönikien (heute Libanon) durch den Zusammenbruch des Assyrer-Reiches (612 v. Chr.) und die persische Eroberung unterbrochen worden waren. Karthago fasste in diesen Jahren unter den Generälen Hamilkar und Asdrubal auf Sardinien Fuß; dies spricht für eine punische Machtkonsolidierung im Tyrrhenischen Meer.

An verschiedenen Stellen des Mittelmeerraumes traten institutionelle Änderungen auf: In Athen führte 508/7 v. Chr. Kleisthenes, nach der Abschaffung der Tyrannis, demokratische Reformen durch (Aristoteles, Verfassung der Athener 20ff.). In einigen griechischen Städten Süditaliens und Siziliens wirkten weiterhin Tyrannen wie Aristodemos von Kyme, Anaxilaos von Rhegion, Gelon und Hieron von Syrakus. Sie waren meist vom Volk ausgerufen worden, was auf die zunehmende Bedeutung der unteren sozialen Schichten hinweist. In Caere wirkte Ende des 6. Jahrhunderts Thefarie Velianas als Einzelherrscher (s. S. 141).

a) Auseinandersetzungen im westlichen Mittelmeerraum

Die Gründung Massalías

Anfang des 6. Jahrhunderts legten Griechen aus der kleinasiatischen Stadt Phokaia die Stadt Massalía (heute Marseille) an der Rhône-Mündung an, in einem Gebiet, das von ligurischen und keltischen Stämmen bewohnt war (Iustinus 43,34) und für den Aufbau eines viel versprechenden Handelsnetzes nach Mitteleuropa geographisch günstig lag. Diese neue Situation im westlichen Mittelmeerraum führte zu Spannungen unter den Anrainern und um 600 v. Chr. zu einer ersten, nicht näher lokalisierbaren Seeschlacht zwischen Karthagern und Phokäern (Thukydides 1,13,6). Letztere wurden wahrscheinlich als Eindringlinge empfunden, denn Karthago hatte bereits Stützpunkte auf Sardinien, und Sardinien lag auf dem Weg nach Massalía. Um die Mitte des 6. Jahrhunderts weist etruskische Keramik in dem von Karthago kontrollierten Sardinien und in Nordafrika auf Handelsbeziehungen Etruriens und besonders Vulcis zum karthagischen Machtbereich hin.

Die Schlacht von Alalia

Ab etwa 565 v. Chr. ließen sich Phokäer auf Korsika nieder und legten an der Ostküste der Insel die Stadt Alalia an (Herodot 1,165,1); zwanzig Jahre später kam eine weitere Gruppe hinzu. Deren Störungsaktionen veranlassten die Etrusker und die Karthager zuerst zu einer Vereinbarung, dann zu einem gemeinsamen Angriff auf die Phokäer. Die Seeschlacht in den Gewässern Sardiniens endete mit einem höchst verlustreichen Sieg der Phokäer. Die Etrusker blieben auf Korsika, Karthago konnte sich auf Sardinien festsetzen.

Aristodemos von Kyme

Im Jahre 525 v. Chr. verbündeten sich von den Kelten wahrscheinlich aus der Po-Ebene vertriebene Etrusker mit Umbrern und den Dauniern Apuliens und schickten sich an, das griechische Kyme zu zerstören (Dionys von Halikarnass 7,3,1). Die Etrusker erlitten eine Niederlage. Einer der Anführer der siegreichen griechischen Reiterei namens Aristodemos erlangte dabei höchste Ehren, trat in Kyme als Anführer des Volkes hervor und setzte sich als Tyrann an die Spitze von Kyme.

b) Thefarie Velianas, Herrscher in Caere (Ende des 6. bis Anfang des 5. Jahrhunderts)

Öffentliche etruskische Inschriften mit punischer Übersetzung auf Goldblechen aus Caeres Hafenstadt Pyrgi nennen einen hohen Amtsträger, Thefarie Velianas, welcher Ende des 6. Jahrhunderts einen „heiligen Ort" der punischen Göttin Astarte (ET Cr 4.4; Pallottino 1988, Taf. 22–23) weihte. In den etruskischen Texten fehlt ein sicherer Hinweis auf die Befugnisse des in einer Inschrift als *zilacal seleitala* – im Lateinischen wahrscheinlich *praetor maximus* – bezeichneten Thefarie Velianas. Der punische Text bezeichnet seine Herrschaft als *mlk 'l Kjšrj*, was am ehesten mit „herrschend über Caere" (als oberster Amtsträger) zu übersetzen ist und nicht als „König von Caere". Diese verbale, vielleicht die wahre Machtfülle des Amtes verschleiernde Bezeichnung im punischen Text ließ vermuten, dass Velianas eine illegitime, nicht in der etruskischen Verfassung verankerte Machtstellung innehatte, etwa eine Tyrannis. Dies liegt insofern nahe, als in der gleichen Zeit im griechischen Italien Tyrannen wie Aristodemos von Kyme und Anaxilaos von Rhegion an der Macht waren.

Die Inschriften sind Urkunden von eminenter historischer Bedeutung, denn sie bestätigen die engen Beziehungen zwischen Caere und Karthago, die einige Jahrzehnte früher (um 545 v. Chr.) das Bündnis gegen die griechischen Phokäer ermöglicht hatten (s. S. 140).

5. Politische Änderungen in Latium und Etrurien am Ende des 6. Jahrhunderts

Ende des 6. Jahrhunderts überstürzen sich in Mittelitalien die Ereignisse, die auch Latium einbezogen: In Rom wurde König Tarquinius gestürzt und die Monarchie abgeschafft, der König von Clusium, Lars Porsenna, nahm Rom ein, die Latiner und Aristodemos von Kyme besiegten seinen Sohn Aruns Porsenna. In Rom wurde die Republik ausgerufen.

a) Der Sturz des Tarquinius Superbus

Livius (1,57 ff.) und Dionys von Halikarnass (5,1,1 f.) berichten, dass man in Rom den Sturz des Tarquinius Superbus vorbereitete, als er die latinische Stadt Ardea belagerte (4,64,1): Die Abschaffung der monarchischen Verfassung habe Anfang der 68. Olympiade, also im Jahr 508/7 v. Chr. stattgefunden (Dionys von Halikarnass 5,1,1), Ursache für den Sturz des Tarquinius soll sein tyrannisches Regime, unmittelbarer Anlass die Vergewaltigung der Lucretia durch seinen Sohn Sextus (Livius 1,58 f.; Dionys von Halikarnass 4,64 ff.) gewesen sein. Die Geschichte um Lucretia findet eine Parallele in einer Episode um den Ausbruch der Sizilianischen Vesper von 1282, die begonnen haben soll, nachdem in Palermo ein französischer Soldat ein sizilianisches Mädchen beleidigt hatte.

Zur Gruppe der Gegner von Tarquinius Superbus zählten, nach der Überlieferung, Lucius Iunius Brutus und Lucius Tarquinius Collatinus, die beide zur Familie des Superbus gehörten. Dies zeigt, dass Familienmitglieder am Sturz wesentlich beteiligt gewesen sein dürften: Er scheint demnach das Ergebnis eines Machtkampfes innerhalb eines adeligen Geschlechtes gewesen zu sein, denn es profitierte vor allem der Adel, welcher seitdem an der Macht unmittelbar teilhaben konnte. Zwischenglied war der Senat, der aus Adeligen bestand: Es waren die Oberhäupter der Geschlechter, worauf die Anrede „patres" für seine Mitglieder hinweist.

Die Historizität der Namen der Gegner ist in der Forschung nicht unumstritten. Da jedoch zu den Gegnern des Superbus auch Valerius Poplicola zählte, dessen Historizität durch die Inschrift aus Satricum (s. S. 105), die einen Valesios Poplios nennt, höchst wahrscheinlich ist, dürfte zumindest ein Teil der Überlieferung glaubwürdig sein.

Über das weitere Schicksal des Tarquinius nach seinem Sturz um 508/7 v. Chr. (Dionys von Halikarnass 5,1,1) sind sich die Autoren uneinig: Livius berichtet (1,60,2), dass er nach Caere floh. Hinweise auf eine Verbindung des Tarquinius Superbus mit Caere finden sich in Caere selbst: Um 250 v. Chr. legten zwei Brüder, Larth und Velthur Tarchna, in Caere ein Prunkgrab an („Inschriftengrab"), das durch Generationen von ihrer Nachkommenschaft weiter benutzt wurde. Der Name der Sippe der Tarchna dürfte aus lat. *Tarquinius* re-etruskisiert worden sein, und dies macht Caere als Exilstadt des Tarquinius sehr wahrscheinlich. Der Gentilname Tarchna zeigt, dass diese Sippe von einem Tarquinius abstammte oder abzustammen glaubte. Ob sie einen König von Rom namens Tarquinius als Ahnherrn betrachtete und verehrte, lässt sich nicht ohne weiteres entscheiden: Denn Tarquinius Priscus stammte aus Tarquinia (und nicht aus Caere). Es sei jedoch erwähnt, dass die letzten beiden Generationen der Nachkommenschaft des Larth Tarchna, welche das Etruskische aufgaben und die lateinische Sprache annahmen, die latinisierte Form „Tarqui̱tius" und nicht das sprachlich korrekte „Tarqui̱nius" wählten, was mit dem schlechten Ruf des Tarquinius Superbus (Festus 496 L.) zusammenhängen dürfte.

Nach Dionys von Halikarnass (5,3,1 f.) hingegen hielt sich Tarquinius kurze Zeit im latinischen Gabii auf; danach begab er sich nach Tarquinia, in die Stadt seiner Mutter, und ging schließlich zu Lars Porsenna, dem König der etruskischen Stadt Clusium (heute Chiusi). Bei Porsenna suchte Tarquinius Hilfe bei der Rückgewinnung des Thrones.

b) Lars Porsenna, Tarquinius Superbus, die Latiner und Aristodemos von Kyme

Der Name des Porsenna

Im Lateinischen ist neben Porsenna auch die Form Pursina belegt (CIL VI, 32919); die griechische Form lautet Porsina (Dionys von Halikarnass 5,21,1). Die Form Pursina steht der etruskischen Originalform des Namens *Pursna nah. Der Name Porsenna/*Pursna ist mit dem etruskischen Hauptwort *purt-* in Verbindung gebracht worden, was „Diktator" oder „Aedilis"

Politische Änderungen in Latium und Etrurien

(der für die Erhaltung der öffentlichen Gebäude zuständige Beamte) bedeuten könnte. Porsenna könnte also ein Beiname gewesen sein.

Nach Livius (2,9ff.) und Dionys von Halikarnass (5,21,1) bemühte sich Porsenna, den Thron von Rom für den gestürzten Tarquinius wieder zu gewinnen. Er habe Rom mit einem Heer belagert. Dies soll in der Zeit nach dem Sturz des Königtums (Dionys von Halikarnass 5,1,1) und vor 504/3 v. Chr. geschehen sein, als die Latiner und Aristodemos von Kyme Porsennas Sohn Aruns bei Aricia besiegten (s. S. 144).

Der Zug des Porsenna nach Rom

Die Forschung lehnt die Wiedergewinnung des Thrones für Tarquinius als Ursache der bewaffneten Expedition Porsennas nach Rom ab. Über die eigentlichen Ursachen gibt es mehrere Ansichten: Nach *Alföldi* kam Porsenna mit einem Heer unaufgefordert nach Latium, vertrieb Tarquinius und wurde König von Rom, von wo aus er Beutezüge in Latium unternahm. *Linke* hält Porsenna für ein Opfer inneretruskischer Zwistigkeiten: Porsenna habe daraufhin Tarquinius aus Rom vertrieben und den eigenen Sohn als Regenten in Rom eingesetzt. Nach *Cornell* holte Tarquinius Porsenna nach Rom, der wahrscheinlich nur für kurze Zeit in Rom blieb. Später hinterließ er seinen Sohn Arruns und kehrte selbst nach Etrurien zurück. Erst nachdem der Sohn besiegt wurde, sei er wieder nach Latium gekommen.

Anders als Tarquinius Priscus und Servius Tullius, die in Etrurien keine öffentliche Stellung bekleidet hatten, war Porsenna König von Clusium, er bekleidete also ein institutionalisiertes Amt. Er kann versucht haben, eine eigene Hausmacht aufzubauen oder eine solche zu erweitern: Rom lag in Latium und somit auf dem Weg nach Kampanien, diese beiden Regionen liegen am Meer und waren für Porsenna, der aus dem inneretruskischen Clusium kam, wahrscheinlich von besonderem Interesse. Nach dem Sturz des Tarquinius dürfte er vom politischen Vakuum profitiert und in Rom Fuß gefasst haben; insofern kann er bei *Gabba* als „bewaffneter Anführer" bezeichnet und mit Poplios Valesios und Mastarna-Servius Tullius zu jenen politisch unabhängigen Kriegsherren gerechnet werden, welche Ende des 6. Jahrhunderts mit ihrer Gefolgschaft in Mittelitalien umherzogen. Die Einflusssphäre Roms reichte damals höchstens bis Anxur/Tarracina (heute Terracina), allerdings kennzeichnen die zeitgenössische Ausbreitungspolitik etruskischer Städte nach Nord- und Süditalien, der griechischen Tyrannen auf Sizilien und in Kleinasien bis hin zum Perserreich sowie nicht zuletzt die Expansionsbewegungen der sabellischen Stämme Mittel- und Süditalien gerade die zweite Hälfte des 6. und den Beginn des 5. Jahrhunderts als eine Zeit intensiver Versuche, in Italien eigene Herrschaftsbereiche aufzubauen bzw. bereits vorhandene zu erweitern. Eine Eroberungspolitik von etruskischen Kriegsherren und etruskischen Königen, die auch Kriegsherren waren, fügt sich in das Bild der Zeit.

Porsenna belagerte Rom: Die Tapferkeit der römischen Jugend soll ihn veranlasst haben, die Belagerung aufzugeben (Livius 2,13,6; Dionys von Halikarnass 5,27,1 ff.; 33,1 ff.). Zu den Helden, die Porsenna zum Rückzug bewegten, zählten Cloelia (HRR F 20 = FRH 7,22) und Mucius Scaevola (HRR F 16 = FRH 6,19), die in späterer Zeit der römischen Jugend als Vorbild dienten.

Die Belagerung Roms durch Porsenna

Hinweise in der Überlieferung sprechen vielmehr dafür, dass Porsenna Rom einnahm: Nach Plinius (Naturalis historia 34,39; 139) fand sich in einem Vertrag, den Porsenna nach der Vertreibung der Könige mit Rom schloss, das Verbot, aus Eisen etwas anderes herzustellen als Ackergeräte. Tacitus (Historiae 3,72) weist ausdrücklich darauf hin, dass sich Rom ergeben hatte. Livius (2,14,1–4) erwähnt die Redewendung „das Vermögen des Königs Porsenna verkaufen" (*bona Porsennae regis vendendi*), die bei der Versteigerung von Kriegsbeute oder des Vermögens von Bürgern, die zu Staatsfeinden erklärt (proskribiert) worden waren (Plutarch, Poplicola, 19), verwendet wurde und daher indirekt auf einen Sieg Porsennas hinweist, was der Aussage Glaubwürdigkeit verleiht. Für eine Niederlage Roms spricht auch ein weiterer Hinweis bei Livius (2,13,6), dem zufolge Rom Geiseln zu stellen hatte, damit sich das etruskische Heer aus der Stadt zurückziehe.

Die Schlacht von Aricia

Ein Versuch Porsennas, von Rom aus für den Sohn (oder für sich selbst) eine Vormachtstellung auch über Latium zu etablieren (Dionys von Halikarnass 7,5,1; Livius 2,14,5), scheiterte: Sein Sohn Aruns, der gegen die latinische Stadt Aricia gezogen war, erlitt um 504/3 v. Chr. bei Aricia eine Niederlage durch die Latiner und Aristodemos, den Tyrannen von Kyme (Dionys von Halikarnass 7,6; Livius 2,14,7 ff.), welcher den Aricinern zu Hilfe geeilt war (Dionys von Halikarnass 7,5). Es ist anzunehmen, dass auch Aristodemos, wie die sizilischen Tyrannen und Porsenna, bestrebt war, seine Einflusssphäre zu erweitern, und dass er eine günstige Gelegenheit ergriff, als die Ariciner seine Hilfe suchten. Er verdankte ja seinen ersten Aufstieg dem Sieg gegen die Etrusker bei Kyme (525 v. Chr.).

Man verbindet die Schlacht von Aricia mit einer netten Geschichte: Rom habe die vom Schlachtfeld von Aricia geflohenen und verwundeten Etrusker aufgenommen und mit großer Menschlichkeit gepflegt (Dionys von Halikarnass 5,36,3 ff.; Livius 2,14,9); als Dank dafür hätten die Römer von Porsenna ihre Grundstücke zurückerhalten, die sie ihm (angeblich freiwillig) abgegeben hatten – wahrscheinlicher ist es jedoch, dass Porsenna die Grundstücke den Römern als Beute weggenommen hatte. Einige Etrusker sollen später nach Etrurien zurückgekehrt sein, andere hingegen, von der römischen Menschlichkeit betroffen, seien in Rom geblieben und hätten sich in einem Stadtteil beim Forum angesiedelt, der auch später „Tuskisches Viertel" (*vicus tuscus*) hieß (Livius 2,14,9). Die Geschichte hat aitiologischen, d. h. erklärenden Charakter, dürfte daher weitgehend erfunden sein: Zweck dieser gelehrten Erfindung war einerseits, das in republikanischer Zeit in Rom vorhandene „Tuskische Viertel" glaubwürdig zu erklären, andererseits die viel gepriesene Großzügigkeit Roms Besiegten gegenüber auch für frühere Zeiten geltend zu machen. Außerdem war Rom an der Schlacht bei Aricia direkt gar nicht beteiligt und die Pflege und Aufnahme verwundeter Etrusker würde, sofern historisch, auf eine weitere Zwangsmaßnahme des Lars Porsenna Rom gegenüber hindeuten, der ja zur Zeit der Schlacht von Aricia über Rom herrschte.

Der Tod des Porsenna

Nach der Niederlage bei Aricia und dem Tod des Sohnes dürfte Porsenna Rom verlassen haben und nach Clusium zurückgekehrt sein. Nach seinem Tod wurde er in ein architektonisch anspruchsvolles Grab von sehr großen Abmessungen (90 m im Quadrat und 180 m hoch: Varro bei Plinius, Naturalis historia 36,19; 91) beigesetzt (Camporeale 2000, Abb. 3 und 6). Über einen solchen Bau äußert bereits Plinius seine Zweifel; schon zu seiner Zeit gab es keine Reste mehr.

Bei Plinius (Naturalis historia 2,54; 140) hat sich auch eine merkwürdige „alte Geschichte" erhalten: König Porsenna soll ein Ungeheuer namens Olta, das die Felder unweit von Volsinii verheerte, durch Herbeirufen eines Blitzes vertrieben haben; einen ähnlichen Zauber schrieb man auch den römischen Königen Numa Pompilius und Tullus Hostilius zu. Die Erzählung legt die Existenz einer Sage nahe, die man in Mittelitalien tradierte und welche, je nachdem ob sie in Latium oder in Etrurien erzählt wurde, verschiedene Protagonisten hatte. Im Falle von Porsenna handelt es sich um eine historische Persönlichkeit, die ähnlich wie Alexander der Große, Theoderich und Karl der Große in die Sagenwelt aufgenommen wurde.

Nachdem der Versuch, den Thron wiederzuerlangen, gescheitert war, fand Tarquinius bei Aristodemos von Kyme Zuflucht, welcher sich in jenen Jahren etruskischer Gefangener als Leibgarde bediente (Dionys von Halikarnass 7,7,4) und eine raffinierte Lebensweise pflegte, ähnlich wie die der etruskischen Aristokratie. Hier starb Tarquinius im Jahr 495 v. Chr. (Livius 2,21,5).

Der Tod des Tarquinius Superbus

VI. Rom und Etrurien nach dem Sturz der etruskischen Monarchie in Rom bis zur Schlacht von Kyme (Ende des 6. Jahrhunderts–474)

Ende des 6. Jahrhunderts	Erster Vertrag zwischen Rom und Karthago
	Einweihung des Kapitolinischen Tempels
	Neubau der *regia* als Wohnhaus des Opferkönigs
Ende 6.–Anf. 5. Jahrhundert	Sieg der griechischen Bewohner der Liparischen Inseln über die Etrusker
496 (= 499 nach Varro)	Sieg Roms am See Regillus über den Latinerbund
Um 493	Vertrag des Spurius Cassius zwischen den Latinern und Rom
483–474	Sieg Vejis über die Fabier am Cremera-Fluss
480	Sieg des Tyrannen Gelon von Syrakus über die Karthager bei Himera (Sizilien)
474	Sieg des Tyrannen Hieron I. von Syrakus über die Etrusker bei Kyme

Über diese Epoche gibt es wenige Nachrichten, die auf gesicherten Fakten beruhen: Schriftliche Aufzeichnungen nehmen erst ab der Mitte des 4. Jahrhunderts zahlenmäßig zu. Ohne die bunte literarische Überlieferung, vor allem bei Livius und Dionys von Halikarnass, würde der Eindruck entstehen, dass das 5. Jahrhundert in Rom nahezu „geschichtslos" gewesen sei. Diese literarische Überlieferung hat die Lücken geschlossen, indem entweder spätere Ereignisse auf frühere Zeiten übertragen oder überhaupt frei erfunden wurden.

Das Problem der Chronologie

Eine gesicherte und präzise Chronologie der Ereignisse zwischen dem Ende des 6. und dem Beginn des 5. Jahrhunderts – in Rom ist dies die Übergangszeit zwischen Monarchie und Republik – gibt es nicht: Varro errechnete als Beginn der Republik das Jahr 510/9, Polybios (3,22,1) das Jahr 509/8 v. Chr., Dionys von Halikarnass datiert die Abschaffung der Monarchie und damit den Sturz des letzten Königs ebenfalls auf 509/8 v. Chr. (5,1,1; 5,37,1); die Ernennung der ersten Konsuln erfolgte nach Polybios im Jahr 509 v. Chr. (3,22,1) und nach Dionys von Halikarnass 508/7 v. Chr. (1,74,5). Die von diesen späteren griechischen Autoren angegebene Chronologie ist jedoch größtenteils von der römischen Annalistik abgeleitet und deshalb nicht zuverlässiger als die der lateinischen Autoren; ihre Daten sind nachträglich an die griechische Jahreszählung angepasst worden.

1. Die frührepublikanische Epoche Roms

Nach der Abschaffung des Königtums soll Rom einen Vertrag mit Karthago geschlossen, den Tempel des Iupiter auf dem Kapitol eingeweiht und eine republikanische Verfassung eingeführt haben.

a) Der erste Vertrag zwischen Rom und Karthago (Ende des 6. Jahrhunderts)

Nach Polybios (3,22,1–2) wurde 509/8 v. Chr. unter den Konsuln Lucius Iunius Brutus und Marcus Horatius ein erster Vertrag zwischen Rom und Karthago abgeschlossen (Bengtson, Staatsverträge II, Nr. 121). Die offizielle römische Überlieferung sah den ersten Vertrag als ein Werk der Republik an. Polybios hielt sich an die offizielle Version der Fakten, als er den Vertrag zeitlich mit den ersten Konsuln gleichsetzte. Diese Datierung steht jedoch nicht im Vertragstext, sondern beruht auf unverbindlicher römischer Rekonstruktion in späteren Jahrhunderten. Terminus ante quem ist die Zeit gegen die Mitte des 5. Jahrhunderts: In diesen Jahren wurde nämlich das im Vertrag genannte Terracina von den Volskern erobert und in Anxur umbenannt (Plinius, Naturalis historia 3,9; 59), allerdings nach 406 von Rom zurückerobert (Livius 4,59,3 f.).

Rom und Karthago schlossen nach Polybios (3,22 ff.) insgesamt drei Verträge: den ersten im Jahre 508 v. Chr. und den dritten im Jahre 279 v. Chr. Der zweite bleibt bei Polybios undatiert. Weitere Quellen zu den römisch-karthagischen Verträgen sind Diodor (16,69,1), der einen einzigen Vertrag nennt und ihn auf das Jahr 348 v. Chr. datiert, und Livius (7,27,2), der ebenfalls einen Vertrag im Jahr 348 v. Chr. erwähnt, ohne zu sagen, ob er der erste war. Ein bereits bestehender Vertrag sei im Jahre 306 v. Chr. zum dritten Mal (Livius 9,43,26) und 279 v. Chr. zum vierten Mal (Livius, *Periochae* 13) erneuert worden.

Polybios ist also der einzige Autor, der den ältesten Vertrag erwähnt (s. Quelle). Er gibt ihn in griechischer Übersetzung wieder und kommentiert ihn: Der Vertrag sei schon zu seiner Zeit aufgrund seiner altertümlichen Sprache nur Spezialisten verständlich gewesen. Dies spricht in der Tat für ein hohes Alter.

Dieser Vertrag war lange Zeit 'Zankapfel' der modernen Forschung: *Alföldi* hielt ihn für unhistorisch. Angesichts der erweiterten Kenntnisse über die Frühzeit Roms hat man ihn neu bewertet und er gilt derzeit bei den meisten Forschern als weitgehend historisch, obwohl zahlreiche Probleme noch nicht befriedigend gelöst sind.

Die im Vertrag durchschimmernde Überlegenheit Karthagos über Rom spricht für die Authentizität des Textes: Karthagos Einflusssphäre am Ende des 6. Jahrhunderts ist sehr ausgedehnt, wie unabhängige Quellen dokumentieren. Sie reicht sehr viel weiter als der Einflussbereich Roms, denn sie erstreckt sich von Nordafrika, über Sizilien und Sardinien bis nach Südetrurien, wie seine bedeutende Rolle im benachbarten Caere (s. S. 141) zeigt. Nach dem Vertrag reichte der Einflussbereich Roms damals nur bis Tarracina. Rom bezeichnet allerdings große Teile Latiums teils als sein Herrschaftsgebiet, teils als seinen Interessenbereich, und stellt sich dar als Beschützer der latinischen Küstenstädte bis Kampanien vor einer karthagischen Gefahr.

Die unsichere politische Lage im Mittelmeerraum oder die Furcht vor der Rückkehr des vertriebenen Königs könnte Rom veranlasst haben, einen Vertrag mit der Großmacht Karthago abzuschließen. Die Klausel über den

VI. Rom und Etrurien nach dem Sturz der etruskischen Monarchie in Rom

Der erste Vertrag zwischen Rom und Karthago
(Polybios 3,22,4 ff.)

Unter diesen [Bedingungen] soll Freundschaft herrschen zwischen den Römern und den Verbündeten der Römer und den Karthagern und den Verbündeten der Karthager. Es sollen weder die Römer noch ihre Verbündeten über das Kalon Akroterion („Schönes Vorgebirge") hinausfahren, wenn sie nicht durch Unwetter oder Feinde dazu gezwungen werden. Sollte aber einer durch [höhere] Gewalt dorthin verschlagen werden, so ist es ihm nicht gestattet, einzukaufen noch irgendetwas zu übernehmen, außer was für die Weiterfahrt oder zum Opfern erforderlich ist, und er soll binnen fünf Tagen abfahren. Die aber zu Handelsgeschäften kommen, sollen keinen gültigen Abschluss tätigen können außer unter Hinzuziehung eines Herolds oder eines Schreibers. Was in deren Gegenwart abgeschlossen wird, dafür soll dem Verkäufer seine Forderung von Staats wegen garantiert sein, nämlich für alle Geschäfte, die in Libyen oder in Sardinien abgeschlossen werden. Wenn aber von den Römern einer nach [dem Teil von] Sizilien kommt, über den die Karthager herrschen, sollen die Römer in allem gleiche Rechte haben. Die Karthager sollen kein Unrecht verüben an den Gemeinden Ardea, Antium, Laurentum, Circeii, Terracina und an den anderen Gemeinden der Latiner, soweit sie [den Römern] untertan sind. Wenn aber welche nicht untertan sind, sollen sie sich von diesen Städten fern halten; nehmen sie aber doch eine ein, sollen sie diese unversehrt den Römern übergeben. Sie sollen im Latinergebiet keine Festung errichten; wenn sie als Kriegführende in das Land kommen, sollen sie an Land nicht übernachten.

Schutz der Küstensiedlungen entspricht dem phönikischen Seerecht. Dies legt den Gedanken nahe, dass die Initiative von Karthago ausging, denn Rom – anders als Karthago – hatte noch keine eigene Tradition für derartige zwischenstaatliche Verträge. Ob Caere dabei eine Vermittlerrolle spielte – die Stadt hatte enge Beziehungen zu Karthago und besaß einen internationalen Hafen und ein internationales Heiligtum – oder ob Karthago sich vor politischen Änderungen in den Gebieten am Tyrrhenischen Meer absichern wollte, die zwar die Innenpolitik Roms betrafen, die aber auch Etrurien, Kampanien und Latium betrafen, lässt sich nicht entscheiden.

b) Die Einweihung des Iupiter-Tempels auf dem Kapitol

Für die Datierung der Tempeleinweihung stehen uns zwei Quellen zur Verfügung: Die erste Quelle ist Polybios (3,22,1), welcher sie mit einem Rückgriff auf die Chronologie der griechischen Geschichte auf das Jahr 509/8 v. Chr. festlegt. Diese Datierung wird von der so genannten „Kapitolinischen Ära" bestätigt: Dabei erfolgte die Jahreszählung anhand der Nägel, die ein hoher Beamter, der *praetor maximus*, jährlich an den Iden (= Mitte) des Septembers zur Abwehr eines Übels einschlug (Festus, De verborum siginificatu 49 L.). Da es im Jahre 304 (oder 305) v. Chr., als der Ädil Cnaeus Flavius, der die Aufsicht über die öffentlichen Gebäude Roms hatte, ein Tempelchen für die Eintracht (*aedis Concordiae*) errichten ließ (Livius 9, 46,6), 204 Jahre vergangen waren (Plinius, Naturalis historia 33,6; 19), ergibt sich, dass der Iupiter-Tempel im Jahre 509/8 v. Chr. eingeweiht wurde.

Die Nachricht des Livius über die Errichtung des Tempels für die Eintracht stammt aus den Priesterchroniken, die sorgfältig geführt wurden; sie dürfte daher glaubwürdig sein.

Der Konsul Marcus Horatius soll die Einweihung des Iupiter-Tempels vorgenommen haben (Livius 2,8,6–8; Dionys von Halikarnass 5,35,3). Die bei den einzelnen Autoren leicht variierenden Daten für den Sturz des Tarquinius Superbus (509/7 v.Chr.) und die Ernennung der Konsuln (508/7 v.Chr.) wirft die Frage auf, ob der Tempel noch in monarchischer oder schon in republikanischer Zeit eingeweiht wurde. Da die Familie des Horatius keine Rolle in der späteren römischen Geschichte spielte, darf man bei dieser Überlieferung einen historischen Kern annehmen. Quelle der Autoren dürfte eine Inschrift am Tempel selbst (Dionys von Halikarnass 5,35,3) gewesen sein, die man bei den späteren Umbauten wohl nicht entfernte.

c) Die Einführung der republikanischen Verfassung in Rom

Nach Livius (1,60,3; 2,1,1ff.) erlangte Rom nach dem Sturz des letzten Königs seine Freiheit. Es wurden Gesetze ausgearbeitet und einjährige Magistraturen eingeführt: Zwei Konsuln (*consules*), die jährlich neu gewählt wurden, übernahmen nun die militärischen und politischen Aufgaben des Königs.

Die Forschung hat dieses Bild teilweise korrigiert: Verschiedene Indizien weisen darauf hin, dass nach dem Sturz des Königtums im Jahr 508/7 eine Jahresmagistratur von Prätoren (*praetores*) eingeführt wurde (Festus 249 L.), die militärische Kompetenzen hatten (*prae-ire* = dem Heer „vorausgehen"). Die Nachricht, dass es zur Zeit der frühen Republik in Rom Prätoren gab, ist insofern durchaus glaubwürdig, als es auch in den Städten der Latiner Prätoren gewählt wurden, welche zugleich die Staatsgeschäfte leiteten.

Jahresmagistraturen

In Rom steht die spätrepublikanische Verfassung am Ende einer Entwicklung, die wahrscheinlich schon vor dem Sturz des Tarquinius begonnen hatte, wie das Amt des *interrex* nahe legt. Die einzelnen Bestandteile der Verfassung existierten nicht von Anfang an, sondern sie traten im Laufe der Zeit hinzu.

Eine sehr zuverlässige und echt erscheinende Überlieferung (Livius 7,3,5) bezeichnet den höchsten Beamten Roms nach dem Sturz der Könige nicht als *consul*, sondern als *praetor maximus*; er war einer der jährlich gewählten Magistrate, der in sakralrechtlicher Funktion am Iupiter-Tempel einen Nagel zur Abwehr eines bösen Unheils einschlug (s. S. 148). Ob ein *praetor maximus* mindestens drei weitere Prätoren voraussetzt, ist umstritten. Prätoren waren mit voller Amtsgewalt ausgestattet (*imperium*) und kamen aus den Reihen des Patriziats. Ihre Kompetenzen dürften den politischen und militärischen Aufgaben des Königs entsprochen haben.

praetor maximus

Der Oberbefehlshaber des Fußvolkes war ursprünglich der *magister populi*, welcher den für die Reiterei zuständigen Kommandanten (*magister equitum*) ernannte und in republikanischer Zeit *dictator* genannt wurde (Cicero, De republica 1,40,63; Festus 216,11f. L.). Auch im Fall schwerster

VI. Rom und Etrurien nach dem Sturz der etruskischen Monarchie in Rom

Staatskrisen bekleidete ein von einem der Konsuln auf Anweisung des Senats nominierter *dictator* eine auf sechs Monate begrenzte Magistratur, die ihm die Macht gab, als selbständiger und unabhängiger Heerführer und zugleich Leiter des gesamten Staats zu fungieren. Zusammen mit ihm amtierte an zweiter Stelle der *magister equitum* als Reiteroberst. In mehreren Städten Latiums war der *dictator* ein jährlicher, ordentlicher Magistrat, und so hieß auch im Latinerbund der General des Bundesheeres (s. S. 115).

Es lässt sich nicht ohne weiteres entscheiden, wann das Konsulat ordentliche und kollegiale Magistratur wurde. Wahrscheinlich im 5. oder im 4. Jahrhundert wurden Aufgaben der Prätoren teilweise auf Leute übertragen, die *consules* (= Ratgeber) genannt wurden. Die Konsuln dürften erst um die Mitte des 5. Jahrhunderts oder spätestens seit 367 v. Chr. in Rom die politische Führung übernommen haben, als die licinisch-sextischen Gesetze (*leges Liciniae Sextiae*, benannt nach den beiden Antragstellern C. Licinius Stolo und L. Sextus) festlegten, dass einer der Konsuln Plebeier sein musste.

Nach der Abschaffung der Monarchie blieben die sakralen Aufgaben des Königs beim Opferkönig (*rex sacrorum*), welcher von den weltlichen, d. h. politischen Kompetenzen auf Lebenszeit ausgeschlossen blieb (s. S. 93). Staatsrechtlich bedeutender war in Rom das Priesterkollegium der **pontifices** und besonders deren Oberhaupt, ihr Oberpriester *pontifex maximus*; denn ihnen war es erlaubt, religiöse und weltliche Macht auszuüben (Cicero, De domo sua 1,1). Dies galt auch für die Konsuln, welche verpflichtet waren, vor einer wichtigen öffentlichen Maßnahme die Götter zu befragen.

E *pontifices*
Die Ursprünge des Priesteramtes dürften auf sehr frühe Zeiten zurückgehen, wie die heute anerkannte Bedeutung der Bezeichnung *pontifex* „Brückenbauer" oder „Pfadfinder" nahe legt, die auf technische Fertigkeit hinweist. In republikanischer Zeit gehörte die schriftliche Aufzeichnung der jährlichen Ereignisse (*annales*) und die Kontrolle der Fest- und Werktage, d. h. des Kalenders (*fasti*) zu ihren Aufgaben.

Senat   Der Senat, der ursprünglich ein Ältestenrat der Oberhäupter der Geschlechter gewesen war, bildete die wichtigste Instanz für die Konsensfindung innerhalb des Patriziats, dessen Angehörige und Vertreter die Senatoren waren. Ihre Zahl richtete sich ursprünglich nach der Anzahl der Geschlechter; mit der Zeit – nach der Überlieferung schon seit Tarquinius Priscus (Dionys von Halikarnass 3,67,1; Livius 1,35,6; Cicero, De republica 2,20,35), sicher aber nach 367 v. Chr. – wurden neue Mitglieder in den Senat aufgenommen, die nicht dem Patriziat angehörten. Die Senatoren konnten den Magistraten die so genannten „Auspizien" (*auspicia*) übertragen, d. h. das Recht, den Götterwillen durch die Beobachtung des Vogelfluges zu erfragen. Eine weitere wichtige Aufgabe des Senats war die Bestellung eines Zwischenkönigs, wenn die Oberbeamten ausgefallen waren.

Komitien   Neben den alten, vorrepublikanischen Kuriatskomitien (*comitia curiata* = Versammlungen nach *curiae*), die nun unter anderem für die Bestätigung der Verleihung der unumschränkten Befehlsgewalt der höheren Magistrate und für alte öffentliche Kulte zuständig waren, treten im 5. Jahrhundert die

Die frührepublikanische Epoche Roms VI.

Zenturiatskomitien (*comitia centuriata* = Versammlungen nach *centuriae*) hervor, die im Laufe der Zeit nicht mehr allein als Heeresversammlung, sondern auch mit politischen Aufgaben wie Entscheidungen über Krieg und Frieden, Wahl der Magistrate, Gesetzesbeschlüsse usw. betraut wurden.

d) Soziale Ordnung: Patriziat und Plebs

Ende des 6. Jahrhunderts hatte in Rom der Adel den König beseitigt. Die Namen der Personen, welche die Abschaffung der monarchischen Verfassung und den Sturz des Tarquinius Superbus vorbereiteten, zeigen, dass die Familie des Tarquinius an den Ereignissen mitbeteiligt war (s. S. 142). Der Übergang von einem Staat unter einem Einzelherrscher zu einem Staat, den eine Gruppe leitete, zog weitere Änderungen nach sich.

Die in der Organisation des Gemeinschaftslebens erfolgreichen Geschlechter bildeten im 5. Jahrhundert einen Geburtsadel von begüterten Grundbesitzern, das Patriziat. Zu ihren politischen Vorrechten gehörten u. a. die erbliche Stellung im Senat, die Wahl des Zwischenkönigs aus ihren Reihen, das Recht, die Ämter zu bekleiden, darunter die für die Staatspolitik wichtigen Priesterämter, und die Entscheidungen der Volksversammlung zu genehmigen.

Patriziat

In spätrepublikanischer Zeit haben die Geschlechter einen Ahnherrn (*pater gentis*), eigene Kulte (*sacra gentilicia*), eigene Sitten und Gebräuche (*mores, statuta gentilicia*), eigene Versammlungen (*contiones gentis*), eine eigene Rechtsprechung (*mos maiorum*, später *decreta gentilicia*) und eine Zensur (*nota gentilicia*). Diese Struktur mit ihrer Terminologie, die man aus späterer Zeit kennt, enthält jedoch sehr alte Einrichtungen – selbst die Bezeichnung *pater gentis* verwendet das Wort *pater* im ursprünglichen Sinn –, was auf eine sehr frühe Entstehungszeit hinweist.

Die Konsullisten (*fasti*) enthalten nach 485 und bis 477 v. Chr. nur Namen patrizischer Geschlechter wie der Cornelii, Aemilii, Valerii und Fabii, die in republikanischer Zeit in der römischen Politik eine Rolle spielten; dies lässt den Verdacht aufkommen, dass wahrscheinlich Fabius Pictor eventuelle Lücken in der Überlieferung mit erfundenen Namen bekannter Geschlechter ausfüllte. Anderseits zeigen Reste von Tempeln und architektonischem Schmuck, dass Anfang des 5. Jahrhunderts in Rom viel gebaut wurde: Man kann über die Datierung der Terrakotten oder der Mauerreste sicher diskutieren; sie gehörten jedenfalls zu großen Bauten, die nur von einer begüterten führenden Oberschicht mit oder ohne priesterliche Aufgaben in Auftrag gegeben worden sein können.

Die Zeit der Schwäche der politischen Strukturen nutzte auch der Nichtadel, die *plebs*, dazu, sich neu zu organisieren: Ihre politischen Forderungen ergaben sich aus der Neuorganisation des Heeres, zu dem die *plebs* herangezogen wurde. Sie führten zu langjährigen Auseinandersetzungen mit dem Adel, der die *plebs* wohl herausforderte und mit der Errichtung von Tempeln für die Dioskuren und Saturn und anderen Bauvorhaben wie dem Umbau der *regia* stark belastete. Die Gegensätze zwischen den bei-

plebs

den Gruppierungen wurden erst im Laufe von Jahrzehnten beigelegt. Darüber sind wir schlecht unterrichtet, denn die römische Überlieferung über diesen so genannten Ständekampf setzt in einer Zeit ein, in der die Gegensätze schon überwunden waren und man in Rom interessiert war, sie herunterzuspielen.

Mit der Zeit nominierte die *plebs* eigene Beamte und baute eigene öffentliche Anlagen, etwa Tempel, ein Archiv und einen Versammlungsplatz, die den öffentlichen Bauten der Patrizier ähnlich waren, teilweise parallel zu diesen bestanden und auf dem Nachbarhügel des Kapitols, dem Aventin, untergebracht waren. Dies geschah nicht vor 456 v. Chr., denn erst damals wurde Gelände auf dem Aventin mit einem eigenen Gesetz (*lex Acilia*) der *plebs* zugewiesen. Innerhalb der Nichtadeligen gelangten einige plebeische Familien zu Reichtum und Einfluss und engagierten sich politisch. Dazu gehörte auch die Familie des Spurius Cassius (s. S. 153).

2. Republikanische Verfassungen in Etrurien

Wie in Rom wurde das Königtum vielfach auch in Etrurien abgeschafft und durch Magistrate ersetzt: Ein Amtsträger, der *zilath*, ist wahrscheinlich Ende des 7. Jahrhunderts in Norditalien, bei Reggio Emilia belegt (ET Pa 1.2). Im etruskischen Kernland ist das Amt erst um 500 v. Chr. in Caere in Zusammenhang mit Thefarie Velianas bezeugt (ET Cr 4.4).

Ob das Königtum in den einzelnen Städten Etruriens generell und etwa gleichzeitig abgeschafft wurde oder nicht, wissen wir nicht: In Veji war es im Jahre 403 jedenfalls bereits beseitigt, als „die Veienter aus Verdruss über den jährlichen Wahlkampf, der bisweilen Ursache von Zwistigkeiten war, … einen König wählten. Das bedeutete einen Affront gegen die Völker Etruriens, hegten sie doch gegen das Königtum nicht weniger Hass als gegen diesen König selbst" (Livius 5,1,3). Dies spricht dafür, dass die Etrusker schlechte Erfahrungen mit dem Königtum gemacht hatten oder aber dass sich Livius oder seine Gewährsleute eine ähnliche Situation für Veji ausmalten, wie sie aus der Geschichte Roms kannten. Jedenfalls: In Veji hatte man vielleicht keine schlechten Erfahrungen mit dem Königtum, sondern mit den Magistratswahlen gemacht, hatte man doch nach deren Abschaffung wieder einen König gewählt.

Die Städte Etruriens dürften, wie auch die Latinerstädte, einander sehr ähnliche republikanische Verfassungen gehabt haben, denn die Namen der Amtsträger sind in der Regel dieselben. *Zilath* sind ab dem 5. Jahrhundert in Felsina (ET Fe 1.2; Fe 1.11) und in Tarquinia (ET Ta 5.5), im 3. Jahrhundert auch in Cortona (*Tabula Cortonensis*) eponym, d. h., es waren jährlich wechselnde Beamten, nach denen man ein Jahr benannte; in Cortona wurde das Amt von zwei Personen bekleidet, es konnte also wie in Rom auch kollegial besetzt sein. Im Grab der Familie Alethna, ein vornehmes Geschlecht von Musarna im Gebiet von Tarquinia (ET AT 1.96; 1.100; 1.105 u. a. m.), sind mehrere *zilath* derselben Familie genannt; dies spricht für eine starke Oligarchie, in der einzelne Familien mehrfach Zugang zu einem hohen Amt hatten.

Zwei kaiserzeitliche lateinische Inschriften aus Tarquinia und Pisa nennen jeweils einen „Statthalter Etruriens" in Tarquinia (*praetor Etruriae Tarquinis*: CIL XI,3364) und in Pisa (*Pisis*: CIL XI, 1432), die für diese Städte zuständig waren. Auch Kaiser Hadrian trug den Titel eines *praetor Etruriae*. Etrurien stand seit dem 3. Jahrhundert unter römischer Herrschaft und die Inschriften sind nostalgisch archaisierende Wiederbelebungen der früheren Eigenständigkeit; sie zeigen, dass der höchste Beamte etruskischer Städte (der *zilath*) auf Latein *praetor* hieß.

Das frühe etruskische *zilath*-Amt von Caere und wahrscheinlich von Rubiera war nicht kollegial ähnlich dem frühesten römischen Prätoren-Amt. Im 3. Jahrhundert war das *zilath*-Amt in Cortona eponym und kollegial wie der römische Konsulat. Dies legt den Gedanken nahe, dass einige etruskische Städte dieselbe institutionelle Entwicklung wie Rom durchmachten; noch wahrscheinlicher ist es jedoch, dass sie ihre Ämter an die römischen anpassten, vielleicht auf Veranlassung oder unter dem Druck Roms. Es sind auch weitere Ämter wie *purth* und *maru* belegt, aber wir kennen die einzelnen Befugnisse dieser Beamten nicht.

3. Rom und die Latiner am Beginn des 5. Jahrhunderts

a) Der Vertrag des Spurius Cassius (*foedus Cassianum*)

Dionys von Halikarnass (6,95,2) zitiert einen Vertrag, den der römische Konsul Spurius Cassius im Jahre 493 v. Chr. mit den Latinern geschlossen haben soll (s. Quelle). Dieser Vertrag, der so genannte Cassius-Vertrag (*foedus Cassianum*), wird auch von Livius, Festus und Cicero erwähnt. Der von Dionys von Halikarnass überlieferte Vertragstext wird durch Cincius (bei Festus 166 L./276,20 L.) ergänzt, gemäß dem die latinischen Gemeinden üblicherweise gemeinsam über das militärische Oberkommando (*imperium*) entschieden, d. h., der Oberbefehl zwischen Rom und den Latinern wechselte. Nach einer weiteren, bei Livius (8,2,13) in einem späteren Zusammenhang überlieferten Klausel des Vertrages mit den Latinern konnten die einzelnen Mitglieder Krieg führen, ohne dass Rom es verbieten konnte: „Im Vertrag mit den Latinern stehe nichts, wodurch sie gehindert würden, mit wem sie wollten, Krieg zu führen."

Der Cassius-Vertrag
(Dionys von Halikarnass 6,95,2)

Friede herrsche zwischen den Römern und allen Latinern, solange Himmel und Erde bleiben, wie sie sind. Weder sollen sie untereinander Krieg führen, noch Feinde von anderswo herbeiführen, noch auch einer Krieg führenden Partei freien Durchzug gewähren. Sie sollen sich im Kriegsfall wechselseitig unterstützen mit ihrer ganzen Kraft, und jeder von ihnen soll einen gleichwertigen Anteil der Beutestücke gemeinschaftlicher Kriege erhalten. Gerichtsentscheidungen bezüglich Privatverträgen sollen innerhalb von zehn Tagen getroffen werden, und zwar dort, wo der Vertrag abgeschlossen wurde. Es soll auch nicht gestattet sein, diesen Bestimmungen irgendetwas hinzuzufügen oder etwas davon zu streichen, außer auf gemeinsamen Beschluss von Römern und Latinern.

VI. Rom und Etrurien nach dem Sturz der etruskischen Monarchie in Rom

Der Hinweis Ciceros (Pro Balbo 53), der Text habe sich „auf einer Bronzesäule ... bis vor kurzem hinter der Rednerbühne" befunden, garantiert zwar die Historizität des Textes, nicht aber das von Dionys angegebene Alter. Der Vertrag soll einen Krieg zwischen den Latinern und Rom beendet haben: Die Römer hätten 496 v. Chr. beim See Regillus unweit von Tusculum (Livius 2,19,21: *in agro Tusculano*) einen knappen Sieg errungen (Dionys von Halikarnass 6,2 ff.; 13; Livius 2,19; Plinius, Naturalis historia 33,11; 38). Die Datierung der Schlacht ist unsicher, wie Livius (2,21,4) ausdrücklich vermerkt, inhaltlich ist die Darstellung propagandistisch gefärbt und enthält sagenhafte Züge. Dazu gehören die zu hoch erscheinenden Truppenzahlen auf beiden Seiten (24 700 Römer gegen etwa 43 000 Latiner), die ermunternden Reden der römischen Generäle an die eigenen Truppen, die versprochenen wirtschaftlichen Vorteile für die römischen Soldaten im Fall eines Sieges, die vielen gefallenen römischen Generäle und die erfolgreiche Hilfe durch die göttlichen Dioskuren (Cicero, De natura deorum 2,2,6), die Söhne des Iupiter und Beschützer der patrizischen Reiterei, denen der römische Feldherr Aulus Postumius während des Krieges einen Tempel in Rom gelobt haben soll (s. S. 156).

Tatsächlich dürfte der römische Sieg nicht so großartig gewesen sein, wie die römische Propaganda vermitteln wollte. Rom tritt im Cassius-Vertrag als unabhängiger Staat auf, dem der ganze Latinerbund als rechtlich gleichgestellter Vertragspartner gegenübersteht; dies impliziert nicht die Oberhoheit Roms über die Latiner. Der Vertrag ist vielmehr als ein paritätisches Militärbündnis, d. h. als ein für beide Vertragsparteien zu gleichem Recht geltendes Abkommen (*foedus aequum*) zu sehen: Vereinbart wurden Friede, gegenseitige Waffenhilfe im Fall von Kriegen sowie eine gleichmäßige Aufteilung der Beute und der Gewinne erfolgreicher Kriege. Nach den weiteren überlieferten Bestimmungen konnte das Oberkommando zwischen Rom und den Latinerstädten wechseln (Festus 276,20 L.) und jede Latinerstadt konnte selbständig Krieg führen (Livius 8,2,13), was für einen römischen Vertrag höchst ungewöhnlich ist.

Die Vertragsklauseln sahen auch privatrechtliche Bestimmungen vor: Handelsstreitigkeiten zwischen Römern und Latinern (*commercium*) sollten innerhalb von zehn Tagen entschieden werden. Diese Rechte wurden erst später juristisch abgesichert: Unter allen Latinern bestand das Recht auf Ehe unter Bürgern verschiedener Latinerstädte (*ius conubii*), auf rechtsgeschützten Handel (*ius commercii*) und das Recht, Bürger einer anderen latinischen Stadt zu werden, wenn man den Wohnsitz änderte (*ius migrandi*).

Mit dem Cassius-Vertrag gaben die Latiner und Rom einen Teil der eigenen politischen Kompetenzen an ein gemeinschaftliches Organ ab. Ursache dafür dürfte die Notwendigkeit einer gemeinsamen Front gegen die sabellischen Bergstämme der Sabiner, der Herniker, Äquer, Marser und Volsker gewesen sein, die sich ab dem Ende des 6. Jahrhunderts verstärkt in Bewegung setzten und immer wieder in das angestammte Gebiet der Latiner eindrangen.

b) Rom und der Latinerbund

Die Nennung Roms als unabhängiger Staat legt nahe, dass sich Rom vor dem Cassius-Vertrag außerhalb des Bundes befand. Dies widerspricht nicht dem Gedanken, dass Rom früher, wahrscheinlich vor 509 v. Chr. dem Bund angehört hatte und dass es aus dem Bund ausgetreten war; zeichnen sich doch antike Städtebünde nicht selten durch Instabilität aus.

Vor dem Krieg, der mit der Schlacht am See Regillus endete, sollen dem Latinerbund 29 Städte angehört haben (Dionys von Halikarnass 5,61,3). Wenn diese Zahl historisch ist, wird man annehmen dürfen, dass eine dreißigste Stadt, nämlich Rom, freiwillig oder unfreiwillig, ausgetreten war. Der Austritt könnte nach dem Sturz des Tarquinius Superbus im Jahr 509 erfolgt sein, als er von den Latinern aufgenommen wurde: Bei der Schlacht am See Regillus befanden sich angeblich die Tarquinier im Heer der Latiner, was den Zorn der Römer erweckt habe (Livius 2,19,4). Oder die Zahl 29 impliziert, dass Rom nicht dabei war, weil es verhindert war, etwa weil es von Porsenna belagert oder besetzt war. Nach der Schlacht scheint Rom aus realpolitischen Gründen wieder in den Latinerbund eingetreten zu sein. Ein Bündnisabkommen soll Rom im Jahre 486 v. Chr. unter Spurius Cassius auch mit den Hernikern abgeschlossen haben (Livius 2,41,1). Es lautete gleich wie dasjenige, das mit den Latinern getroffen worden war (Dionys von Halikarnass 8,69,2).

Der Latinerbund mit Rom wurde zu einer dauerhaften Institution; die einzelnen Mitgliedstaaten blieben vorerst unabhängig, wie die Anlagen von Militärstützpunkten in den neu eroberten Gebieten zeigen: Die älteren Gründungen waren Kolonien latinischen Rechtes (*Coloniae Latinae*), also gemeinsame Kolonien Roms und der verbündeten Latinerstädte; erst im 4. Jahrhundert entstanden auch Kolonien Roms (*Coloniae Romanae*), wohl nach der Auflösung des Bundes 338 v. Chr.

In der politischen Praxis der folgenden Jahrzehnte höhlte Rom allerdings die gemeinsamen Bestimmungen immer mehr aus, gleichzeitig baute es durch militärische Erfolge, an denen sich auch die Latiner beteiligten, eine faktische Vorherrschaft auf. Diese verwandelte sich im Jahre 338 v. Chr. nach dem Sieg Roms im Latiner-Krieg in eine staatsrechtliche Vorherrschaft, als Rom den Latinerbund, d.h. die politischen Organe und die Institutionen, auflöste und die unterlegenen latinischen Staaten einzeln und direkt an sich band. Die religiösen Bindungen blieben erhalten, so dass der Latinerbund als Kultverband mit gemeinsamen Festen und Opfern weiterbestand.

4. Rom und die Etrusker bis 474 v. Chr.

Die Vertreibung des letzten Königs etruskischer Abstammung bedeutete nicht, dass unmittelbar danach alle Etrusker Rom verließen und der etruskische Einfluss verschwand. Der Adel wirkte politisch weiter und wie früher orientierte er seine Lebensweise an Etrurien und Griechenland, wie der fortdauernde Erwerb von Kunstobjekten zeigt. Die Architektur mit ihren großzügigen Plänen, mit Tonstatuen, bemalten Tonplatten und sonstigem Schmuck spiegelt den Wunsch wider, die Götter für das Gedeihen des Staates günstig zu stimmen: Die Reste des ältesten Dioskuren-Tempels in Rom (Anfang des 5. Jahrhunderts) zeigen einen ähnlichen Plan mit drei Zellen und drei Reihen von Säulen an der Vorderfront, wie der etwa zeitgleiche Tempel A von Pyrgi (Camporeale 2003, Abb. 22), und lassen annehmen, dass nach wie vor in Rom Baumeister aus Caere arbeiteten. Die Politik der Führungsschicht strebte wie früher nach Erweiterung des Kulturlandes und der Bildung eines Herrschaftsbereiches, wie der Versuch, sich vom Latinerbund zu lösen, und die angeblichen Eroberungskriege der letzten römischen Könige gegen die Nachbarstaaten nahe legen.

Erobertes Gebiet wurde politisch neu organisiert, und die Einheimischen wurden nicht eliminiert, sondern in den Militärdienst aufgenommen: Der Vertrag zwischen Rom und Karthago zeigt, dass Rom schon Ende des 6. Jahrhunderts Latium als sein Herrschaftsgebiet betrachtete.

Personen mit etruskischen Namen wirkten in Rom auch nach dem Sturz der etruskischen Könige und dem Rückzug des Porsenna politisch weiter, wohl ein Zeichen dafür, dass sie in Rom integriert waren. Larcius und Herminius, Verginius und Aquilius (Tuscus), deren Namen auch in etruskischen Inschriften gut belegt sind, treten zwischen 502 und 486 in der römischen Konsularliste zusammen mit plebeischen Namen auf, bekleideten also die höchsten Ämter im Staat; Spurius Larcius soll im Jahr 482 v. Chr. Zwischenkönig gewesen sein (Dionys von Halikarnass 8,90,5). Die Namen sprechen für eine alte Überlieferung, denn man sieht nicht, welche Vorteile das republikanische Rom aus der Erfindung von etruskischen Namen für seine frühesten Amtsträger gezogen hätte. Nach der Ermordung des Plebeiers Spurius Cassius (485 v. Chr.) verschwanden jedoch etruskische und plebeische Namen für einige Jahrzehnte aus den Fasten.

a) Veji und Rom

Nachrichten über die politischen Beziehungen der etruskischen Städte mit Rom nach dem Anfang des 5. Jahrhunderts sind selten. Eine Ausnahme bildet die relativ ausführliche Überlieferung zu den Auseinandersetzungen zwischen den Nachbarstädten Veji und Rom, die um 480 v. Chr. ausbrachen (Livius 2,45,1 ff.; Dionys von Halikarnass 9,5 ff.), deren Ursachen aber viel älter gewesen sein sollen. Denn es gab wohl bereits zur Zeit des Ancus Marcius Grenzstreitigkeiten (Livius 1,33,9; Dionys von Halikarnass 3,41,1 ff.), ja sogar schon während der Regierungszeit des Romulus (Livius 1,15,1).

Grenzreibereien sind ein weltweit bekanntes Phänomen und es liegt daher nahe, dass es immer wieder zu Auseinandersetzungen zwischen den Städten Rom und Veji kam. Veji liegt, ähnlich wie Rom, an einer für die Wirtschaft geographisch günstigen Lage: Etwa 10 km vom Tiber entfernt, kontrollierte es den Lauf des Flusses sowie die alte Salzstraße und eine günstige Furt als Flussübergang. Die geographische Nähe Vejis – es liegt etwa 15 km Luftlinie entfernt – dürfte Roms Expansionspolitik in einer Zeit behindert haben, in der es versuchte, sein eigenes Gebiet auf Kosten der Nachbarn auszudehnen. Über Veji haben wir keine Nachrichten, aber die Verwendung eines Alphabets veientischen Typus in Capua legt nahe, dass Etrusker aus dem Gebiet von Veji entweder unter dem Druck Roms oder weil sie selbst die Notwendigkeit sahen, Leute außer Land zu bringen, nach Kampanien auswanderten.

Die Überlieferung gibt die römische Sicht der Dinge wieder: Sie berichtet über etruskische Grenzübertretungen, gegenseitige Beschuldigungen, Beute- und Rachezüge usw. (Dionys von Halikarnass 8,91 ff.; 9,1 ff.). Ansonsten finden sich sehr allgemeine Nachrichten, Gemeinplätze und sagenhafte Berichte sowie nicht überprüfbare Fakten: So sollen die Römer beim Fluss Cremera, der an Veji vorbei zum Tiber fließt, eine Festung gebaut haben, die zum Zankapfel zwischen Veji und Rom wurde und den Anlass zum Krieg gab. Von diesem Bau haben wir keine archäologische Spuren.

b) Die Schlacht am Fluss Cremera und die Sage der Fabier

Im Jahre 479 v. Chr. soll das Geschlecht der Fabier (*gens Fabia*) auf eigene Verantwortung versucht haben, die langwierigen Auseinandersetzungen zwischen Rom und Veji ein für alle Mal zu beenden (Livius 2,48,1 ff.; Dionys von Halikarnass 9,14,1 ff.): Ein Sippenmitglied verkündete im Senat die Absicht, „diesen Krieg nur durch Anhänger und auf Kosten ihres Geschlechtes zu führen" (Livius 2,48,9). Die Fabier handelten dabei nicht im Auftrag des Staates, der ein gesondertes Heer mit dem Konsul entsandte (Dionys von Halikarnass 9,15), vielmehr führten sie einen privaten Krieg gegen Veji. Sie traten als vorstaatlicher Gefolgschaftsverband auf, dessen Anführer ihre persönliche Machtstellung weiter ausübten und diese nicht zugunsten einer (staatlichen) Kollektivherrschaft über die gesamte Siedlungsgemeinschaft aufgegeben hatten wohl ein Zeichen dafür, dass sich manche adelige Geschlechter ein Machtmonopol reserviert hatten, und dass die staatlichen Einrichtungen noch keinen zentralen Platz in ihren Vorstellungen einnahmen.

Es lässt sich kaum entscheiden, ob die Fabier zur Zeit des Kriegsausbruches eigene Interessen im Gebiet von Veji zu verteidigen hatten: Die *tribus Fabia* (rechts vom Tiber, östlich der Vatikanischen Felder und unweit von Veji) war in republikanischer Zeit Privatbesitz der Fabier, ab wann ist allerdings zweifelhaft: Nach *Alföldi* erwarben die Fabier jene Ländereien erst um die Mitte des 5. Jahrhunderts; seine These ist aber umstritten. Es ist allerdings gut vorstellbar, dass schon früher die Sippe Interesse an Grundbesitz in diesem Gebiet bekundete und dass es daher zu örtlichen Auseinandersetzungen mit Veji gekommen war, welche die Fabier allein und ohne Hilfe des Staates führten, wohl weil es um Privatbesitz ging.

Nach der Überlieferung zogen 479 v. Chr. die Fabier mit einem Privatheer von 306 Sippenmitgliedern und mit 4000 aus den Reihen der Klienten und Freunden rekrutierten Soldaten gegen Veji (Dionys von Halikarnass 9,18ff.; Livius 2,50,11). Nach zwei Jahren wechselnder Kampfhandlungen kam es zur entscheidenden Schlacht am Fluss Cremera bei Veji, in der die gesamte Sippe der Fabier, 306 Männer, gefallen sei: Ein einziger Spross habe in Rom überlebt.

Die Fasten lassen erkennen, dass von 479 bis 467 v. Chr. keine Fabier mehr das höchste Amt im Staat bekleideten: Die späteren Verfasser müssen also gute Quellen gehabt haben und wussten, dass die Tätigkeit der Fabier an der Spitze des Staates unterbrochen war. Es liegt nahe, dass im 3. Jahrhundert Fabius Pictor, der Historiker des fabischen Geschlechtes, im Zuge der Recherchen über dessen Vergangenheit die Sage des Heldentodes seiner Vorfahren am Cremera-Fluss ausarbeitete: Ihm standen Familienchroniken zur Verfügung. Auf ihn dürfte auch die Umdeutung der Niederlage des Geschlechtes als erhebendes Ereignis zurückgehen: Das Geschlecht hätte seine 306 Mitglieder verloren und damit ein ähnliches Schicksal erlitten wie kurz zuvor (480 v. Chr.) die viel gerühmten 300 Spartaner im Kampf bei den Thermopylen gegen die Perser. Die Adaptierung an die römische Situation – das Fabier-Geschlecht war ja trotz des angeblichen gemeinsamen Heldentodes in Wahrheit nicht restlos ausgestorben – verlangte allerdings eine Änderung gegenüber dem griechischen Modell: So wurde die Person eines jungen Fabiers erfunden – Dionys von Halikarnass (9,22) äußert sich sehr skeptisch über diese Nachricht –, der angeblich in Rom geblieben sei und zum Stammvater eines neuen, höchst angesehenen Fabier-Geschlechtes wurde, zu dem ja auch Fabius Pictor gehörte.

So gewinnen wir einen Eindruck, wie der selbst griechisch schreibende erste römische Geschichtsschreiber eine schwer zu beurteilende Familienüberlieferung nach griechischem Muster zum patriotischen Opfertod für das Vaterland ausgemalt hat. Nach dieser Episode, die in den groben Zügen und nicht in den Einzelheiten historisch sein dürfte, soll es zu einem vierzigjährigen Waffenstillstand zwischen Veji und Rom gekommen sein (Livius 2,54).

5. Etrusker, Griechen und Karthager vom Anfang des 5. Jahrhunderts bis zur Schlacht von Kyme (474 v. Chr.)

Das Bündnis mit Karthago, das sich im 6. Jahrhundert anschickte, einen maritimen Herrschaftsbereich im westlichen Mittelmeer aufzubauen, brachte einzelnen Städten Etruriens wie Caere auch weiterhin Vorteile trotz der gemeinsamen Niederlage bei Alalia: Etrusker und Karthager konnten doch abwenden, dass sich Griechen auf Sardinien und Korsika niederließen, die gegenüber von Karthago und seinen Gebieten sowie von Etrurien liegen (Korsika ist bei schönem Wetter von Populonia aus gut sichtbar): Die Griechen wanderten nach Süditalien aus.

Die ungenaue Datierung der einzelnen Ereignisse ermöglicht es kaum, einen zusammenhängenden historischen Ablauf zu rekonstruieren und die eigentliche Rolle der Etrusker, der Griechen und der Karthager festzustellen. In geographischen Randbereichen stattfindende Ereignisse, die sich aber doch auf Mittelitalien auswirkten, waren etwa die Expansionspolitik der sizilischen Tyrannen, das Eindringen der Kelten in Norditalien und jenes der Sabeller den Apennin entlang in die westlichen urbanisierten Küstenebenen. Die etruskische Vorherrschaft konnte sich nur noch wenige Jahrzehnte in Kampanien und in Norditalien erhalten.

Zu Beginn des 5. Jahrhunderts waren die Etrusker bestrebt, ihre Handelstätigkeit im südlichen Teil des Tyrrhenischen Meeres auszuweiten. Einige darauf zu beziehende Episoden sind bekannt: Einmal mussten die Etrusker und die Karthager die Seeräuberei des ehemaligen Flottenkommandanten Dionys von Phokaia abwenden, der nach der Niederlage der aufständischen Ionier gegen die Perser bei Lade (494 v. Chr.) nach Sizilien geflohen war und von dort aus das Meer unsicher machte (Herodot 6,17).

Etrusker, Karthager und Dionys von Phokaia

Im Jahre 480 v. Chr. besiegte der Tyrann Gelon von Syrakus die Karthager bei Himera an der Nordküste Siziliens (Herodot 7,165 ff.; Diodor 11,21, 3–4). Ob damit die Etrusker einen alten engen Verbündeten verloren, der möglicherweise Rückendeckung für ihre seeräuberische Tätigkeit im Tyrrhenischen Meer geboten hatte, ist nicht sicher, denn bei der Schlacht von Kyme (474 v. Chr.) könnten auch die Karthager beteiligt gewesen sein (s. S. 160). Die Niederlage war allerdings für die Karthager nicht so folgenschwer, wie die griechische Überlieferung angibt, denn sie behielten weiterhin ihre Stützpunkte im nordwestlichen Teil Siziliens.

Seinerseits befestigte Anaxilaos, der Tyrann von Rhegion, das Vorgebirge Skyllas, um so die tyrrhenischen Seeräuber aus der Meerenge von Messina fern zu halten (Strabo 5,1,5 C 257); dies geschah wahrscheinlich nach 490 v. Chr., nachdem er Messina (das ehemalige Zankle) eingenommen hatte. In der ersten Hälfte des 5. Jahrhunderts erreicht der Import attischer Keramik nach Etrurien einen Höhepunkt; dies bedeutet, dass damals eine große Anzahl von Schiffen, wohl vor allem aus Ägina, Korinth und Athen, aber auch aus Karthago und Etrurien selbst durch die Meerenge von Messina fuhr.

Die Etrusker und Anaxilaos von Rhegion

Die Etrusker kamen auch mit den griechischen Bewohnern der nördlich von Sizilien gelegenen Liparischen Inseln in Konflikt (Diodor 5,9). Als Dank für einen Sieg stifteten die Liparäer mehrere, z. T. erhaltene Weihgeschenke dem Apollon von Delphi (Strabo 6,2,10 C 275; Pausanias 10,11,3; 16,7). Eine zugehörige Weihinschrift legt eine Datierung in die erste Hälfte des 5. Jahrhunderts nahe. Die Inschrift lautet: „Die Knidier, die auf Lipari wohnen, weihen dies (aus der Beute) von den Tyrrhenern" (Syll.³ 14).

Die Etrusker und Liparäer

Anfang des 5. Jahrhunderts waren die Etrusker in Kampanien nach wie vor und trotz der andauernden sabellischen Gefahr kulturell und politisch sehr aktiv. Sie dürften sich auch in die innere Politik griechischer Städte Kampaniens eingemischt haben, etwa in die der Stadt Kyme: Im etruskischen Capua hatten nämlich nach der Machtergreifung des volksnahen Aristodemos (s. S. 140) die griechischen Oligarchen von Kyme Zuflucht gefunden und waren nach dessen Tod nach Kyme zurückgekehrt. Zur selben Zeit herrschten in Sizilien die Tyrannen Gelon (485–478 v. Chr.) und Hieron I. (478–466 v. Chr.) von Syrakus, welche die expansive Machtpolitik der älteren griechischen Tyrannen weiter betrieben. Ein Hilferuf der Kymäer, die angeblich von den Etruskern bekriegt worden waren, erging an

Der Sieg Hierons I. über die Etrusker bei Kyme

Hieron, der die günstige Gelegenheit ergriff und Kriegsschiffe nach Kampanien entsandte (Diodor 11,51,1).

Diodor gibt die Ursache der etruskischen Feindseligkeiten gegenüber den Kymäern nicht näher an und sagt auch nicht, welche Etrusker gegen die Kymäer Krieg geführt hatten; es können die Etrusker Capuas oder Kampaniens gewesen sein, welche möglicherweise mit der Politik von Kyme nach der Rückkehr der Oligarchen nicht einverstanden waren, oder es waren die Etrusker Etruriens, die schon Aristodemos bekämpft hatten. Die Bemerkung Diodors (11,51,1) „die Etrusker beherrschen das Meer" ist sehr allgemein und zeigt, dass man zur Zeit Diodors über die einzelnen Ursachen, die letzten Endes zum Krieg führten, nicht mehr viel wusste.

Bei der entscheidenden Schlacht sollen nach dem Zeitgenossen Pindar (Pythien 1,72) – anders als bei Diodor – auch die Karthager zusammen mit den Etruskern gekämpft haben; ob dies zutrifft oder nicht, jedenfalls sah der Grieche Pindar die beiden Völker noch als Verbündete.

Der Sieg Hierons in den Gewässern von Kyme (Diodor 11,51) rief ein großes Echo bei den Zeitgenossen hervor, das auch in der Lyrik einen Niederschlag fand. Pindar feierte den Sieg Hierons als Befreiung von einer drückenden Knechtschaft, wahrscheinlich spielte dabei die auch sonst negative griechische Propaganda gegen die Etrusker mit. Hieron weihte aus der Siegesbeute drei etruskische Helme dem Zeus von Olympia. Auf jedem Helm ist die Weihinschrift eingraviert: „Hieron, Sohn des Deinomenes und die Syrakusier für Zeus: Tyrrhenisches (Beutestück) von Kyme" (Pallottino 1988, Taf. 29).

Nach dem Sieg legte Hieron einen Militärstützpunkt auf Ischia an (Strabo 5,4,9 C 248), um die gewonnene Machtposition im Golf von Neapel zu sichern und gleichzeitig den Seeweg von Etrurien nach Kampanien zu sperren. Städte wie Caere erlebten noch um die Mitte des 5. Jahrhunderts eine bemerkenswerte kulturelle Blüte, wie die Errichtung großer Tempel zeigt.

In diesen Jahren hatte Athen – vielleicht in Konkurrenz zu Syrakus – im nördlichen Adria-Gebiet einen blühenden Handel mit den Etruskern Norditaliens aufgebaut: Den Fluss Po entlang und über die Alpen konnte auch griechische Ware nach Süddeutschland transportiert werden. Die Blüte der Poebene zog alsbald die Kelten ins Land, die ab der Mitte des 5. Jahrhunderts die Etrusker immer mehr in die Defensive drängten. In Kampanien übten die Sabeller einen immer stärkeren Druck auf die Küstenstädte der Griechen und der Etrusker aus: 438 v. Chr. sollen sie sich als Stamm der Kampaner neu organisiert haben (Diodor 12,31,2), einige Jahre später eroberten diese Kampaner das etruskische Capua (424/23 v. Chr.: Livius 4,37,1) und das griechische Kyme (421/20 v. Chr.: Diodor 12,76,5; Livius 4,44,12; Dionys von Halikarnass 15,6).

Dies zeigt, dass es erst ab der zweiten Hälfte des 5. Jahrhunderts zu einem politischen Rückgang der Etrusker kam, als Sabeller und Kelten der Herrschaft der Etrusker in Kampanien und in Norditalien ein Ende bereiteten. An der südlichen Grenze Etruriens hatte damals Rom den Etruskern bereits einige Teile ihres Landes entrissen.

VII. Ausblick: Der Niedergang der Latiner und der Etrusker durch den Aufstieg Roms

Die Verbindungen zwischen Rom und den Latinern einerseits und den Etruskern andererseits, die sich anhand des archäologischen Materials, der epigraphischen, linguistischen und literarischen Quellen nachweisen lassen, zogen sich weiterhin wie ein roter Faden durch die ganze römische Geschichte, wenngleich sie im Laufe der Zeit neue Inhalte erhielten.

Die etruskischen Städte mussten ab dem 5. Jahrhundert und zunehmend im 4. und 3. Jahrhundert der Übermacht Roms nachgeben; denn gegen das gut organisierte römische Heer und die überlegene römische Diplomatie konnten sie schwer ankommen. Die uns bekannte Geschichte Etruriens ab dem 4. Jahrhundert ist überwiegend die Geschichte seiner einzelnen Stadtstaaten Veji, Caere, Tarquinia, Vulci, Volsinii usw., welche Rom Widerstand leisteten. Wie später im Kampf gegen die hellenistischen Königreiche, verstand es Rom meisterhaft, nahe liegende Koalitionen bedrohter, historisch und geographisch eng zusammengehöriger Staaten zu verhindern. Die Latiner unterstützten Rom seit dem Cassius-Vertrag von 493 v. Chr., aber immer unwilliger, bis sie 340 revoltierten und 338 v. Chr. mit ihrer Niederlage im so genannten „Latinerkrieg" und der Auflösung ihres Bundes völlig unter die römische Herrschaft gerieten.

Mit dem Verlust der politischen Macht schritt die Integration der etruskischen Städte in das römische Staatssystem voran, wenn auch unter verschiedenen Formen: So wurde Veji nach seiner Eroberung im Jahre 393 v. Chr. annektiert, Caere erhielt im 4. Jahrhundert die römische Staatszugehörigkeit, allerdings mit beschränkten Bürgerrechten (*civitas sine suffragio*). Die übrigen etruskischen Städte mussten im Laufe des 3. Jahrhunderts v. Chr. bilaterale Abkommen mit Rom schließen, die auch das Ende der etruskischen Konföderation als politisch-militärische Zweckgemeinschaft mit sich brachten. Mit der Überführung der Kultstatue des Gottes Voltumna, in dessen Heiligtum sich der Etrusker-Bund zu versammeln pflegte, nach Rom und nach der Zerstörung von Volsinii (264 v. Chr.) wurde die politische und religiöse Bedeutung des Bundes entscheidend beschnitten.

Die überlegene Diplomatie und militärische Technik Roms in der Unterwerfung Italiens führten im 3. Jahrhundert zur juristischen Eingliederung auch der anderen Etruskerstädte in den römischen Herrschaftsbereich: Die Bündnisverträge, die diese mit Rom eingehen mussten, besiegelten die selbständige außenpolitische Geschichte Etruriens und seiner Stadtstaaten: Denn die Vormachtstellung Roms in Italien duldete außenpolitisch keine selbständigen Aktionen der Bundesgenossen. Die Städte Etruriens mit ihren Oberschichten behielten eine gewisse innenpolitische Selbständigkeit: Die Ämter, das Wirken eigener Amtsträger im Inneren der Stadtstaaten, ihre kultischen Aufgaben, ihre Sorge für die Rechtsprechung und die Wirtschaft sind im etruskischen Text- und Bildmaterial festgehalten.

Ab dem 3. Jahrhundert v. Chr. bahnte sich allerdings eine Wandlung des etruskischen Menschen an: In erster Linie passten sich die realpolitisch denkende etruskische Oberschicht und der gehobene Mittelstand politisch

VII. Ausblick

an die neuen römischen Gegebenheiten an, zumal es ihnen Vorteile brachte. Adelige Familien etruskischer Abstammung wanderten ab dem 2. Jahrhundert nach Rom ein, wie die römische Überlieferung bezeugt. An dem Bundesgenossenkrieg (91–89 v. Chr.) nahmen die Etrusker aktiv teil, nicht etwa indem sie zu den Waffen griffen; vielmehr versuchten sie durch Interpretation göttlicher Vorzeichen eine großzügige Vergabe des römischen Bürgerrechts zu propagieren.

Im Jahre 89 v. Chr. wurde durch die Verleihung des römischen Bürgerrechtes an die Bewohner Italiens eine bisherige De-facto-Situation mit der Aufnahme der Städte Etruriens in den römischen Staatsverband nunmehr legalisiert. Damit endete auch die politische Geschichte der etruskischen Stadtstaaten und es begann die Geschichte der Etrusker innerhalb des römischen Staatsverbandes. Einzelne Elemente der etruskischen Staatsorganisation lebten weiter: in dem ehrenamtlichen Titel des *praetor Etruriae* der Kaiserzeit, im Namen *Etruria* für die siebte augusteische Region Italiens und in den Stadtterritorien, die vielfach als kirchliche Diözesen im Mittelalter und z. T. bis heute erhalten blieben.

Auswahlbibliographie

Lexika

Cristofani, M. (Hrsg.), Dizionario della civiltà etrusca, Firenze 1985. *Enthält Stichworte zu den verschiedenen Aspekten der Geschichte und Kultur der Etrusker.*
Der Neue Pauly (= DNP), Stuttgart, Weimar 1996 ff. *Neuestes, 18-bändiges Werk über die Antike und deren Nachleben für alle Bereiche der Altertumswissenschaften.*
Steinby, E. M. (Hrsg.), Lexicon Topographicum Urbis Romae, 1–6, Rom 1993–2000. *Enthält Berichte über die laufenden Ausgrabungen in Rom und eine Interpretation der Funde.*

Quellensammlungen

ET = Rix, H. (Hrsg. in Zusammenarbeit mit Meiser, G.), Etruskische Texte, I–II, in: Altertumswissenschaftliche Reihe 6, Tübingen 1991. *Sammlung der etruskischen Inschriften bis 1991.*
HGIÜ = Brodersen, K. Günther, W. Schmitt, H. H. (Hrsg.), Historische Griechische Inschriften in Übersetzung, Bd. 1: Die Archaische und klassische Zeit, Darmstadt 1992.
REE = Rivista di Epigrafia Etrusca. *In dieser eigenen Sektion der Zeitschrift Studi Etruschi (s. Fachzeitschriften) werden die jährlich gefundenen etruskischen Inschriften veröffentlicht und kommentiert.*
TLE = Pallottino, M. (Hrsg.), Testimonia Linguae Etruscae, in: Biblioteca di studi superiori 24, Firenze 1968 (zuerst 1954). *Sammlung von 942 ausgewählten etruskischen Inschriften.*

Fachzeitschriften, Reihen, Kongressakten und Ausstellungskataloge

Annali della Fondazione per il Museo „Claudio Faina" di Orvieto, Orvieto 1984 ff. *Die acht bis 2001 erschienenen Bände sind einzelnen Kulturbereichen wie Religion, Institutionen, Schrift usw. der Etrusker gewidmet.*
Archeologia Classica, Roma 1949 ff. *Die Zeitschrift enthält Beiträge sowie die Erstveröffentlichung bedeutender Funde aus Italien.*
Archeologia Laziale, Roma 1978 ff. *In dieser unregelmäßig erscheinenden Reihe werden neueste Funde einzelner Gebiete Latiums vorgelegt und besprochen.*
Atti del Secondo Congresso Internazionale Etrusco (Firenze 1985), Firenze 1989. *Dreibändiges Werk mit zahlreichen Aufsätzen zur Geschichte und Kultur der Etrusker.*
Civiltà del Lazio primitivo, Ausstellungskatalog, Roma 1976. *Der Einzelband enthält Abbildungen älterer und neuer Funde Latiums und Roms von etwa 1000 bis 600 v. Chr.*
Cristofani, M. (Hrsg.), La Grande Roma dei Tarquini, Ausstellungskatalog, Roma 1990. *Mehrere Autoren präsentieren in diesem Sammelband die jüngsten Funde aus Latium und Rom.*
Gli Etruschi e Roma. Incontro di studi in onore di M. Pallottino (Roma 1979), Roma 1981. *Enthält elf Aufsätze zu den historischen, linguistischen, religiösen und künstlerischen Beziehungen zwischen den Etruskern und Rom.*
La formazione della città nel Lazio, in: Dialoghi di Archeologia, N. S. 1–2, 1980. *Die Funde von Rom werden vier Perioden zugeschrieben.*
Studi Etruschi, Firenze 1927 ff. *Die wichtigste Zeitschrift für die Etruskologie enthält eine Auflistung der Neufunde, neue Studien und eine ausführliche bibliographische Beilage.*
Torelli, M. (Hrsg.), Gli Etruschi, Katalog der Ausstellung, Venedig 2000. *Mit Texten mehrerer Autoren und mit zahlreichen Bildern zu Handwerk, Handel, Religion, Sprache usw. der Etrusker.*

Übergreifende Literatur: Nachschlagewerke

Alföldi, A., Das frühe Rom und die Latiner, Darmstadt 1977 (übersetzt aus dem Englischen von F. Kolb). *Ausführliche, grundlegende Darstellung der frühen Beziehungen zwischen Rom und den Latinern anhand der schriftlichen Überlieferung und des Materials.*
Camporeale, G., Die Etrusker: Geschichte und Kultur eines rätselhaften Volkes. Düsseldorf 2003 (übersetzt aus dem Italienischen von H. Schareika). *Anhand vielfältigen Materials vermittelt das Buch ein Bild der Kultur der Etrusker von der späten Bronzezeit bis in die römische Zeit.*
Carandini, A., Cappelli, R. (Hrsg.), Roma. Romolo, Remo e la fondazione della città, Milano 2001. *Sammelband über verschiedene Aspekte der Überlieferung und der materiellen Kultur Roms im 8. Jh. v. Chr.*
Cornell, T. J., The Beginnings of Rome. Italy and Rome from the Bronze Age to the Punic Wars (c. 1000–264 B.C.), London – New York 1995. *Ausführliche und grundlegende Darstellung der*

Auswahlbibliographie

Frühgeschichte Roms anhand der literarischen und archäologischen Quellen.

Gabba, E., Roma arcaica. Storia e storiografia, Roma 2000. *Vertritt die These, die Ursprünge der römischen Staatlichkeit seien nicht im 7.–6. Jahrhundert v. Chr. gewesen: Die einschlägige Überlieferung spiegele die verschiedenen Zeiten, in denen sie verfasst wurde, wider und sei daher für die Frühzeit nicht aufschlussreich.*

Herzog, R., Staaten der Frühzeit. Ursprünge und Herrschaftsformen, München 1998 (1. Aufl. 1988). *Sehr übersichtliche Darstellung der Entstehung früher Staaten, welche die Aufstellung einer Typologie des Staates ermöglicht.*

Kolb, F., Rom. Die Geschichte der Stadt in der Antike, München ²2002. *Grundlegende Darstellung der Geschichte Roms von der ersten Besiedlung über die Herrschaft der etruskischen Könige bis zum Ende der Antike. Nüchtern und kritisch steht der Verfasser zur antiken Überlieferung über das frühe Rom.*

Kuhoff, W., „La Grande Roma dei Tarquini": Die früheste Expansion des römischen Staates im Widerstreit zwischen literarischer Überlieferung und historischer Wahrscheinlichkeit, Augsburg 1995. *Die Verknüpfung der Tradition mit der archäologischen Hinterlassenschaft zeigt, dass die Bedeutung Roms Ende des 6. Jahrhunderts auf das Wirken der etruskischen Könige zurückgeht.*

Linke, B., Von der Verwandtschaft zum Staat. Die Entstehung politischer Organisationsformen in der frührömischen Geschichte, Stuttgart 1995. *Das Hervortreten staatlicher Organisationsformen in Rom wird als Ergebnis der Konfrontation zwischen den Patriziern, die auf föderative Staatsformen hinsteuerten, und den Königen, die zentralistische anstrebten, angesehen.*

Momigliano, A., Roma arcaica, Firenze 1989. *Sammlung älterer Schriften des Verfassers über das frühe Rom: Methodische Fragen werden theoretisch behandelt und anhand der Überlieferung und der Funde erläutert.*

Ogilvie, R. M., Das frühe Rom und die Etrusker, München ²1985 (engl. Originalausg. Early Rome and the Etruscans 1976).

Pallottino, M., Etruscologia, Milano ⁷1992. *Grundlegendes Handbuch zur Geschichte und Kultur der Etrusker.*

Pallottino, M., Origini e storia primitiva di Roma, Milano 1993. *Die viel diskutierte Überlieferung wird vorsichtig, dennoch in den großen Zügen angenommen. Es ergibt sich ein vom Verfasser als wahrscheinlich angesehenes Bild der Frühgeschichte Roms.*

Literatur zu den einzelnen Kapiteln

I. Quellen und Forschung

Beck, H., Walter, U. (Hrsg.), Die frühen römischen Historiker I: Von Fabius Pictor bis Cn. Gellius, Darmstadt 2001. *Die Stellen der griechischen und lateinischen Historiker zur römischen Geschichte bis zum Ende des 2. Jh. v. Chr. werden mit Übersetzung und ausführlichem Kommentar präsentiert.*

Graf, F. (Hrsg.), Mythos in mythenloser Gesellschaft. Das Paradigma Roms, in: Colloquium Rauricum 3, Stuttgart, Leipzig 1993. *Mehrere Aufsätze behandeln die Frage, ob und in welchem Sinn Rom Mythen ausgearbeitet hat.*

Kierdorf, W., Anfänge und Grundlagen der römischen Geschichtsschreibung, in: Klio 84/2, 2002, 400–413. *Ausführliches und auf den letzten Stand der Forschung gebrachtes Gesamtbild der Anfänge der römischen Geschichtsschreibung.*

Montanari, E., Storia delle religioni e „storia delle origini" di Roma: problemi di metodologia, in: Miscellanea greca e romana, XV, Roma 1990, 1–42. *Über die Heranziehung anthropologischer Modelle, welche das historische Bild einer Epoche aufklären können.*

Mora, F., Fasti e schemi cronologici. La riorganizzazione annalistica del passato remoto romano, in: Historia Einzelschr. 125, Stuttgart 1999. *Kritische Stellungnahme zur Glaubwürdigkeit der älteren Konsullisten Roms.*

Musti, D., Tendenze nella storiografia romana e greca su Roma arcaica. Studi su Livio e Dionigi di Alicarnasso, in: Quaderni Urbinati 10, 1970. *Das Bild der Etrusker bei Dionys von Halikarnass ist negativ einzuschätzen, der Autor hat vielmehr Rom als griechische Stadt präsentieren wollen.*

Ogilvie, R. M., A Commentary on Livy: Books 1–5, Oxford ²1970. *Grundlegender Kommentar der ersten fünf Bücher des Livius.*

Rüpke, J., s. v. Fasti, in: DNP 4, 1998, 433–439. *Ausführliche Besprechung der Konsullisten und ihrer Glaubwürdigkeit.*

Vattuone, R. (Hrsg.), Storici greci d'Occidente, Bologna 2002. *Der Sammelband bietet ein umfassendes Bild der westgriechischen Geschichtsschreibung, die als erste griechische Historiographie Italien und Rom ihre Aufmerksamkeit schenkte.*

II. Etrurien und Latium am Beginn des 1. Jahrtausends v. Chr.

Aigner-Foresti, L., Die Etrusker: Herkunft, Ursprung, Formationsprozess? Zum Forschungsstand um 1970 und heute, in: P. W. Haider, R. Rollinger (Hrsg.): Althistorische Studien im Spannungsfeld zwischen Universal- und Wissenschaftsgeschichte. Festschrift für Franz Hampl gedacht zum 90. Geburtstag am 8. Dezember 2000, Stuttgart 2001, 115–125. *Nach einem Überblick der in den siebziger Jahren gängigen Forschungsmeinung zur Frage der Herkunft der Etrusker werden die Ergebnisse des aktuellen Forschungsstandes vorgelegt und besprochen.*

Meiser, G., Accessi alla protostoria delle lingue sabelliche, in: L. Del Tutto Palma (Hrsg.), La tavola di Agnone nel contesto italico. Convegno di studio 1994, Firenze 1996, 187–202. *Zeigt, dass die zahlreichen phonetischen italischen Entlehnungen im Etruskischen auf den Beginn des 1. Jahrtausends v. Chr. zurückgehen.*

Meiser, G., Italien, Sprachen, in: DNP 5, 1998, 1167 f.; Faliskisch: in: DNP 5, 1998, 402. *Kurzer, vollständiger Überblick der Sprachen Altitaliens.*

Pallottino, M., Le origini storiche dei popoli italici, in: Relazioni del X Congresso Internazionale di Scienze Storiche, II, Firenze 1955, 3–60. *Die Indoeuropäisierung der Halbinsel war eine Folge der Einwanderung kleiner Gruppen aus dem Balkangebiet, welche im Laufe der Zeit die ansässige Bevölkerung zum Sprachwechsel anregten. Einwanderungen von Völkern nach Italien sind in der Überlieferung gut belegt.*

Rendeli, M., Città aperte, Roma 1993. *Das Werk beschreibt die Landschaft Südetruriens mit besonderer Berücksichtigung der kleinen, archäologisch bislang kaum erfassten Ansiedlungen.*

Rix, H., L'etrusco tra l'Italia e il mondo mediterraneo, in: A. Landi (Hrsg.): L'Italia e il Mediterraneo antico. Atti del Convegno della Società Italiana di Glottologia 18, Pisa 1995, 119–138. *Aufgrund der engen sprachlichen Verbindungen zwischen dem Etruskischen und der vorgriechischen Sprache der Insel Lemnos kann man eine „prototyrsenische" Sprache rekonstruieren. Aus dieser entstand ein westlicher Zweig, zu dem das Etruskische und das ihm genetisch verwandte Rätische gehören. Der ursprüngliche Name der Etrusker war *Tursa.*

Salmon, E. T., Samnium and the Samnites, Oxford 1967. *Das Buch bietet ein zusammenfassendes Bild der Geschichte und Kultur der sabellischen Völker.*

III. Die vorgeschichtliche Epoche Mittelitaliens

Amann, P., Die Etruskerin. Geschlechterverhältnis und Stellung der Frau im frühen Etrurien (9.–5. Jh. v. Chr.), in: Denkschriften der Österreichischen Akademie der Wissenschaften 289, Wien 2000. *Die vertiefte Untersuchung der Quellen zeigt, dass in Etrurien die Rollen der Geschlechter in traditioneller Weise definiert sind und dass von einem höheren Ansehen der Frau keine Rede sein kann.*

Andersen, H. D., Hoernaes, H. W., Houby-Nielsen, S., Rathje, A. (Hrsg.), Urbanization in the Mediterranean in the 9th to 6th Centuries BC., in: Acta Hyperborea 7, Copenhagen 1997. *Der Aufsatz von A. Berardinetti, A. De Santis und L. Drago (317–342) behandelt die frühurbane Entwicklung Vejis: Kleine Ansiedlungen mit den dazugehörigen Gräberfeldern außerhalb des Plateaus sind erste Anzeichen von Siedlungsplanung.*

Bartoloni, G. (Hrsg.), Le urne a capanna rinvenute in Italia, Roma 1987. *Vollständige Neuaufnahme und Beschreibung der Hüttenurnen Latiums und Etruriens mit wertvollen Hinweisen auch auf Hüttenurnen außerhalb Italiens.*

Bietti Sestieri, A. M. (Hrsg.): La necropoli laziale dell'Osteria dell'Osa, 1–3, Roma 1992. *Veröffentlichung einer nach neuen Methoden ausgegrabenen Nekropole Latiums, welche die Aufstellung einer genauen Chronologie der Eisenzeit in den umliegenden Gebieten ermöglicht hat.*

Binder, G., Die Aussetzung des Königskindes. Kyros und Romulus, Meisenheim am Glan 1964. *Der Autor trägt 121 Fälle von Kindesaussetzung aus sehr verschiedenen antiken Kulturen zusammen; es sind Kinder, die von einem wilden Tier ernährt und somit gerettet wurden.*

Bonghi Jovino, M., Chiaramonte Treré, C., Tarquinia. Testimonianze archeologiche e ricostruzione storica. Scavi sistematici nell'abitato. Campagne 1982–1988, Roma 1997. *Die neuesten Funde aus dem Plateau von Tarquinia zeigen, dass das Areal von der Spätbronzezeit bis in die historische Epoche kontinuierlich besiedelt wurde.*

Camporeale, G., L'abitato etrusco dell'Accesa. Quartiere B, Rom 1997. *Das vorgelegte Material und die nähere Beschreibung der Bauten zeigen, dass es sich in Accesa um Wohnbauten einer etruskischen Siedlung des 6. Jahrhunderts handelt. Eine frühere ins 7. Jahrhundert zu datierende archäologische Stufe ist nur durch die Gräber belegt, die einen wichtigen Hinweis auf die Gesellschaftsstruktur der kleinen Ansiedlung bieten.*

Carandini, A., Le mura del Palatino, nuova fonte sulla Roma di età regia, in: Bollettino di Archeo-

Auswahlbibliographie

logia 16–18, 1992, 1–192. *Einige Meter einer Maueranlage auf dem Palatin werden mit der von der Überlieferung erwähnten Romulus-Mauer in Verbindung gebracht.*

Coarelli, F., Rom. Ein archäologischer Führer, Mainz am Rhein 2000. *Ausführliche Darlegung und Interpretation des archäologischen Materials Roms, darunter des Forums und des Palatins.*

Delpino, F., I Greci in Etruria prima della colonizzazione euboica: ancora su crateri, vino, vite e pennati nell'Italia centrale protostorica, in: G. Bartoloni (Hrsg.): Le necropoli arcaiche di Veio. Giornate di studio in onore di M. Pallottino, Roma 1997, 185–194. *Weingefäße griechischer Form, Reste von Weinkämmen und Geräte für die Bearbeitung der Rebe legen nahe, dass in Etrurien der Weinbau bereits im 9. Jahrhundert aufkam.*

Garbini, G., I Fenici e la prima Etruria, in: Miscellanea etrusco-italica in onore di Massimo Pallottino (= Archeologia Classica 1991), Roma 1992, 261–268. *Die Phöniker kamen wahrscheinlich nicht nach Etrurien, vielmehr machten Etrusker und Sarder gemeinsame Sache und hielten die Phöniker eine Zeit lang vom Tyrrhenischen Meer fern.*

Gjerstadt, E., Early Rome, I–V, Lund 1953–1973. *Enthält eine Neuaufnahme des älteren archäologischen Materials von Rom.*

Grandazzi, A., La fondation de Rome: Réflexion sur l'histoire, Paris 1991. *Die Palatin-Siedlung trat vor der Mitte des 8. Jahrhunderts unter mehreren Siedlungen hervor; ein Gründungsakt schuf die für die politische Kontrolle der anderen Siedlungen notwendige Voraussetzung.*

Guidi, A., Piperno, M., Italia preistorica, Bari 1993. *Ausführliche Darstellung der vorgeschichtlichen Kulturen Italiens.*

Hencken, H., Tarquinia, Villanovans and early Etruscans, in: American School of Prehistoric Research. Bulletin, 1–2, Cambridge/Massachusetts 23, 1968. *Die älteren Funde von Tarquinia werden nach einzelnen chronologisch gereihten Grabausstattungen vorgelegt; sie geben ein Bild der kulturellen Entwicklung wider.*

Höckmann, O., Schiffahrt der Etrusker, in: Prayon, Röllig 2000 (s. Kapitel IV), 77–88. *Abbildungen illustrieren die technischen Änderungen der etruskischen Schiffe und zeigen, dass die etruskische Schifffahrt vom Orient und von Griechenland beeinflusst wurde.*

Mastrocinque, A., Romolo. La fondazione di Romolo tra storia e leggenda, Este 1993. *Die Romulus-Sage entstand in Rom vor dem Ende des 4. Jahrhunderts v. Chr., wahrscheinlich im 6. Jahrhundert, und ersetzte die Gründungssagen griechischen Ursprungs.*

Matthäus, H., Die Rolle Zyperns und Sardiniens im mittelmeerischen Interaktionsprozess während des späten zweiten und frühen ersten Jahrtausends v. Chr., in: Prayon, Röllig 2000 (s. Kapitel IV), 41–76. *Die Beziehungen zwischen den beiden Inseln sind schon im 2. Jahrtausend reichlich belegt. Im 1. Jahrtausend zeichnen sich drei Perioden ab: Übt ursprünglich Zypern einen Einfluss auf Sardinien aus, so entwickelt Sardinien mit der Zeit ein eigenes kulturelles Profil. Im 8.–7. Jahrhundert werden beide Gebiete in den phönikischen Handelsverkehr mit einbezogen.*

Miller, M., Befestigungsanlagen in Italien vom 8. bis 3. Jahrhundert vor Christus, Hamburg 1995. *Die breit angelegte Untersuchung sämtlicher Erdwälle und Mauerringe Italiens zeigt, dass in Etrurien Befestigungsmaßnahmen später getroffen wurden als in Latium.*

Müller-Karpe, H., Beiträge zur Chronologie der Urnenfelderzeit nördlich und südlich der Alpen, I–II, in: Römisch-Germanische Forschungen, 22, Berlin 1959. *Ausführliche Darstellung der vorgeschichtlichen Kulturen Italiens und des transalpinen Raumes, die heute noch das Gerüst der Chronologie Italiens und Mitteleuropas bildet.*

Müller-Karpe, H., Zur Stadtwerdung Roms, in: Römische Mitteilungen, 8. Supplement, Heidelberg 1962. *Das archäologische Material Latiums und Roms weist auf ihre engen gegenseitigen Verbindungen hin, außerdem auf Verbindungen zu Kreta und dem Gebiet der Urnenfelder-Kultur.*

Parise Presticce, C., La lupa capitolina, Milano 2000. *Der Ausstellungskatalog präsentiert die restaurierte kapitolinische Wölfin zusammen mit einer Besprechung der antiken Überlieferung und einer ganzen Reihe von antiken bis renaissancezeitlichen Kopien und Paralleldarstellungen.*

Pfiffig, A. J., Religio Etrusca, Graz 1975. *Systematische Darstellung sämtlicher Zeugnisse der etruskischen Religion. Dabei zeigt sich, dass die Religion für die Etrusker keinen Gegensatz zu den schönen Seiten des Lebens bildete.*

Rix, H., Wie weit können wir Livius trauen? Römische Frühgeschichte, Annalenkritik und Sprachwissenschaft, in: Dialog Schule & Wissenschaft. Klassische Sprachen und Literaturen 34, München 2000, 106–125. *Linguistische Überlegungen, u. a. zu den Namen der etruskischen Könige Roms und zur Zenturiatsordnung des Servius Tullius zeigen, dass die Überlieferung zu Frührom durchaus einen historischen Kern enthalten dürfte.*

IV. Die frühgeschichtliche Entwicklung Etruriens und Latiums

Aigner-Foresti, L., Zeugnisse etruskischer Kultur im Nordwesten Italiens und in Südfrankreich, in: Sitzungsberichte der Österreichischen Akademie der Wissenschaften 507, Wien 1988. *Die Etrusker nahmen Verbindungen zum südfranzösischen Raum früher als die Griechen auf, legten jedoch, anders als die Griechen, keine eigenen Niederlassungen an, was zum Niedergang ihres Handels führte.*

Bagnasco Gianni, G., L'acquisizione della scrittura in Etruria: Materiali a confronto per la ricostruzione del quadro storico e culturale, in: G. Bagnasco Gianni, F. Cordano (Hrsg.), Scritture Mediterranee tra il IX e il VII secolo a.C. Atti del Seminario 1998, Milano 1999, 85–106. *Die Feststellung, dass die ältesten Schriftzeichen Etruriens auf Spinnwirteln eingetragen wurden, legt den Gedanken einer geistigen Verbindung zwischen der Webkunst und der Schreibtechnik nahe.*

Breyer, G., Etruskisches Sprachgut im Lateinischen unter Ausschluss des spezifisch onomastischen Bereiches, in: Orientalia Lovanensia Analecta 53, Leuven 1993. *Ausführliche Darlegung und Besprechung der lateinischen Wörter, für die man einen etruskischen Ursprung annimmt.*

Buranelli, F. (Hrsg.), La tomba François di Vulci, Roma 1987. *Der Ausstellungskatalog enthält neuere Studien und Bildmaterial vom etruskischen Grab der Familie Saties von Vulci, dessen Malereien sich in Privatbesitz befinden.*

Colonna, G., L'etruscità della Campania meridionale alla luce delle iscrizioni, in: La presenza etrusca nella Campania meridionale, in: Atti delle giornate di studio Salerno-Pontecagnano 1990, Biblioteca di Studi Etruschi 28, Firenze 1994, 343–361. *Zu den etruskischen Inschriften des südlichen Kampanien mit besonderer Berücksichtigung der Inschriften von Fratte und Pontecagnano.*

Cristofani, M., L'arte degli Etruschi. Produzione e consumo, Torino 1975. *Die Kunst der Etrusker ist Spiegel der etruskischen Gesellschaft und ihrer Wandlung.*

Cristofani, M., La „lettera" di Pech Maho, Aleria e i traffici del V secolo a.C. in: Etruschi e altre genti dell'Italia preromana. Mobilità in età arcaica, Roma 1996, 83ff. *Die Bronzeurkunde von Pech Maho mit einer griechischen und etruskischen Inschrift, die auch Einheimische nennt, bezeugt den gut ausgebauten Handelsverkehr im Süden Frankreichs.*

Facchetti, G. M., Frammenti di diritto privato etrusco, in: Biblioteca dell'Archivum Romanicum, Serie II. Linguistica. Firenze 2000. *Die Rechtsordnung dürfte bei den Etruskern nicht auf geschriebenem Recht beruht haben.*

La Lega etrusca dalla dodecapoli ai *quindecim populi*, in: Atti della giornata di studi (Chiusi 1999), Pisa, Roma 2001. *Der Band enthält vier Beiträge über den etruskischen Bund und seine Magistrate.*

Menichetti, M., Archeologia del potere, Milano 1994. *Die Übernahme griechischer Mythen seitens etruskischer Herrscher zeigt, dass sie sich eine erlauchte Abstammung oder eine erhabene Vorgeschichte geben wollten.*

Naso, A., I tumuli monumentali in Etruria meridionale: caratteri propri e possibili ascendenze orientali, in: Regensburger Beiträge zur Prähistorischen Archäologie, Regensburg, Bonn 1998, 117–145. *Architektonische Einzelheiten weisen auf die engen Verbindungen Etruriens zu Kleinasien hin, die das Wirken orientalischer Handwerker in Etrurien nahe legen.*

Poucet, J., Les Rois de Rome. Tradition et histoire, in: Académie Royale de Belgique, Classe des Lettres, Collection in -8º, 3ᵉ série, Tome XXII, Brüssel 2000. *Vertritt die These, die Überlieferung über die etruskischen Könige von Rom gehe auf die frühen Priesterchroniken und auf mündliche Tradition zurück, sodass sie auch echte Nachrichten enthalten könne.*

Prayon, F., Zur Baupolitik im archaischen Rom, in: BATHRON. Beiträge zur Architektur und verwandten Künsten. Für H. Drerup zu seinem 80. Geburtstag (= Saarbrücker Studien zur Archäologie und Alten Geschichte, 3, 1988), 331–342. *Die architektonischen Reste der Bauten Roms im 6. Jahrhundert werden auf drei Hauptphasen verteilt, die den Regierungszeiten der etruskischen Könige entsprechen.*

Prayon, F., Ostmediterrane Einflüsse auf den Beginn der Monumentalarchitektur in Etrurien?, in: Jahrbuch des römisch-germanischen Zentralmuseums Mainz 37, 1990, 501–519. *Der Vergleich von Architekturformen monumentaler Palastanlagen, die ab dem 7. Jahrhundert im Mittelmeerraum entstanden, zeigt, dass bei etruskischen Palastanlagen architektonische Einzelelemente einheimisch sind, wenngleich die monumentalen Dimensionen auf fremde Einflüsse hinweisen.*

Prayon, F., Röllig, W. (Hrsg.), Der Orient und Etrurien. Zum Phänomen des 'Orientalisierens' im westlichen Mittelmeerraum (10.–6. Jh. v.Chr.), Akten des Kolloquiums Tübingen 1997. Biblioteca di Studi Etruschi 35, Pisa, Roma 2000. *Im 7. Jahrhundert v. Chr. fand der orientalische Einfluss in Etrurien einen Niederschlag im Bereich des Handels, der Kunst und des Handwerks, der Gesellschaft und der Religion.*

Pandolfini, M., Prosdocimi, A. L., Alfabetari e insegnamento della scrittura in Etruria e nell'Italia antica, in: Biblioteca di Studi Etruschi 20, Firenze 1990. *Ausführliche Besprechung der Alphabete Altitaliens. Das Erlernen der Schrift setzt eine Schrifttradition und Schulen voraus.*

Rix, H., Zum Ursprung des römisch-mittelitalischen Namensystems, in: Aufstieg und Niedergang der Römischen Welt II, 1972, 700–758. *Die besondere Art der Personenbenennung durch eine zweigliedrige Formel (Individualname und Familienname, der die Zugehörigkeit zu einem Personenkreis gleicher Abstammung signalisiert) entstand in Mittelitalien vor dem 7. Jahrhundert v. Chr.*

Rix, H., Etr. meX rasnal = lat. res publica, in: Studi di antichità in onore di Guglielmo Maetzke, Roma 1984, 455–468. *Das etruskische Wort rasna – entspricht dem lat. populus – bezeichnete ursprünglich den Heerbann und gehörte dem politisch-sozialen Bereich an.*

Steingräber, S., Etruskische Wandmalerei, Stuttgart, Zürich 1985. *Das Buch enthält eine Neuaufnahme der etruskischen Grabmalerei auch im Hinblick auf Chronologie, Stil und Ikonographie.*

Stibbe, C. M., Archaeological, epigraphical, linguistic and historical aspects of the new inscription from Satricum, Den Haag 1980. *Der in der Inschrift von Satricum genannte Valerius Poplicola könnte mit Valerius Publicola, dem Widersacher der Tarquinier, identifiziert werden.*

Torelli, M., Il rango, il rito e l'immagine. Alle origini della rappresentazione storica romana, Milano 1997. *Die Ideologie der römischen Oberschicht, die ein Zeichen ihrer Macht setzen will, spiegelt sich in der Darstellung von Gelagen, Jagd, Trauerspielen usw.*

Watmough, M. M. T., Studies in the Etruscan Loanwords in Latin, in: Biblioteca di Studi Etruschi 33, Firenze 1997. *Detaillierte Untersuchung von vier etruskischen Lehnwörtern im Lateinischen, darunter des Wortes satelles, „Leibwächter".*

V. Die 'Ereignisgeschichte' vom 7. Jahrhundert bis um 500 v. Chr.

Aigner-Foresti, L. (Hrsg.), Etrusker nördlich von Etrurien. Etruskische Präsenz in Norditalien und nördlich der Alpen sowie ihre Einflüsse auf die einheimischen Kulturen, in: Akten Wien 1989, Sitzungsberichte der Österreichischen Akademie der Wissenschaften 589, Wien 1992. *Darstellung und Interpretation des etruskischen Kulturgutes in Norditalien und in den Gebieten nördlich der Alpen, das teils auf Handelstätigkeit, teils auf die Ankunft etruskischer Gruppen aus Mittelitalien zurückzuführen ist.*

Cristofani, M., Gli Etruschi del mare, Milano 1983. *Die Etrusker übten im Tyrrhenischen Meer die Seeherrschaft bis 474 v. Chr. aus, wie die Überlieferung nahe legt.*

Pfiffig, A. J., Uni–Hera–Astarte. Studien zu den Goldblechen von S. Severa/Pyrgi mit punischer und etruskischer Inschrift, in: Denkschriften der Österreichischen Akademie der Wissenschaften 81, Wien 1965. *Der punische Text von Pyrgi verweist nach Pfiffig auf das Wirken eines Mannes in Pyrgi 'regierend über Caere' und nicht eines 'Königs von Caere'.*

VI. Rom und Etrurien nach dem Sturz der etruskischen Monarchie in Rom bis zur Schlacht von Kyme

Maggiani, A., Magistrature cittadine, magistrature federali, in: La Lega etrusca dalla dodecapoli ai quindecim populi. Atti della giornata di studio, Chiusi 1999. Biblioteca di Studi Etruschi 37, Pisa, Roma 2001, 37–49. *Neben den etruskischen städtischen Magistraturen gab es auch Magistrate des Bundes, die wahrscheinlich ähnlich bezeichnet wurden wie die Magistrate der Städte und daher kaum greifbar sind.*

Rainer, J. M., Einführung in das römische Staatsrecht, Darmstadt 1997. *Systematische Darstellung des römischen Staatsrechtes im Licht der historischen Entwicklung.*

Scardigli, B., I trattati romano-cartaginesi, Pisa 1991. *Ausführliche Darstellung der Verträge zwischen Rom und Karthago.*

VII. Ausblick

Aigner-Foresti, L. (Hrsg.), Die Integration der Etrusker und das Weiterwirken etruskischen Kulturgutes im republikanischen und kaiserzeitlichen Rom, in: Sitzungsberichte der Österreichischen Akademie der Wissenschaften 658, Wien 1998, 13–27. *Die politische und militärische Expansion Roms bedingte und beschleunigte höchst unterschiedliche Integrationsprozesse auf geographischem, wirtschaftlichem, sozialem, religiösem und sprachlichem Gebiet.*

Dobesch, G.: Ende und Metamorphose des Etruskertums, in: Aigner-Foresti 1998, 29–147. *Eingehende Analyse jener Faktoren, die zur Transformation und zum Ende der Etrusker führten.*

Sordi, M., Il mito troiano e l'eredità etrusca di Roma, Milano 1989. *Rom übernahm sehr früh von den Etruskern Vorstellungen, die zur Ausbildung seiner politischen Ideologie beitrugen.*

Register

Accesa-See 3, 14, 35f., 77, 83
Acqua Acetosa Laurentina 2, 30, 37, 70, 78, 85, 86, 100
Acquarossa 2f., 38, 64, 70, 85, 88, 120, 122, 136f.
Adel 73f., 90f., 101, 107, 111f., 123f., 142, 155f., 161f.
Aeneas 7, 15, 51f., 54, 58, 60, 92, 101
Aequer 78, 154
Alalía 140, 158
Alba Longa 44, 50, 52f., 61, 138
Albaner Berge 1f., 20, 29, 30, 49f., 52, 113, 115
Alphabet (griechisches) 18, (etruskisches) 75f., (lateinisches) 76, 138
Anaxilaos von Rhegion 140, 159
Ancus Marcius 50, 56f., 126, 129
Arezzo (Arretium) 14, 108
Aricia 44, 64, 115, 139, 144
Aristodemos von Kyme 140–144
Aristoteles 4, 117, 140
Athen 74, 79, 84, 103, 107, 140, 159
Ausbreitung (etruskische) 119–125
Aventin 11, 16, 32, 78, 86, 139, 152
Avle Vipina/Aulus Vibenna 2, 56, 127f.

Befestigungsanlagen 2, 37, 77, 114, 129, 133
Bergbau 25, 27, 31, 36–38
Blitzdeutung 95f., 108
Bologna (Felsina) 2, 59, 116, 121–123
Bruderschaften 44–46, 136
Brutus, Lucius Iunius 142, 147
Bucchero 3, 72, 84f., 91, 124, 137

Caere (h. Cerveteri) 1–3, 11, 13f., 30, 36, 48, 66f., 71f., 81, 83, 85f., 88f., 94f., 99, 108, 120–122, 126, 140–142, 147f., 152, 156, 158, 160f.
Caile Vipina/Caelius Vibenna 2, 127f.
Capua 121f., 157, 160
Cassius-Vertrag (*foedus Cassianum*) 153–155, 161
Castel di Decima 37f., 42, 72, 79, 82, 85f., 99, 100

Chiusi/Clusium 14, 71, 104f., 108, 141–144
Cicero 4, 6, 9
Claudius, Kaiser 2, 127f.
Cnaeus Flavius 148
comitium 56, 103
Cortona 14, 71, 113, 152f.
Cremera-Fluss 146, 157f.

Delphi 97, 103, 159
Demaratos von Korinth 57, 76, 84, 109, 125
dictator 110, 149f.
dictator latinus 115
Dionys von Halikarnass 4–6, 8–10
Dionys von Phokaia 159
Dioskuren 10, 91, 95, 154

Ernährungsgrundlagen 24, 26, 37–39, 49, 67, 80–82, 97, 137
Esquilin 16, 29, 31f., 54, 101
Etruskerbund 115–116, 161
Etruskische Sprache 18, 27

Fabier 146, 157f.
Fabius Pictor 5, 8, 131, 158
Falisker 21, 73
Fetialen 44, 46, 93
Ficana 2, 31, 37, 42, 70, 78, 85, 99, 122, 133
Flurbrüder 44–48
Forum (romanum) 2, 3, 30, 62, 144
Forum Boarium (Rindermarkt) 16, 30, 32, 48, 91, 94, 132, 135

Gabii (h. Osteria dell'Osa) 1, 3f., 10, 29, 33, 35, 39, 42, 49, 76, 82, 85f., 91, 99, 101, 133
Gastrecht 117
Gefährten (*sodales*) 104f.
Gefolgschaft 69, 102, 104f., 114, 136f.
Gelon von Syrakus 140, 146, 159
Gentilnamensystem 73, 106f.
Geschichtsschreibung 9, 29
Geschlechter 63, 73, 98, 104, 107, 142
Goldbleche von Pyrgi 11, 141
Graviska 87, 89f.
Griechen 25, 28, 30, 37, 40, 42, 61, 65, 87, 98, 117, 121, 123, 137, 158

Griechische Kolonisation 2, 39f.
Gründungsgeschichte Roms 53f.

Handel 25, 39f., 48f., 81, 86–88, 102, 124f., 137, 140
Handwerk 39–41, 81, 83–86, 102, 125, 137
Haruspizin (Leberschau) 95f., 109
Heer 79f., 136
Herniker 13, 101, 155
Herrschaftsstrukturen 23, 33, 68f., 97f.
Herrscherzeichen (-insignien) 2, 102, 109, 112f., 136
Hieron I. von Syrakus 3, 140, 146, 159f.
Hopliten 45, 79, 102, 136
Hundertschaften 79f.
Hüttenurnen 2, 30, 33

interrex 149
Ischia 36, 48
Italiker 97, 114
Iupiter Latiaris 39, 44, 47, 50–55, 113
Iupiter-Tempel 11, 86, 110, 129, 133–135, 146, 148f.
ius Latinum 20

Jahresmagistraturen 149

Kalender (etruskischer) 92, 94, (römischer) 93, 110
Kampanien 26, 38, 40, 61, 64, 76, 85, 98, 121, 123, 130, 137, 147
Kapitol 2f., 11, 16, 30, 32, 59, 78, 109f., 129, 133–135, 152
Karthago, Karthager 4, 54, 85, 117, 119, 139–141, 146–148, 156, 158f.
Kelten 87, 116, 140, 160
Klienten (*clientes*) 104–106
Komitien 150f.
Königtum 2, 8, 11, 62f., 108–111, 137, 141, 146, 152
Konsullisten (*Fasti Consulares Capitolini*) 4, 8, 11, 107
Konsuln (*consules*) 149f.
Kyme 3, 40, 48, 119, 121, 140, 144–146, 159f.

Landwirtschaft 26, 38f., 48, 80–82, 97, 137

171

Register

lapis niger 3, 95, 103, 110, 138
lapis satricanus 3
Latiner 5, 13, 19f., 49, 56, 65, 86, 100, 109, 114, 118f., 138f., 141f., 154, 161
Latinerbund 4, 113–115, 138f., 146, 154f., 161
Lavinium (h. Pratica di Mare) 1, 2, 29, 42, 44f., 58, 71, 78, 82, 85f., 91f., 95, 100f., 114
leges liciniae-sextiae 150
Leibwächter (*satellites*) 104f.
Liparische Inseln 146, 159
Livius 2, 4–6, 8–11
Lucumo 57, 125, 127f., 131
lucumones 108
Lupercal 58f.
Luperker 32, 44

magister (populi) 46, 149
Mamurke Tursikina 106
Marcus Horatius 147, 149
Marseille/Massalia 117, 121, 124, 140
maru 153
Marzabotto 100, 116, 121f.
Mastarna/Macstrna 2, 129, 142f.
Mater Matuta-Tempel (Satricum) 4, 105, (Rom) 94, 135
Metallgewinnung 3, 24, 26, 35f., 49, 83
Minerva/Menrva 7, 136–138
Mucius Scaevola 143
Murlo 2, 66, 70, 85, 88, 122, 136f.

Numa Pompilius 50, 56f., 145

Ölproduktion 80–82, 87
Ostalpenraum 21, 35

Palatin 16, 30–32, 36, 54f., 62, 78, 101, 133
Palestrina 15, 20, 23, 31, 42, 66, 91, 96, 100
Patriziat 151
Pech Maho (Südfrankreich) 113, 124
Perugia 1, 14, 113
Phokäer 119, 140f.
plebs 11, 102f., 151f.
Plinius der Ältere 4, 6, 9, 11, 13
Plutarch 6, 11
polis 98f.
Polybios 5–6, 8, 146–148
pomerium 54, 62, 110
pontifex maximus 93f., 110, 150

pontifices 150
Populonia 3, 14f., 31, 36, 77, 83
populus (-i) 113f., 115
Porsenna, Aruns 142, 144
Porsenna, Lars 51, 108, 119, 141–145
praetor maximus 141, 149
praetor(es) 115, 149, 153
purth 153
Pyrgi 3, 89, 134, 141, 156

Quirinal 9, 16, 31f., 47, 56, 78, 101, 133

Rechtsprechung 97, 109, 112
regia 2f., 45, 93f., 133, 136f., 151
Remus 16, 138
rex (= König) 3, 93f., 109, 136, 138, 150
Rom 1–11, 16, 20, 29, 38, 49, 53f., 57, 59, 63, 71, 78, 86, 88, 91, 94, 100–102, 114, 129, 133, 138f., 142–144, 147, 153–157, 161
Romulus 16, 50, 53, 55, 59, 78, 101, 129, 133, 138
Rubiera 121, 152
Rusellae/Roselle 14, 36, 77, 88, 99, 101, 137

Sabeller 20f., 86, 106, 121, 160
Sabiner 6, 7, 154
Salier 44f.
Salzstraße 17, 86
San Giovenale 3, 23, 88, 120
Sant'Omobono 2, 85, 91, 94, 133, 135, 137f.
Sardinien 23, 49, 59, 140, 147, 158
Satricum 1f., 23, 31, 36, 42, 47, 70, 72, 78, 90, 95, 101, 105, 142
Schifffahrt 49, 87, 88, 97
Schrift 35, 75, 94, 124, 136
See Regillus 10, 146, 154f.
Seeherrschaft 88
Senat 130, 142, 150
Septimontium 32, 61
Servius Tullius 2, 78f., 102, 109, 119, 125, 130, 132, 135–139, 142f.
Sizilien 140, 143, 147, 159
Sostratos von Ägina 89
Spina 116, 121f.
Spurius Cassius 11, 146, 152f., 155f.

Städtebünde 116
Stadtgründungsrituale 100

Tages 96, 109
Tanaquil 9, 125–129, 131
Tarchon 59, 123
Tarquinia 1–3, 14, 24, 28, 31, 33, 35f., 46, 48, 59, 67, 79, 88, 94, 99, 108f., 113, 120, 126, 129, 137, 152f., 161
Tarquinius Priscus 9, 57, 78, 103, 119, 125–130, 132, 134f., 142, 150
Tarquinius Superbus 51, 78, 110f., 119, 125, 130, 132, 135, 141f., 145, 149, 155
Thefarie Velianas 11, 92, 119, 140f., 152
Tivoli 15, 20, 23, 30f., 44, 86
Tolfa-Gebirge 3, 13, 25
Töpferscheibe 40–42, 83, 137
Triumph 109–111
Tullus Hostilius 50, 52, 56f., 145
Tyrannis 140f.
Tyrrhener 5, 13, 18f.
Tyrsenische (Sprache) 19

Valesios Poplios/Valerius Poplicola 4, 105, 142f.
Veji 13, 20, 30f., 33f., 45, 72, 85f., 89f., 94f., 99–102, 123, 126f., 136–138, 146, 152, 156–158, 161
Velia 16, 30, 32
Verfassung (römische) 146
Verteidigungsmaßnahmen und -anlagen 26, 36f., 77, 100, 114, 138
Verträge zwischen Rom und Karthago 4f., 146–148
Vetulonia 2f., 14, 33–36, 48, 71, 87, 113, 136
Villanova-Kultur 26–29, 36, 48
Volkwerdung (der Etrusker) 18f.
Volsinii/Orvieto 2, 14, 104, 121, 145
Volsker 13, 78, 100, 147, 154
Volterra 1, 14, 31
Voltumna 116, 161
Vorherrschaft (etruskische) 120
Vulci 1f., 24, 71, 84, 87–89, 99, 127, 161

Wein 14, 44, 81, 87, 137
Wölfin 58–60

zilath, zilac 103, 109, 121, 141, 152f.